Sexo,
dinheiro,
felicidade e
morte

| K43s | Kets de Vries, [Manfred].
| | Sexo, dinheiro, felicidade e morte : a busca por autenticidade / [Manfred] Kets de Vries ; tradução: Ayresnede Casarin da Rocha ; revisão técnica: Vera Susana Lassance Moreira. – Porto Alegre : Bookman, 2012.
| | xxvi, 240 p. ; 23 cm.
| | ISBN 978-85-7780-968-4
| | 1. Administração. 2. Comportamento organizacional. 3. Psicologia da administração. 4. Liderança – Aspectos psicológicos. I. Título.
| | CDU 005.32

Catalogação na publicação: Ana Paula M. Magnus – CRB 10/2052

KETS DE VRIES

Sexo, dinheiro, felicidade e morte

A BUSCA POR AUTENTICIDADE

Tradução:
Ayresnede Casarin da Rocha

Consultoria, supervisão e revisão técnica desta edição:
Vera Susana Lassance Moreira
Psicóloga, doutora em Administração
Consultora e coach de executivos

2012

Obra originalmente publicada sob o título
Sex, Money, Happiness, and Death
ISBN 9780230577923

Copyright © 2010 Macmillan Publishers Limited
Houndmills, Basingstoke, Hampshire, RG21 6XS, England

Publicado em inglês por Palgrave Macmillan, divisão de Macmillan Publishers Limited.
Tradução autorizada por acordo.

Capa: *Paola Manica*

Leitura Final: *Leonardo Zilio*

Gerente Editorial – CESA: *Arysinha Jacques Affonso*

Projeto e editoração: *Techbooks*

Reservados todos os direitos de publicação, em língua portuguesa, à
ARTMED® EDITORA S.A.
(BOOKMAN® COMPANHIA EDITORA é uma divisão da ARTMED® EDITORA S. A.)
Av. Jerônimo de Ornelas, 670 – Santana
90040-340 – Porto Alegre – RS
Fone: (51) 3027-7000   Fax: (51) 3027-7070

É proibida a duplicação ou reprodução deste volume, no todo ou em parte, sob quaisquer formas ou por quaisquer meios (eletrônico, mecânico, gravação, fotocópia, distribuição na Web e outros), sem permissão expressa da Editora.

Unidade São Paulo
Av. Embaixador Macedo Soares, 10.735 – Pavilhão 5 – Cond. Espace Center
Vila Anastácio – 05095-035 – São Paulo – SP
Fone: (11) 3665-1100   Fax: (11) 3667-1333

SAC 0800 703-3444 – www.grupoa.com.br

IMPRESSO NO BRASIL
PRINTED IN BRAZIL

O Autor

Manfred F. R. Kets de Vries confere uma perspectiva singular aos assuntos referentes à liderança e à dinâmica das transformações individuais e organizacionais, objeto de tantos estudos. Aplicando os conhecimentos e a experiência adquiridos nas áreas de economia (Econ. Drs., Universidade de Amsterdã), gestão (ITP, MBA E DBA, Harvard Business School) e psicanálise (membro da Canadian Psychoanalytic Society e da International Psychoanalytic Association), Kets de Vries faz um exame detalhado da interface entre gestão internacional, psicanálise, psicoterapia e psiquiatria dinâmica. Áreas de seu particular interesse são desenvolvimento e *coaching* de lideranças, dinâmica da carreira, estresse dos executivos, empreendedorismo, empresas familiares, planejamento sucessório, gestão intercultural, geração de equipes de alto desempenho e dinâmica da transformação e das mudanças corporativas e individuais.

Na qualidade de *clinical professor* na formação de lideranças, Kets de Vries detém a cátedra Raoul de Vitry d'Avaucourt de Desenvolvimento da Liderança no instituto de ensino e centro INSEAD (França, Cingapura e Abu Dhabi). Ele é também Diretor-Presidente do Global Leadership Centre do INSEAD. Além disso, dirige o programa do seminário oferecido pelo INSEAD àqueles em altos cargos de gestão, "O Desafio da Liderança: Criando Líderes Que Pensam," e o programa executivo "*Coaching* e Aconselhamento para a Mudança" (recebeu o prêmio do INSEAD conferido aos professores de maior destaque cinco vezes). Foi professor em instituições de ensino como a McGill University; a École des Hautes Études Comméciales, de Montreal; e a Harvard Business School, tendo ministrado palestras em instituições de administração em todo o mundo. Ele detém também o título honorário de *distinguished professor* de pesquisa e formação de lideranças na European School of Management and Technology de Berlim. Foi um dos membros-fundadores da International Society for the Psychoanalytic Study of Organizations. Periódicos como o *Financial Times*, *Le Capital*, *Wirtschaftswoche* e *The Economist* consagraram Manfred Kets de Vries dentre os 50 maiores teóricos na área de gestão e dentre as pessoas de maior influência na área de gestão de recursos humanos.

Kets de Vries é autor, coautor e editor de mais de 30 livros, cujos títulos incluem *Power and the Corporate Mind*, *The Irrational Executive*, *The Neurotic Organization*, *Leaders, Fools and Impostors*, *Handbook of Character Studies*, *Life and Death in the Executive Fast Lane*, *The Leadership Mystique*, *The Happiness Equation*, *Struggling with the Demon, Organizations on the Couch, The New Russian Business Elite, Leadership Lessons of Alexander the Great, Leadership by Terror, The Global Executive Leadership Inventory, The Leader on the Couch, Experiências e Técnicas de Coaching, A Empresa Familiar no Divã* e *Reflexões sobre Caráter e Liderança*. Há quatro novos livros em fase de preparação.

Além disso, Kets de Vries publicou mais de 300 trabalhos científicos na forma de capítulos de livros e artigos. Ele também escreveu aproximadamente uma centena de estudos de casos dos quais, até a presente data, oito foram agraciados com o prêmio *Best Case of the Year* conferido pelo ECCH. Seus trabalhos figuram em jornais como o *New York Times*, o *Wall Street Journal*, o *Los Angeles Times*, o *Economist*, o *Financial Times*, o *International Herald Tribune* e nas revistas *Fortune* e *Business Week*. Seus livros e artigos foram traduzidos para mais de 30 idiomas. Ele também integra dezessete conselhos editoriais e foi um dos poucos europeus a ser agraciado com o título de *Fellow of the Academy of Management*. Ele também foi o primeiro não norte-americano a receber o prêmio de *International Leadership Award* por "suas contribuições em sala de aula e na sala do conselho".

Kets de Vries presta consultoria em transformação/*design* organizacional e em gestão estratégica de recursos humanos para empresas líderes dos EUA, Canadá, Europa, África, Austrália e Ásia. Como consultor global na formação de lideranças executivas, seus clientes incluem a ABB, ABN-AMRO, Accenture, Aegon, Air Liquide, Alcan, Alcatel, Bain Consulting, Bang & Olufsen, Bonnier, BP, Deutsche Bank, Ericsson, GE Capital, Goldman Sachs, Heineken, HypoVereinsbank, Investec, KPMG, Lego, Liberty Life, Lufthansa, Lundbeck, McKinsey, National Australian Bank, Nokia, Novartis, NovoNordisk, Russian Standard, SABMiller, Shell, SHV, SpencerStuart, Standard Bank of South Africa, Unilever e Volvo Car Corporation. Ele já atuou em mais de 40 países como educador e consultor.

Em novembro de 2008, Manfred Kets de Vries foi um dos seis recebedores do prêmio *International Leadership Lifetime Achievement Award* na 10ª conferência promovida pela *International Leadership Association* em Los Angeles, em função do trabalho de base que desenvolveu na formação de lideranças como um campo e como uma disciplina do conhecimento. O governo holandês conferiu a Kets de Vries o título de Oficial da Ordem de Oranje Nassau. Ele foi o primeiro a praticar pesca com mosca na região da Mongólia Exterior e é membro do Clube de Exploradores de Nova Iorque. Em suas horas vagas, é possível encontrá-lo nas florestas tropicais ou nas savanas da África Central, na floresta boreal da Sibéria, na região chamada Arnhemland, ao norte da Austrália, nas cadeias de montanhas Pamir, no Maciço de Altai ou no interior do Círculo Polar Ártico.

Aos meus filhos, que me ajudaram a compreender que ninguém envelhece por viver, mas só por perder o interesse na vida; e à minha mãe, que construiu as fundações.

PREFÁCIO

*A tragédia da vida não é que ela acabe tão rápido,
mas que esperemos tanto tempo para começar a vivê-la.*
W. M. Lewis

*Três coisas importam na vida: a primeira é ser gentil.
A segunda é ser gentil. A terceira é ser gentil.*
Henry James

*O que dá a verdadeira medida de um homem é a maneira
como ele trata alguém que não tenha como lhe fazer bem.*
Samuel Johnson

*Às vezes, quando você quer ver uma mudança para
melhor, você tem de fazer com suas próprias mãos.*
Clint Eastwood

Como professor de gestão e liderança, custei um pouco a reconhecer que muitas pesquisas sobre gestão publicadas nas revistas acadêmicas da área empresarial estão ultrapassadas, além de serem muitas vezes extremamente complexas e entendiantes. Pior ainda, quando pergunto aos profissionais do setor empresarial sobre a utilidade que as pesquisas têm para eles no trabalho, a resposta que recebo não é muito encorajadora. Eles veem a maioria desses estudos como irrelevantes. Aprender a partir da experiência – imprimir um sentido àquilo que realmente acontece no mundo empresarial (e, por extensão, também no mundo em geral) – não parece ser uma prioridade para muitos dos pesquisadores no campo da gestão. Embora (teoricamente) devesse existir uma continuidade entre teoria e prática, a experiência mostra que este não parece ser o caso. Muitas das contribuições da pesquisa no campo administrativo não passam de materiais muito simples para os mandarins da gestão. O mestre zen-budista Ts'ai Ken T'an fez, certa vez, a seguinte observação: "Água muito cristalina não tem peixes." E é exatamente isto o que ocorre com várias publicações de pesquisa no ramo de negócios: a mera teoria da gestão não consegue abordar a complexidade dos difíceis problemas empresariais da vida real. Qualquer que seja o grau de ingenuidade demonstrado pelos pesquisadores na concepção dos seus experimentos – qualquer que seja o grau do potencial de utilidade para o profissional do setor empresarial – estes últimos parecem ter sido excluídos da equação. Muitas das referidas publicações de pesquisa são de tanta ajuda prática para os executivos gerirem seus empreendimentos quanto a leitura diária de seus horóscopos. Poderíamos até argumentar que os horóscopos são de mais utilidade, pois contêm uma dose módica de conselhos práticos.

ABANDONADO NA TORRE DE MARFIM

Para os mandarins da gestão, a publicação em uma das revistas de classe "A" virou um rito de passagem, um balizador de significado na estrada da realeza que conduz à promoção e à estabilidade no cargo. Ainda que tal publicação seja capaz de dar a medida exata do talento do pesquisador para manipular os dados, pensa-se muito pouco nos profissionais do setor empresarial que vivenciam e sofrem no seu dia a dia. Embora as escolas de administração, como às escolas de medicina ou engenharia, devessem liderar as pesquisas na área de conhecimentos e ajudar a criar organizações melhores, elas acabam ficando aquém desse nobre princípio. Os pesquisadores estão cada vez mais preocupados com impressionar seus colegas de estudos acadêmicos. As pesquisas conduzidas nas escolas de administração e os conhecimentos obtidos na prática, que ajudam os profissionais na formação de organizações mais eficazes, deveriam servir de nutriente um para o outro. Em vez disso, eles são como dois meros navios que passam desapercebidos um do outro em sua trajetória noturna.

Aquilo que deveria ser a busca pelo bom senso dentro de uma escola aplicada perdeu-se na busca por reconhecimento acadêmico. É visível a falta de bom senso nas publicações acadêmicas que jorram da maioria das escolas de administração. Some-se a isso o isolamento dos executivos. Em vez de ter acesso a um grupo de pessoas que podem ajudá-los e que se debrucem sobre os seus problemas, os executivos se deparam com um grupo cuja proposta é bem diferente.

Acrescente-se a essa triste história a total credulidade demonstrada por muitos executivos. Como eles estão aflitos para solucionar os problemas de um mundo empresarial global cada vez mais complexo, e como se distanciaram do mundo acadêmico que poderia ter lhes dado algum apoio, os executivos ficam propensos a se deixar ludibriar pelos xamãs da gestão. Eles estão muito ansiosos para morder a isca das respostas paliativas para os problemas que encontram e, como resultado, têm de lidar não só com seu desencanto com os trabalhos de pesquisa acadêmica sobre gestão, como também com a perigosa companhia dos próprios xamãs da gestão.

É claro que a pergunta mais pertinente é por que essas pessoas caem com tanta facilidade na conversa dos xamãs? Talvez isso tenha algo a ver com os elevados níveis de *Angst** dos executivos: o que mais poderia explicar por que tantos modismos administrativos são levados a sério? Se não fosse por essa razão, por que os sensatos executivos iriam querer tanto fazer uma consulta com os xamãs? As curas "milagrosas", como os sistemas de gestão-minuto, gestão por objetivos, Seis Sigmas, reengenharia empresarial de processos, gestão da qualidade total e dos referenciais de excelência – não obstante sua base pseudointelectual – têm sido (e são) um grande atrativo para os executivos. Os mencionados processos dão respostas aparentemente muito simples para problemas extremamente complexos. Infelizmente, apesar das tão anunciadas promessas de salvação, o cenário costuma ser bem diferente. A maioria das grandes soluções empresariais ficam muito aquém daquilo que prometem. Com o tempo, cai a venda dos olhos dos executivos e eles agem como a criança da fábula, apontando que "o imperador está completamente nu!" Porém, antes de descobrir que o imperador está sem nenhuma roupa, eles irão tomar decisões que afetam a vida de milhares de pessoas.

Como professor da área administrativa, estou bem familiarizado com os mandarins da gestão, sentados na sua torre de marfim, e com os gurus empresariais, vendedores de poções mágicas, que comercializam artigos defeituosos. Tenho me questionado sobre o que necessita ser feito para que o trabalho desempenhado por eles, sua mais relevante. Precisa ser desse jeito? Existe algum meio para se restabelecer a aproximação com os profissionais do setor empresarial? Ou não adianta esperar que alguma coisa mude? Devo confessar que me ocorre também se eu sou a pessoa mais indicada para criticar a atual situação. Afinal de contas, também não dizem que eu sou um desses gurus?

Venho de uma família de empreendedores muito pragmáticos, e a busca por relevância me foi ensinada por eles. Quando eu trabalhava com os conceitos durante meus estudos, alguns dos integrantes da família costumavam indagar como minhas ideias poderiam ajudá-los a gerir melhor seus negócios. A fim de prender a atenção deles, eu precisava dar uma resposta plausível. Isso explica (ou racionaliza) em parte minha preocupação com a questão da relevância. Sempre quis estar em uma situação que me permitisse dar aos executivos um conselho sensato.

Mas essa busca pessoal por relevância nem sempre foi clara. Quando fui apresentado, no transcorrer dos meus estudos de economia, ao *homo economicus*** – essa incrível, imaginária e instantânea máquina de calcular prazer e

---

* N. de T.: Do alemão, o vocábulo *Angst*, medo ou temor indefinido, mais um sentimento de ansiedade ou angústia (*anxiety and anguish*) no sentido psicológico, passou a integrar o léxico da língua inglesa na forma *angst*. Difere do conceito do medo associado a um objeto ou a uma situação concreta (*Furcht*, em alemão, ou *fear*, em inglês). No universo da filosofia, *Angst* se relaciona à ansiedade ou apreensão pelo estado do mundo ou pela condição humana.

** N. de T.: A expressão latina *homo economicus*, datada do século XIX, remete à ênfase dada ao aspecto humano racional e às funções de consumo e produção, em detrimento das demais dimensões humanas (morais, religiosas, emocionais, políticas, etc.), visando facilitar o estudo científico das ações econômicas do homem.

dor – comecei a buscar um meio mais realista de entender como as pessoas se comportam. A minha insatisfação com o *homo economicus* me levou a estudar a gestão e o comportamento organizacional. Mas, mesmo nesse campo, os construtos dos seres humanos pareciam simples demais. Os estudos tradicionais de comportamento organizacional estavam mais voltados para as estruturas e para os sistemas do que para as pessoas. Mais uma vez desapontado, decidi ingressar no mundo da psicanálise, psiquiatria e psicoterapia. A ideia de passar a integrar o conjunto das profissões de ajuda – a expressão diz tudo – me atraía com a possibilidade de me ajudar a entender melhor o comportamento das pessoas. A oportunidade foi muito boa: logo descobri que era difícil fugir às questões práticas ao longo dessa rota, que provou ser um modo fantástico de se combinar teoria e prática. Colocou-me face a face com alguns problemas sérios das pessoas. Adquiri enormes conhecimentos sobre aquilo que faz as pessoas pulsarem.

MAIS DO QUE A VISÃO CONSEGUE ALCANÇAR

Fazendo um retrospecto, percebi a grande vantagem de conseguir operar nos dois universos da gestão e da psicoterapia. A minha familiaridade com ambos fez de mim uma espécie de ponte de ligação entre os dois domínios do conhecimento. Não só fui capaz de obter *insights* sobre os problemas organizacionais mais tradicionais, como também aprendi a me valer de diferentes lentes para decifrar esses problemas. Tal familiaridade foi ótima para compreender melhor as pessoas em toda a sua complexidade; ela me propiciou uma visão tridimensional do ser humano.

No mundo da psicoterapia, psiquiatria e psicanálise, aprendi que muitas vezes existe mais do que apenas o problema que a visão consegue alcançar. Com frequência, o 'x' real da questão não se mostra visível. O aprendizado junto aos clientes despertou minha atenção para os comportamentos inconscientes. Aprendi que comportamentos aparentemente racionais possuem um grande teor irracional. A orientação clínica que recebi para a solução dos problemas – aprender a escutar com o terceiro ouvido – me dotou de uma ferramenta adicional para conseguir compreender aquilo que, caso contrário, seriam ações incompreensíveis. Notei que as organizações não têm condições de ser bem-sucedidas enquanto as peculiaridades comportamentais e os processos irracionais que integram o mundo interno de seus participantes não forem levados em consideração. Meu *background* clínico ajudou na identificação dos gorilas de quase 300 quilos que estavam começando a fugir do controle – os principais conflitos psicológicos profundamente entranhados que realmente estavam causando os problemas organizacionais. Ele me permitiu obter vários *insights* sobre os aspectos vulneráveis das pessoas. E, mais importante que tudo, me ensinou a aceitar a tão defendida racionalidade com uma certa desconfiança. Como certa vez afirmou o antropólogo Ashley Montagu, "os seres humanos são as únicas criaturas capazes de se comportar de maneira irracional em nome da razão".

Em minha busca pela relevância – percebendo o impacto significativo que a dinâmica do inconsciente é capaz de exercer na vida das organizações – meu desejo era ajudar os líderes organizacionais (e seus seguidores) a reconhecer e a planejar de acordo com tal dinâmica. Meu desejo era fazer com que eles obtivessem um melhor *insight* tanto sobre seu comportamento manifesto como sobre o latente, contribuindo para um maior grau de realismo na solução dos problemas. Também queria que os profissionais do setor empresarial conseguissem enxergar além das falsas promessas feitas pelos vendedores de poções mágicas e impedir que eles se deixassem seduzir pelo canto da sereia entoado por aqueles vendedores. Muitos dos livros e artigos que escrevi ao longo dos anos foram tentativas de disseminar esse ponto de vista em particular.

Minha outra agenda, relativa às contribuições que busco prestar na área da gestão, é defender um tipo de comportamento entre meus colegas que não seja uma mera reprodução do estilo dos mandarins e colocar os professores da área em maior sintonia com as questões que suscitam preocupação entre os executivos. Me perturba o fato de que muitos deles não tenham algo de grande relevância para dizer, ao serem colocados perante uma plateia de gestores. Acho isso constrangedor, considerando-se que é justamente com esse público que eles deveriam estar sintonizados. O que pude aprender com base na minha própria experiência, no entanto, é que lidar com os problemas reais de pessoas reais é uma boa forma de mantermos nossas mentes focadas. Tal abordagem permite que nos demos conta daquilo que de fato mais importa na vida interna das organizações. E descer da torre de marfim e realmente escutar o que os executivos têm a dizer é um bom começo para ganharmos relevância na comunidade empresarial.

Na escola de administração onde leciono, tenho por objetivo ultrapassar os limites da torre de marfim e da avenida principal de negócios, a fim de trazer o rigor da academia para a prática de gestão. Não importa o que eu esteja lecionando, tento ajudar executivos *reais* a solucionar os problemas *reais* com os quais estejam se debatendo. Ajo dessa forma porque almejo fazer a diferença. E, como mencionei antes, não estou apenas me referindo aos problemas mais imediatos e superficiais. Quero que as pessoas com quem trabalho não explorem apenas sua realidade externa, mas também sua realidade interna. E tenho a impressão de que muitos dos mandarins da gestão gostariam de fazer o mesmo, se tivessem condições de se libertar das restrições que impõem a si mesmos. Quando se trata daquilo que mais importa, todos nós gostaríamos de gerar sentido para os outros.

Meu papel como diretor do Global Leadership Centre do INSEAD me deu uma base fantástica para ajudar os executivos a lidar com as questões de maior relevância e premência para eles. Contando com o apoio de um grupo de *coaches* bem treinados, o *coaching* de lideranças passou a integrar a maioria dos programas oferecidos por nossa escola. A cada ano, milhares de executivos são expostos ao *coaching* de lideranças, de um jeito ou de outro. O processo de aprendizagem que um faz com o outro – o intercâmbio entre o cliente e o *coach** de lideranças – é de grande proveito. Tomando por base o *feedback* positivo e consistente que recebemos, fica claro que o fato de propiciar aos executivos a chance de debater aquilo que realmente os perturba tem sido de extrema ajuda. Não importa o grau de relevância do aprofundamento de conhecimentos sobre finanças, *marketing*, gestão tecnológica e outros assuntos empresariais, as trocas realizadas nos cursos representam, para muitos executivos, uma enorme oportunidade para lidar com os conflitos organizacionais mais prementes. Porém, esse tipo de intervenção não toca apenas os executivos; ela está exercendo um efeito contagiante sobre demais integrantes do corpo docente, que estão ficando mais conscientes do tipo de questões que eles precisam abordar.

OUTRO GORILA DE 300 QUILOS

Ter uma visão mais realista dos assuntos organizacionais é uma coisa, mas, como todos sabemos, também existe vida fora do contexto organizacional. Como psicanalista, psicoterapeuta e *coach* de lideranças, ganho muitas vezes acesso a informações de caráter confidencial que jamais ganharia como professor da área de gestão. Muitos executivos falam comigo não só sobre problemas mais pertinentes à organização como também sobre questões mais gerais e existenciais. E – como também aprendi sendo *coach* de lideranças – talvez sejam as últimas questões as que mais geram preocupações. Os executivos me explicam por que estão fazendo aquilo que fazem. Eles falam comigo a respeito de seus medos, desejos, preocupações sobre dinheiro, busca da felicidade, desapontamentos e até mesmo sobre o medo que sentem da morte. Muitas vezes, eles me perguntam se posso ajudá-los com seus problemas existenciais. E, embora essas questões talvez pareçam estar bem distantes daquilo que se considera ser parte integrante do domínio da gestão – tornando-me vulnerável às acusações de ser apenas mais um mandarim – elas constituem grande parte da realidade dos executivos. Considerando-se a natureza persistente e repetitiva das referidas questões, elas justificam que se as investigue de maneira mais detalhada. Elas definitivamente não são tópicos pertinentes à torre de marfim.

Quando alguém me apresenta tais problemas, o real desafio para mim é ajudar as pessoas a se ajudarem. Houve muitas ocasiões em que pessoas me pediram aconselhamento porque elas não gostavam das respostas que haviam dado a si mesmas. Tento mostrar a elas – mas nem sempre consigo – que todas as respostas das quais necessitam podem ser encontradas em seu próprio interior; elas só precisam ficar em silêncio o tempo suficiente para conseguir escutar tais respostas. Porém, como muitos de nós descobriram da forma mais

---

* N. de T.: O termo inglês *coach* (plural irregular *coahes*), empregado no universo empresarial associado ao conceito de lideranças, refere-se ao profissional que desempenha papel de orientação e aconselhamento, treinamento e instrução junto aos altos executivos. Por derivação, emprega-se a expressão *leadership coaching* ou *coaching* de lideranças.

difícil, a escuta profunda não é algo que sempre ocorre de forma natural. Antes de alterarmos nossas rotinas, ou de mudarmos de direção, temos de ficar quietos e prestar muita atenção ao que realmente está ocorrendo. Isso significa fazer perguntas difíceis como, por exemplo, por que estamos correndo, para onde estamos correndo e, a mais importante de todas, o que nos levou a correr. É possível que as descobertas – se tivermos coragem para tomar essa via pela qual nem todos querem viajar – nos deprimam bastante, especialmente porque o medo de ficar deprimido talvez seja a principal razão para corrermos. É preciso coragem para ficarmos quietos e descobrir quem somos de fato.

Saliento para os executivos dos quais me ocupo que há momentos em que – se quisermos presenciar uma mudança para melhor – temos de resolver as coisas com as próprias mãos. Não podemos sempre usar os outros como muleta. Mas esse conselho nem sempre é bem recebido. Se tivessem a opção, vários dos meus clientes prefeririam permanecer vivendo em algum tipo de situação de dependência. O que eles têm de aprender é que, embora o futuro de todos dependa de muitas coisas, ele depende principalmente de nós, daquilo que fazemos dele. Eles precisam aceitar que são responsáveis pelo mundo em que vivem. Eles precisam tomar posse das suas próprias vidas. Não há curas milagrosas que ofereçam solução para os problemas.

Um outro desafio que enfrento é fazer com que esses executivos se deem conta de que nem tudo na vida são símbolos de poder e posição; nem tudo gira em torno do dinheiro. Como posso fazê-los perceber que a forma como passam o tempo é mais importante do que a forma como gastam seu dinheiro? Eles precisam se dar conta de que o *status* social é uma entidade elusiva, que a popularidade é um acidente, que a riqueza é algo muito inconstante, e que a única coisa que perdura é o caráter. Tento mostrar a eles que as coisas materiais não são as coisas mais importantes na vida. O que verdadeiramente importa tem a ver com relacionamentos significativos, com ser capaz de fazer a diferença e gerar sentido. O melhor uso que se pode fazer da vida é dispendê--la realizando algo que transcenda a nós mesmos. Que exemplo eles gostariam de deixar para os outros? Mahatma Gandhi disse certa vez que "minha vida é minha mensagem". Nesse sentido, passar pela vida é como se olhar em um espelho. O que você enxerga do lado de fora precisa repercutir aquilo que você enxerga por dentro. É essencial que haja harmonia entre o seu mundo interno e a sua realidade externa.

DENTRO DA MENTE DOS EXECUTIVOS

Afora meu trabalho como diretor do Global Leadership Centre do INSEAD, tenho envolvimento pessoal na realização de dois seminários, "The Challenge of Leadership" (o desafio da liderança) e "Consulting and Coaching for Change" (consultoria e *coaching* para a mudança). Segundo a descrição de um de meus ex-alunos de doutorado, tais seminários se assemelham a um "laboratório de identidade". A natureza dos referidos cursos é mais transformacional, e muitos dos seus participantes tomam importantes decisões de vida durante e após a realização dos mesmos. Nesses seminários, ajudo os participantes a trabalhar questões particulares com as quais estejam lutando em suas jornadas à procura de si mesmos.

Embora seja natural que a verdade lute para vir à tona, o engajamento pessoal em tal jornada nem sempre é um processo fácil. Haverá muitos empecilhos no caminho. Normalmente, tenho de lidar com muitas manobras defensivas, já que os executivos podem se mostrar relutantes em perceber o que realmente está ocorrendo. E as pessoas nem sempre gostam daquilo que veem. O psicólogo Carl Jung estava bem ciente do significado dessa relutância. Em sua autobiografia intitulada *Memórias, Sonhos, Reflexões*, ele escreveu: "Sempre que há uma tentativa no sentido de se alcançar uma experiência do âmago, de se chegar ao núcleo da personalidade, a maioria das pessoas se deixa tomar pelo medo, e muitas fogem... O risco da experiência interior, a aventura do espírito, é estranha para a maioria dos seres humanos. A possibilidade de que tal experiência possa ser dotada de realidade psíquica representa um anátema para eles." Mas eu sei ser teimoso. Não desisto facilmente, não importa quantas reações defensivas aflorem. Citando o dramaturgo Henrik Ibsen, "não adianta mentir para si próprio".

À medida que empreendemos essa jornada juntos, tento fazer os executivos compreenderem que a verdadeira viagem de descobrimento não consiste em ver novas paisagens, mas em enxergar as mesmas velhas paisagens com novos olhos. Além de eles serem corajosos o suficiente para empreender tal jornada, também é importante que comecem a se valer de si mesmos como um instrumento de descobertas. Eles precisam de sensibilidade para perceber o campo bipessoal no qual vivem – eles precisam atentar para o modo como os outros exercem influência sobre eles. Explico-lhes que o futuro não se encontra lá fora, em algum lugar, à sua espera. Ajudamos a criar nosso futuro pelo poder da imaginação e pelos atos de descoberta pessoal. Cada um de nós possui dons importantes e singulares. A descoberta da nossa própria luz distinta e individual constitui um privilégio e uma aventura.

Quando pensamos sobre os desafios que a vida nos apresenta – a jornada que todos estamos empreendendo – é interessante refletir sobre a vida do pintor Paul Gauguin, a qual se caracterizou por várias fases de transição. Depois de um início de vida aventureiro, que incluiu uma estada de quatro anos no Peru, ele se contentou com uma vida burguesa de conforto, obtendo um cargo em uma empresa de corretagem de valores e desposando uma dinamarquesa, com quem teve cinco filhos. Durante esse período, Gauguin descobriu que tinha talento para a pintura, mas restringiu-se a ser apenas um pintor de domingos. No entanto, sua desilusão com as riquezas materiais e com o mundo dos negócios levou-o a buscar uma sociedade em um estado com menos mimos do que a França, sua terra-natal. Ele abandonou mulher e filhos e foi para a ilha do Taiti, onde deu início à sua segunda carreira como pintor.

Os primeiros anos de Gauguin no Taiti foram felizes, porém, em 1897, ele foi acometido de sífilis e desenvolveu tendências suicidas, sendo tomado por um estado de profunda depressão devido à morte da filha. Ele estava lutando para encontrar um significado para a vida. Passou seus últimos anos meditando sobre a condição humana, como retratado em sua obra mais famosa, *De onde viemos? Quem somos? Para onde vamos?* Para Gauguin, esse quadro era o seu legado. Foi sua tentativa de resumir seus sentimentos e sua filosofia, e de pensar sobre aquilo que estava por vir. Ele escreveu que "não farei nada melhor, e nem gostarei tanto de qualquer outra coisa que venha a fazer". A tela retrata uma série de figuras, todas taitianas, espalhadas no amplo plano do quadro, cada uma delas engajada na realização de um ato particular e significativo, levantando questões simbólicas relativas à condição humana.

Gauguin evocou consciência sobre a jornada da vida. Ele não apenas questionou o modo de empreender essa jornada; ele a vivenciou. No entanto, ao escutar os executivos no exercício de meu papel como professor, consultor, terapeuta ou *coach* de lideranças, percebo que as pessoas tentam muitas vezes vivenciar suas vidas no sentido contrário. Elas se esforçam para possuir mais coisas, ou mais dinheiro, para conseguir fazer mais aquilo de que gostam, no intuito de serem mais felizes. Embora eu me dê conta de que é bom ter um objetivo que nos faça prosseguir com a jornada, é importante lembrar que "a jornada representa tudo; o objetivo, nada". Como a maioria de nós acaba por descobrir, o alcance de um objetivo representa apenas um ponto de partida para alcançar um outro objetivo. O que conta são as nossas experiências no dia a dia. O propósito da vida é ser vivida, e não planejar para viver a vida depois. Precisamos amar o momento vivido.

Isso me faz lembrar de uma parábola zen-budista sobre um homem que encontrou um tigre – e fugiu. O tigre perseguiu-o até a beira de um penhasco, onde o homem conseguiu se agarrar a uma videira selvagem. O tigre ficou cheirando-o de cima. Aterrorizado, o homem olhou para baixo e viu que, bem mais abaixo, havia surgido um outro tigre, que estava só esperando para poder devorá-lo. Neste ínterim, dois camundongos, um branco, outro preto, começaram a roer a videira. Pelo canto do olho, o homem viu um delicioso morango ao seu alcance. Segurando a vinha com uma mão, ele colheu o morango com a outra. Que sabor doce tinha o fruto!

O apóstolo Mateus nos diz: "Não se preocupe com o amanhã, porque o amanhã tomará conta de si mesmo. Cada dia já traz problemas suficientes sozinho". A vida só existe no momento presente. O passado já foi, o futuro ainda não chegou e, se não estivermos em contato conosco no momento presente, não conseguiremos estar em contato com a vida. A vida tem de ser vivida à medida que ela acontece. Vivendo um dia de cada vez em nossas vidas, vivemos todos os dias de nossas vidas. A vida não é uma corrida, mas uma jornada, para ser desfrutada a cada passo do caminho. Não há como voltarmos atrás e fazermos um novo começo, mas, em qualquer dia, é possível começar uma vida nova em direção a um novo fim. As portas que abrimos e fechamos a cada dia decidirão o tipo de vida que iremos levar. Citando o escritor George Orwell: "Para conseguir ver aquilo que está debaixo do nariz de alguém é necessário uma luta constante". O céu e o inferno não são determinados pela direção na qual viajamos, mas pela pessoa em quem nos transformamos ao chegarmos no destino final.

TOMANDO A ROTA EXISTENCIAL: UM ROTEIRO

Neste livro, busco fazer algo diferente do que já fiz nos muitos livros que escrevi sobre organizações e liderança. Se sempre fui movido pela noção de que minhas ações deveriam ser relevantes, nos capítulos que se seguem, busco alcançar uma relevância mais existencial, transcendendo as questões mais triviais que inquietam os executivos. Enfoco os tipos de questões que me são colocadas pelos executivos quando atuo como especialista clínico. Embora as pessoas que eu encontro desconfiem, em geral, daqueles que exercem as profissões de ajuda, como eu falo a sua língua – e tenho uma boa compreensão das questões organizacionais com as quais eles se debatem – é mais fácil para eles se abrirem e me relatarem sobre algumas das outras questões com as quais estão se debatendo.

Sim, eu sei que prestar um aconselhamento sobre assuntos organizacionais é uma coisa, enquanto que prestar aconselhamento sobre "a vida" é algo inteiramente diferente. Algumas pessoas podem até considerar presunçosa uma tal atitude de minha parte. É realmente possível prestar aconselhamento sobre tais assuntos, ou só é possível aprender fazendo? Enfrentar os principais desafios da vida é algo meramente experimental? É bem verdade que, ao tomar essa estrada, você necessita vivenciar. Você precisa estar lá. Necessita aprender com base nas suas experiências.

Acredito, no entanto, que este é o momento certo para tratar de tais questões, pois não sou mais tão jovem para achar que sei tudo. Cheguei a uma idade em que percebo que a única real sabedoria é notar que sabemos muito pouco. E, embora a idade não traga necessariamente a sabedoria, espero ter sido afortunado o suficiente para aprender algumas lições no caminho que trilhei. Escrever este livro significou muito no sentido de melhor compreender quão profunda é a minha própria ignorância. O desafio é grande quando tentamos compreender questões que ressoam profundamente dentro de nós.

É um truísmo afirmar que aprendemos mais com nossos erros do que com nossos acertos. Já foi dito muitas vezes que a sabedoria não pode ser ensinada. Aprendi na escola da vida que nosso caráter é moldado mais por nossos erros do que por nossos acertos. A adversidade age no sentido de estimular talentos que, em circunstâncias não tão desfavoráveis, teriam permanecido adormecidos. Nesse sentido, a vida é uma sucessão de ensinamentos que precisam ser vivenciados para serem entendidos. Para mim, a única coisa pior do que cometer um erro é cometer o erro e não aprender com ele. Se examinada bem de perto, talvez a sabedoria se revele como não sendo nada além do que uma dor que foi curada.

Aprendi que é necessário coragem para alguém se confrontar com suas próprias falhas, e sabedoria para fazer algo a respeito das mesmas. Há um ditado espanhol que diz: "Não é a mesma coisa falar sobre touros e estar na praça das touradas." Em alguns aspectos, a vida é como uma cebola: nós a descascamos camada por camada, e talvez choremos às vezes enquanto o fazemos. Todos parecemos estar buscando o significado da vida, seja lá o que isso significa para cada um de nós. Mas talvez seja mais pragmático fazer com que nossas experiências externas entrem em ressonância com a nossa realidade interna. A principal tarefa que cada um de nós tem pela frente é dar-se à luz.

Os capítulos deste livro têm origem nas histórias que me foram relatadas pelos executivos, histórias que me sensibilizaram. Não estou me referindo às histórias relativas aos problemas empresariais. Tais problemas serão solucionados, de um jeito ou de outro. Estou me referindo às histórias por trás das histórias – aos temas contidos nelas. Quero tratar de algumas das metaquestões com as quais muitos executivos – e a maioria das pessoas – se debatem. E, como seria de se prever, as histórias por trás das histórias guardam relação com questões inerentes à condição humana. Os capítulos deste livro contêm reflexões que fiz a partir daquilo que costuma ficar soterrado, são capítulos baseados nas questões para as quais os executivos estavam buscando uma solução.

A primeira parte do livro, que gira em torno do desejo sexual, é a mais extensa. Trata-se de um tópico muito complexo e que necessitou até mesmo de uma excursão na psicologia evolucionista. Mas é um tópico que sempre me fascinou, já que eu mesmo me debato com as demandas impostas pela biologia e pela sociedade. Ao longo dos anos, percebi que não há nada análogo a uma rede de segurança capaz de proteger contra a atração. Quer gostemos ou não, o desejo sexual sempre estará conosco. Ao escutar as histórias que meus executivos contavam, pude perceber a dificuldade de alguém se confrontar com o desejo sexual e dominá-lo. O desejo é, muitas vezes, um catalisador que nos leva a fazer coisas que, em outros contextos, jamais teríamos feito.

A segunda parte trata do dinheiro. No exercício dos meus papéis de professor e consultor em gestão, psicanalista, psicoterapeuta e *coach* de lideranças, a questão do dinheiro vem à tona o tempo todo. Tendo encontrado um grande número de pessoas extremamente ricas, fiquei fascinado pelo que o dinheiro fez a eles e pelo modo como afetou profundamente suas vidas. O encontro com um dos meus alunos, o diretor de um banco de investimentos, serviu de inspiração para essa parte do livro. Ele me seguia pelo corredor perguntando, "Que quantidade de dinheiro basta?" Eu ficava muito impressionado pela ironia da sua pergunta, sabendo que ele era, de longe, a pessoa mais bem paga dentro da sua organização. Era evidente que, para ele, dinheiro algum jamais bastaria. Certas pessoas confundem o valor próprio com o valor líquido que recebem como pagamento por seu trabalho.

A terceira parte do livro versa sobre a felicidade. É a parte mais antiga desta coletânea de trabalhos e se baseia em um artigo que escrevi vários anos atrás intitulado *The Happiness Equation* (A Equação da Felicidade). Esse ensaio surgiu a partir das respostas que recebi para a pergunta que faço aos CEOs no final do meu seminário sobre liderança: "Imagine que lhe peçam para fazer o discurso de formatura na sua escola. O que você diria aos estudantes? Que temas você abordaria? Quais foram algumas das questões mais importantes na sua vida?"

Um dos temas mais recorrentes referia-se a como ser feliz. A reflexão sobre as ideias de felicidade apresentadas por aqueles CEOs me levou a redigir um pequeno artigo que acabei, por fim, transformando em um ensaio mais extenso. Na ocasião, eu me encontrava em um estado mental um tanto depressivo, mas talvez deva-se estar em um tal estado para conseguir escrever sobre a felicidade. Eu estava em boa companhia. O filósofo Bertrand Russell também se encontrava em condições bem ruins quando escreveu seu ensaio a respeito da felicidade. De fato, a maior parte daquilo que se considera como sendo seus melhores trabalhos foi escrita quando ele estava tentando escapar do mundo ao seu redor.

A última parte versa sobre a morte. Comecei a escrever essa parte ao antever a morte da minha mãe. Em dado momento, dei o processo por concluído – mas foi então que minha mãe morreu. Embora eu viesse me preparando para enfrentar a sua morte há vários anos, quando ela de fato ocorreu, isso me atingiu de um modo muito mais duro do que eu esperava. A morte da minha mãe me levou a reescrever a referida parte. Ela me fez perceber a natureza absoluta do fato de que só se tem uma mãe; salientou o poder e a intensidade do relacionamento entre mãe e filho. Agora que essa parte está completa, percebo que sua formulação por escrito foi o jeito pessoal que encontrei para me ajudar a superar a dor pela sua morte.

Embora a morte seja o fim e devesse, por uma questão lógica, constar no término do livro, senti que essa era uma maneira um tanto lúgubre de finalizar a presente coletânea de artigos. O Epílogo trata de autenticidade, altruísmo, sabedoria e da busca de um sentido na vida empreendida pela humanidade, e é preenchida pela citação de William Shakespeare: "Sobretudo isso – seja verdadeiro em relação ao teu próprio eu." Se as pessoas não viverem as suas vidas com autenticidade, qualquer coisa que venham a fazer parecerá ser desprovida de sentido e contribuirá para que elas tenham sentimentos de ansiedade, apatia e desespero.

O romancista russo Fyodor Dostoyevsky redigiu certa vez um estudo psicológico sobre os esqueletos guardados no armário mais recôndito e sombrio da mente humana. "Sou um homem doente... sou um homem desprezível, sou um homem extremamente desagradável", brada a voz irascível do narrador em seu romance. A obra *Memórias do Subterrâneo** traz as confissões apaixonadas de um homem sofredor, o implacável exame de consciência de uma alma atormentada. O filósofo Friedrich Nietzsche ficou muito impressionado com as incursões men-

---

* N. de T.: *Notes from the Underground* aparece traduzido em português de diferentes formas, entre elas "Notas do Subsolo" e "Memórias do Subterrâneo". Do título do romance de Dostoyevsky, origina-se a expressão *underground man* (traduzida por "homem do subterrâneo") empregada por Sartre para referir-se ao personagem da obra.

tais empreendidas por Dostoyevsky, alegando que "Dostoyevsky é um dos poucos psicólogos com quem pude aprender algo". Outro filósofo, Jean-Paul Sartre, concordou e descobriu no "homem do subterrâneo" de Dostoyevsky o precurssor e o porta-voz da filosofia existencial. Para Sartre, a maior importância do livro e do personagem era a sua clara admissão da natureza essencialmente irracional do homem. *Memórias do Subterrâneo* representa um extraordinário exemplo das habilidades psicológicas de Dostoyevsky, que retrata um personagem motivado por muitos impulsos contraditórios. Mais do que qualquer outra coisa, ele mostra que as ações humanas são difíceis de prever. Os seres humanos são guiados por emoções complexas e irracionais, e realizam escolhas com base em tais emoções, sendo capazes, ao mesmo tempo, das ações mais nobres e das mais ignóbeis.

Como Dostoyevsky, gosto de mostrar como são as pessoas, com todas as suas vulnerabilidades e desatinos. Quero lidar com pessoas reais e refletir sobre questões reais. Não desejo seguir a rota dos mandarins, mesmo que alguns dos tópicos por mim debatidos talvez necessitem de uma incursão em campos de pesquisa mais esotéricos. Nos capítulos deste livro, quero mostrar que as pessoas não estão sós na sua confusão. Quero explicar a elas que os problemas que enfrentam são compartilhados por muitas outras pessoas. Para ser mais exato, quero oferecer meus préstimos para os executivos que vêm e me pedem ajuda.

Percebi que existem limitações ao papel que desempenho como professor. Segundo um ditado chinês, "os professores abrem a porta, mas você precisa entrar por si mesmo". Talvez o aprendizado seja difícil. Posso ajudar os executivos mostrando-lhes o caminho, mas – como indicado antes – no cômputo final, eles precisam ajudar a si mesmos. Todos somos capazes de nos ajudar, mas temos de descobrir como fazê-lo. No entanto, não podemos transformar aquilo que não admitimos. Como colocou o Dr. Seuss, "você dispõe de um cérebro dentro da sua cabeça. Você dispõe de pés dentro dos seus sapatos. Você pode ir em qualquer direção de sua escolha." Nós somos responsáveis por fazer as coisas acontecerem.

Todos os atos de aprendizagem consciente requerem que alguém se disponha a sofrer um golpe na sua autoestima, o que significa tomar consciência das nossas reações defensivas. As coisas não são normalmente como gostaríamos que fossem. É por isso que as criancinhas, antes de se tornarem cientes da sua própria importância pessoal, conseguem aprender com tamanha facilidade. Como adultos, temos maiores dificuldades. O poeta Samuel Taylor Coleridge afirmou certa ocasião que "o conselho é como a neve; quanto maior a suavidade com que for dado, por mais tempo será retido e de maneira mais profunda impregnará a mente". Minha esperança é que as reflexões aqui feitas caiam com a devida leveza.

Em vez de encher as páginas de referências, como eu costumo fazer em livros de conteúdo mais formal, utilizei uma forma relativamente mais simples de texto – uma abordagem que talvez escandalize meus colegas acadêmicos. Desconfio que, se fosse tratar das questões pertinentes ao livro de maneira mais tradicional e erudita, não conseguiria tocar meus leitores da forma como gostaria, visando ajudar-lhes a aumentar sua compreensão sobre tópicos de maior importância. Por essa razão, adotei deliberadamente uma abordagem mais informal. Espero que meus leitores me perdoem por deixar de lado o costumeiro rigor no tratamento das questões.

As ideias apresentadas nas páginas que seguem demonstram minhas reflexões pessoais sobre a vida e a morte, reflexões essas que se baseiam, no entanto, nas vívidas histórias pessoais relatadas pelos executivos. Eu não só me deixei influenciar pelas suas histórias, imprimindo sentido às suas narrativas, assim como também não pude evitar de ser influenciado pelos anos de leitura nos campos da psicanálise, psicologia social, psicologia do desenvolvimento, teoria de sistemas familiares, teoria cognitiva, neuropsiquiatria, psicologia evolucionista e psicoterapia. E, mesmo que, como coloquei, minhas divagações não tenham partido do nada, assumo inteira responsabilidade por qualquer idiossincrasia que possa ter sido aqui incluída. Aos escrever este livro, percebi que entre essas idiossinerasias eu devo relacionar o viés de orientação ocidental. Afinal, sou produto do mundo "desenvolvido", que coloriu de matizes a minha *Weltanschauung**. Assim, algumas das minhas reflexões talvez não tenham a mesma relevância em um outro contexto cultural.

Ao examinar de maneira sucinta os capítulos a seguir, me indaguei o que teria me motivado a escrevê-los a esta altura da minha existência. Talvez tenha sido em função de ter alcançado uma idade em que você se torna mais ciente da dramática condição transitória das coisas. Você sabe que nasceu e sabe que vai morrer. A questão que se apresenta é como aproveitar ao máximo o tempo do qual alguém dispõe entre os dois acontecimentos. Há um período na vida para deixar as coisas acontecerem e um período para fazer as coisas acontecerem. Acredito que consigamos nos manter jovens se centrarmos o enfoque em nossos sonhos e não em nossos remorsos. Os capítulos que se seguem são uma tentativa pessoal de olhar para a frente e captar meus próprios sonhos.

---

* N. de T.: *Weltanschauung*, outro termo alemão de uso consagrado em inglês, significa, em um sentido, visão de mundo ou cosmovisão, filosofia ou concepção do mundo e da vida humana (como foi aqui empregado); e, em outro, imposição de uma visão de mundo ou ideologia.

Sumário

Parte 1 Reflexões Sobre o Desejo Sexual

1 À Sombra do Pecado Mortal 3
 O legado de Adão e Eva 5
 Sexo sem prazer 9
 Máquinas de sobrevivência movidas a genes? 12

2 As Contradições do Desejo 15
 A sexualidade: uma cobra debaixo do tapete 18
 O comportamento de apego 21
 O que o amor tem a ver com isso? 25
 O amor romântico 27

3 Marte Encontra Vênus 30
 A psicologia evolucionista e a escolha do parceiro 30
 Um caráter em busca de ser um caráter 33
 "Meu príncipe há de chegar algum dia" 37

4 A Fantasia Sexual 39
 O perverso polimórfico 40
 Diferenças na mentalidade sexual 41
 O sexo e o passar do tempo 44
 Quanto de sexo basta? 45
 O sexo como um campo de batalha 50
 A questão da terapia 52

5 O Jogo da Sexualidade 54
 A primeira criação: alucinando o seio 56
 O canto da sereia do indivíduo criativo 56
 A vida boêmia 57

6 Lições dos Bonobos 63
 Maior igualdade entre os sexos 64
 Dependência independente 66
 Reflexões finais 68

PARTE 2   REFLEXÕES SOBRE O DINHEIRO

7 O PECADO DA COBIÇA   **73**
UM CASO DE SÍNDROME DE FADIGA DA RIQUEZA   75

8 O MUNDO DO DINHEIRO POR DENTRO   **79**
A CAIXA DE PANDORA   79
O PAPEL SIMBÓLICO DO DINHEIRO   81

9 EM LOUVOR AO DINHEIRO   **85**
O DINHEIRO NA SUA CARA   86
QUANDO AS VERDINHAS O DEIXAM VERDE DE INVEJA   88
DINHEIRO DEMAIS   90
O DINHEIRO NÃO COMPRA FELICIDADE   94

10 SEU DINHEIRO OU SUA VIDA   **94**
PERDENDO A SATISFAÇÃO   95
PERDENDO A INTIMIDADE   96
PERDENDO O TEMPO   97
PERDENDO A INTEGRIDADE   98
PERDENDO A SAÚDE   101

11 O ASPECTO ZEN DO DINHEIRO   **102**
ABRINDO MÃO DO DINHEIRO   103

PARTE 3   REFLEXÕES SOBRE A FELICIDADE

12 À PROCURA DE MORANGOS SILVESTRES   **109**
EMPREENDENDO DUAS JORNADAS   110

13 O ELUSIVO CONCEITO DE FELICIDADE   **112**
EM BUSCA DO "PARAÍSO PERDIDO"   114
PSICOLOGIA POSITIVA   115

14 A EQUAÇÃO DA FELICIDADE   **117**
A FELICIDADE COM O PROPÓSITO DE SOBREVIVÊNCIA   118
CORRELATOS DA FELICIDADE   119

15 NOSSA *WELTANSCHAUUNG*   ***124***
O LÓCUS DE CONTROLE INTERNO *VERSUS* O EXTERNO   126
OTIMISMO *VERSUS* PESSIMISMO   128
EXTROVERSÃO *VERSUS* INTROVERSÃO   129
AUTOESTIMA   130

16 DESCONSTRUINDO A FELICIDADE   **131**
ALGUÉM A QUEM AMAR   131
ALGO PARA FAZER   136
ALGO EM QUE DEPOSITAR ESPERANÇA   137

17	**ATINGINDO O EQUILÍBRIO PERFEITO**	**141**
	VIVER A VIDA INTEGRALMENTE OU UMA VIDA ADIADA	142
	O SUCESSO EXTERNO *VERSUS* O SUCESSO INTERNO	144
18	**COLOCANDO AS COISAS EM PERSPECTIVA**	**146**
	COMPARAÇÕES SOCIAIS	147
19	**LIDANDO COM O ESTRESSE**	**150**
	A SAÚDE COMO UMA CONTA BANCÁRIA	151
20	**HOMO LUDENS**	**154**
	O PAPEL DA DIVERSÃO	155
	A REGRESSÃO A SERVIÇO DO EGO	156
	NECESSIDADES EXPLORATÓRIAS	159

PARTE 4   REFLEXÕES SOBRE A MORTE

21	**VOCÊ NÃO SAI DESSA VIVO**	**165**
	O HOMEM TRÁGICO	166
22	**A NEGAÇÃO DA MORTE**	**168**
	O TRIUNFO DA IRRACIONALIDADE	168
	AS VICISSITUDES DO LUTO	170
	OS ESTÁGIOS DO LUTO	175
23	**A MORTE E O CICLO DE VIDA HUMANO**	**177**
	INTEGRIDADE *VERSUS* DESESPERO	179
24	**TRANSCENDENDO A ÚLTIMA FERIDA NARCISÍSTICA**	**183**
	RITUAIS DE MORTE	183
	SENTINDO-SE VIVO	184
25	**SISTEMAS DE IMORTALIDADE**	**188**
	AONDE ESTAMOS INDO?	188
26	**A MORTE NA NOSSA ERA PÓS-INDUSTRIAL**	**196**
	ADMINISTRANDO A MORTE	198
27	**ENTRANDO NAQUELA NOITE BOA**	**201**
	AS ÚLTIMAS PALAVRAS	204
	ESTÁGIOS DE TRANSIÇÃO	205
	SISTEMA DE CUIDADOS PALIATIVOS	207
28	**O APAGAR DAS LUZES**	**210**
	E VOCÊ?	211
	A PRÓXIMA GRANDE AVENTURA?	213

Epílogo: A Busca Pela Autenticidade — **215**
    Ser autêntico — 216
    À procura de um significado — 218
    A motivação altruísta — 222
    Ter sabedoria — 225
    Sentir o perfume das flores — 228

Bibliografia — **231**
Índice — **235**

PARTE 1

REFLEXÕES SOBRE O DESEJO SEXUAL

À Sombra do Pecado Mortal   1

Desejar é tão melhor do que ter! Não há nada mais extraordinário do que aquele instante em que se sente o desejo. O instante em que se sente o desejo, quando você sabe que algo vai acontecer, é o mais sublime de todos.
Anouk Aimée

O sexo quase nunca é só sexo.
Shirley MacLaine

Não sei nada sobre sexo porque sempre fui casada.
Zsa Zsa Gabor

Vanitas Vanitatum*! Qual dentre nós é feliz neste mundo? Qual dentre nós conseguiu realizar seu desejo? Ou, tendo-o realizado, ficou satisfeito?
William Makepeace Thackeray

Existe uma história zen bem conhecida sobre dois monges que se encontram em viagem, tentando atravessar um rio. Quando eles estavam quase do outro lado, uma jovem gritou para eles da margem da qual tinham saído. Ela disse que estava com medo de entrar na água por causa da corrente. "Um de vocês poderia me carregar para o outro lado?", perguntou ela. Um dos monges hesitou, mas o outro retornou, colocou-a rapidamente sobre seus ombros, atravessou-a e colocou-a no chão na outra margem do rio. Ela agradeceu e seguiu seu caminho.

À medida que os monges prosseguiam em sua jornada, um deles foi ficando irritado. Por fim, incapaz de manter-se quieto, explodiu dizendo: "irmão, nosso mestre zen-budista nos ensinou a evitar qualquer contato com as mulheres, mas você pegou uma e a carregou nos seus ombros!"

"Irmão," replicou o segundo monge, "eu a deixei do outro lado do rio: é *você* quem ainda a está carregando".

No âmago da referida história situa-se a questão do desejo. O que é o desejo? Por que sentimos desejo? Por que sentimos desejo por aquilo que desejamos? Quais as consequências do desejo? E como lidar com o desejo? Essas são perguntas fáceis de se fazer, mas conseguir respondê-las é uma questão inteiramente di-

---

* N. de T. Citação do autor em latim referente ao desejo, ***Vanitas Vanitatum***, que parcialmente reproduz citação do livro de Eclesiastes da Bíblia: ***vanitas vanitatum, et omnia vanitas*** (vaidade das vaidades, tudo é vaidade), aludindo ao fato de que os prazeres terrenos são transitórios.

ferente. O desejo é como areia movediça; pode ser encontrado em toda a parte, mas é difícil segurá-lo nas mãos.

Recorrendo ao American Heritage Dictionary em busca de uma definição para o termo, descobrimos que o desejo significa um pedido, um anseio ou aquele que é objeto do anseio, do apetite sexual ou da paixão. O dicionário também nos diz que o desejo significa uma ânsia por algo que nos traga satisfação ou gozo, ou um desejo intenso – geralmente repetitivo ou duradouro – por algo que se encontre além do nosso alcance, mas cuja obtenção seja possível em um momento futuro. Assim, o desejo também conta com um componente de fantasia. Imaginamos possuir aquilo que desejamos. Algumas vezes nossas fantasias sobre aquilo que desejamos vão tão longe que acabam por substituir a realidade.

Mas por que não realizar um teste para verificar a possibilidade de identificar com exatidão o que se quer dizer ao falar em desejo? E o que dizer dos seus próprios desejos (como no caso dos desejos sexuais)? Se lhe pedissem para descrever seu desejo sexual mais selvagem, qual seria ele? Você é capaz de descrevê-lo com clareza ou acha difícil imaginar a forma que ele assumiria? O pensamento de roteirizar seu desejo lhe deixa desconfortável? Você acha que o desejo é, em si, algo elusivo? Você está tentando desejar algo que é incapaz de imaginar?

Esse pequeno exercício nos faz perceber como é difícil – para não dizer desagradável – articular nossos desejos. O exercício estabelece um outro paradoxo: uma vez que conseguimos obter aquilo que desejamos, podemos talvez não mais desejá-lo; há uma perda de atrativos no objeto desejado. O poder do irreal é mais forte que o do real, porque nada é tão perfeito na verdade quanto é em nossa imaginação. Só ideias, conceitos, crenças e fantasias inatingíveis conseguem persistir. Isso explica porque, geração após geração, tantas pessoas sustentam que é melhor desejar do que possuir. Será possível que o único instante na vida em que estamos mais próximos de realizar nosso desejo seja, de fato, o mais "sublime", como sustentou Anouk Aimée (citada no início)? Foi isso que o poeta James Russell Long quis dizer ao afirmar que "aquilo pelo que ansiamos é o que somos. Por um momento transcendente?".

Uma das maiores ironias acerca do desejo é que, quando conseguimos obter aquilo que desejamos, revela-se o quão efêmero é nosso senso de satisfação. Parece que fantasiar sobre o desejo – incompleto como possa parecer – é mais atraente do que a realidade. Talvez seja preferível continuar no mundo da fantasia. Assim, pelo menos, temos uma medida de controle sobre aquilo que acontece em nossa própria fantasia. Talvez nossos melhores casos de amor sejam aqueles que jamais vivemos. Em contrapartida, a realidade pode lembrar um pouco uma ducha fria – não sendo tudo aquilo que imaginávamos. O reconhecimento de uma potencial desilusão pode nos encorajar a permanecer no estado da fantasia.

Qualquer frustração pode vir de encontro a nós em se tratando de desejos. O desejo é uma força sempre presente que mantém nossas vidas em movimento. É como o oxigênio: não estamos sempre cientes da sua presença, podemos até tomá-lo como algo certo, mas o fato é que ele está sempre lá. Não importa, porém, de que maneira vivenciamos o desejo, o prazer parece residir no ato de desejar, no momento efêmero. Como observado por Robert Louis Stephenson, "é melhor uma viagem esperançosa do que o instante da chegada ao destino." O dramaturgo George Bernard Shaw nutria uma opinião parecida. Conforme observou, "há dois tipos de tragédia na vida. Uma é não conseguir satisfazer o desejo que alguém tem no coração. A outra é satisfazê-lo".

O desejo é a essência da humanidade. Estar vivo significa ser capaz de desejar. É uma força emocional, e não racional, e é difícil de ser controlada – ela possui vida própria. Não temos o poder de decidir *quando* vamos desejar e tampouco optamos por desejar; é o desejo quem nos escolhe. Segundo afirmou certa vez um famoso praticante do desejo sexual, Casanova, ao tentar explicar a adoração que tinha por pular de uma cama para a outra: "*Hélas*!* Amamos sem nos orientar pela razão e não envolvemos em nada a razão quando deixamos de amar."

O que surpreende é que só em décadas mais recentes tenhamos alcançado um melhor entendimento sobre aquilo de que trata o desejo. Recentes trabalhos de neurocientistas e psicólogos desenvolvimentistas, cognitivos, psicodinâmicos e evolucionistas serviram de instrumento para a decodificação de alguns dos mecanismos biológicos e desenvolvimentistas determinantes do desejo.

Mas, a esta altura, cabe fazer uma advertência. É possível discutir-se o tema do desejo partindo de muitos ângulos diferentes. No presente capítulo, vou me concentrar em um dos mais importantes desejos da humanidade: o desejo sexual – a fagulha essencial que põe em ignição o aparato sexual humano. Sustento que toda a atividade humana – incluindo muitas decisões em nível de gestão – são estimuladas por esse desejo. No mundo imprevisível em que vivemos, há de haver uma constante, e essa constante é o desejo sexual. É o nosso sistema de necessidades de motivação sexual que vincula o não ser ao ser. É o desejo sexual que faz o mundo girar. Fora isso, embora exista agora um grande número de publicações especializadas sobre o desejo sexual homoerótico, no presente capítulo trato da heterossexualidade. O desejo homoerótico merece mais atenção que o tipo de tratamento superficial que eu teria de dar a esse tópico, em minha determinação de não tornar o presente livro demasiado extenso.

O LEGADO DE ADÃO E EVA

Para compreender as atitudes da humanidade em relação ao desejo sexual, precisamos examinar a explicação dada às raízes do mesmo. Pode-se também começar pela história de Adão e Eva conforme consta no Gênesis, o primeiro livro do Velho Testamento na Bíblia. Não seria ela o protótipo de uma narrativa sexista, quando o leva a crer que, se você fizer uma mulher a partir de um homem, está fadado a ter problemas? Por que Adão e Eva foram expulsos do Jardim do Éden? Qual foi a transgressão que eles cometeram? Eles foram expulsos porque a serpente os seduziu para que comessem a fruta proibida? Girava tudo mesmo em torno da maçã?

---

* N. de T.: **Hélas!**, interjeição em francês incorporada à língua portuguesa e aqui empregada no sentido de "Ai de nós!".

São muitos os disparates encontrados nos "fatos" dessa conhecida história; deve haver algo mais nela do que apenas aquilo que a visão consegue alcançar. O que é que a maçã realmente significa? Não é preciso ser um cientista espacial para resolver essa charada. Dada a natureza do castigo, a fruta proibida deve simbolizar uma atividade de natureza essencial para o ser humano. Uma explicação plausível para essa história é que toda ela gira em torno do desejo sexual. A expulsão de Adão e Eva do Paraíso pode ser interpretada como uma simples narrativa sobre duas pessoas que nutriam um forte desejo sexual uma pela outra, mas que não tinham permissão para consumar sua paixão. Não é de admirar que elas violem a lei. Mas tem mais. A narrativa também encerra uma moral, a advertência de que todo desejo sexual exige que se pague um preço por ele. A perda da inocência – a exposição sexual – acompanha a expulsão do Jardim do Éden.

Por ironia, contrastando com o forte conteúdo moral dessa narrativa do livro do Gênesis, os antigos gregos e romanos veneravam os prazeres da carne. Eles não tinham uma visão nada reprimida do corpo, o qual percebiam como um veículo destinado à busca e à entrega da vivência da sexualidade. Os antigos gregos e romanos não demonstravam ter qualquer tipo de constrangimento sobre a sexualidade veiculado a um profundo sentimento de culpa, como aquele que caracterizou a tradição judaico-cristã. A arte e a literatura explicitamente eróticas daquele período clássico constituem a própria revelação disso. Aquele era um período da história no qual a sociedade ocidental havia erigido muito poucas barreiras contra o desejo sexual. E a cultura ocidental não era a única a exibir uma atitude liberal em relação a isso. O mesmo se aplicava a muitas outras culturas, como demonstram as esculturas eróticas hindus encontradas no conjunto de templos do Khajuraho, e também a arte e a literatura eróticas chinesa e japonesa.

Mas essa era de liberdade sexual não perdurou na sociedade ocidental. Após o período de relativa liberdade e tranquilidade experimentado na antiguidade clássica, uma época sombria se abateu sobre a Europa, quando o Cristianismo se tornou a força religiosa e social dominante. A doutrina cristã transmitiu uma mensagem anti-hedonista, equiparando o desejo sexual ao pecado. Durante muitos séculos, o *Zeitgeist** foi dominado pela noção de que o desejo sexual era responsável por arrastar as pessoas para o inferno. O *Leitmotiv*** dos primeiros sacerdotes a comandar a Igreja Cristã primitiva – citando o Evangelho de São Lucas – era que "somos todos pecadores vivendo em um mar de lágrimas". A

---

* N. de T.: O vocábulo alemão **Zeitgeist** ("espírito de uma era"), de uso consagrado em inglês e em outros idiomas, refere-se ao clima intelectual e cultural associado à determinado período da história humana, e associa-se, em sua origem, a Johann Gottfried Herder e a outros românticos alemães, que entendiam um período histórico quase como sendo dotado de caráter. O termo é ainda mais associado à filosofia da história de Hegel, que introduz outros conceitos relacionados como, por ex., *Weltgeist* (espírito do mundo).

** N. de T.: Outra expressão do alemão consagrada em inglês e em outros idiomas, inclusive no português, **leitmotiv** faz referência originalmente a um motivo condutor musical, passando a significar, por extensão, na literatura ou no discurso, a ideia ou o fio condutor da obra, e, no cinema, uma ou mais imagens simbólicas estruturadoras do filme, ou, em um âmbito mais geral, tema que venha à tona com frequência em determinado contexto.

preocupação da humanidade com os prazeres da carne era suplantada pela preocupação com a vida após a morte. Como veremos, foi só depois do fim do século XIX que a sexualidade tornou a assumir, no cenário social, um papel mais explícito e proeminente, não tão vinculado ao sentimento de culpa.

Durante a Idade Média, o desejo sexual era visto como uma prova do pecado. As tentações da carne eram algo a ser evitado. Influenciados pela história da expulsão de Adão e Eva do Paraíso, os primeiros sacerdotes eclesiásticos percebiam nos seres humanos uma fraqueza e uma suscetibilidade às tentações sexuais. De mais a mais, eles achavam que todos os pecados causavam dependência, e que o vício do sexo acabava promovendo a condenação eterna. Especialmente as mulheres representavam um símbolo da extrema tentação. Os referidos sacerdotes acreditavam que, se fosse necessário optar entre a dor e o prazer, as mulheres escolheriam a rota hedonística, que conduzia ao inferno. Afinal de contas, pelo raciocínio deles, fora Eva quem seduzira Adão. Os seus encantos sexuais o distraíram do curso do pensamento racional, acarretando desastrosas consequências.

Do ponto de vista clínico, a ênfase dada pelos primeiros sacerdotes da Igreja Cristã aos poderes de sedução femininos simboliza o medo arcaico que os homens sentem das mulheres em geral e do órgão sexual feminino em particular. No mais recôndito do ser, a vagina se transforma na representação simbólica da ambivalência masculina para com a mãe que invade e contém, a grande mãe mitológica – a mãe capaz de proteger, mas igualmente capaz de destruir, uma mulher como Medusa*.

As mulheres não só eram criaturas perigosas, como os homens também realizavam confusas associações sobre o maior fator diferenciador, a vagina, foco de muitas fantasias masculinas (um processo que começa com as comparações feitas durante as brincadeiras infantis). Isso explica porque abundam tantas histórias sobre mulheres devoradoras, castradoras, na mitologia e nas lendas folclóricas. Ao refletir sobre o conteúdo dessas histórias, parece – pelo menos para a mente masculina – que olhar, tocar ou penetrar no orifício feminino é algo repleto de medos velados. No inconsciente masculino, o sexo pode equiparar-se à morte, cada orgasmo se transformando em uma "pequena morte". Assim, para a imaginação masculina, o misterioso ventre escondido transforma-se não só em um símbolo de fertilidade mas também de sangue e perigo. A vagina se torna um órgão de desejo e intimidação, uma parte especial do corpo que atrai e repele – muitos ritos e rituais femininos entre as tribos primitivas apoiam essa ideia. Não é de espantar que, para os cristãos ascéticos, a boca do inferno e a vagina evocassem um simbolismo análogo. A vagina era fonte de grande ansiedade. O desejo sexual também ficou tomado de apreensões.

Uma estratégia óbvia para controlar a expressão da sexualidade era denegrir a nossa natureza sensual. O sexo era negro, perigoso e sujo. Os genitais das mu-

---

* N. de T.: **Medusa**, figura mitológica grega e a única imortal das três irmãs Górgonas, transformadas em monstros com serpentes em lugar dos cabelos e com um olhar capaz de petrificar todos que olhassem em seus olhos pela deusa Atena, devido à vida devassa que levavam.

lheres não só eram portas de entrada para o prazer sexual, como também potenciais executores de homens. Penetrar a vagina implicava entrar em contato com uma realidade incompreensível e prazerosa, mas igualmente temida. Isso explica um mito que perdura até hoje, fazendo-se presente em inúmeras culturas, o da *vagina dentata**, uma vagina provida de dentes. Esse mito simboliza o medo masculino primitivo de ansiedade da castração, segundo o qual o homem – durante a união sexual – não só estaria preocupado em se mostrar fraco ou impotente, mas também temeria perder o pênis. E os homens não só têm de lidar com a ansiedade da castração: somam-se a essas imagens, do medo de serem aniquilados por incorporação, fantasias inconscientes de "retorno ao ventre". Os homens frequentemente temem ficar dependentes das mulheres, como se a ternura e a proximidade fosse outra vez fazer deles crianças indefesas sob o domínio de suas mães. Essa "ansiedade de simbiose" leva alguns homens a separar o amor da sexualidade e a encarar a intimidade como uma armadilha.

É obvio que os primeiros sacerdotes eclesiásticos não eram nem psicanalistas nem psiquiatras. A profundidade de interpretação – compreensão da linguagem simbólica – não era o seu forte. De modo intuitivo, no entanto, eles foram astutos ao reconhecer o referido medo masculino persistente da *vagina dentata*. Ao apontar Eva como culpada, eles argumentaram que o maior erro do homem fora permitir que seus impulsos sexuais escapassem ao poder da sua vontade. Para eles, a história de Adão e Eva era uma ilustração das desastrosas consequências de se permitir que os genitais respondessem aos desejos carnais em vez de ao controle intelectual. Essa narrativa admonitória – que eles tomaram quase que literalmente – persuadiu-os a tratar o desejo sexual com grande precaução. Dada a fraqueza da carne – o corpo era percebido como uma prisão da mente e da alma – era necessário um esforço sobre-humano para desviar a atenção das pessoas da sensualidade. O dever daqueles teólogos era lembrar ao seu rebanho que existia uma vida melhor que seria descoberta no futuro, e não no presente. O Paraíso era a grande alternativa. As tendências hedonísticas da humanidade eram inaceitáveis. Era dever deles esclarecer aos crentes que o desejo sexual só acarretava miséria, do mesmo modo que ele fizera Adão cair em desgraça.

É claro que podemos nos perguntar se os primeiros sacerdotes da igreja teriam alguma vez conseguido imaginar como seria o mundo inteiramente livre daquilo que eles consideravam pecado. Isso não teria criado um vácuo aterrador? Sobre o que seriam eles capazes de falar? Se todos levassem vidas santificadas, haveria muito pouco para os clérigos fazerem. Isso certamente minoraria seu desempenho do papel de Cassandra**. Sem a existência do pecado, a igreja não teria muito o que fazer!

---

* N. de T.: A consagrada expressão *vagina dentata* provém do latim.
** N. de T.: **Cassandra**, personagem da mitologia grega, teria recebido o dom da profecia, sendo então capaz de antever o acontecimento de um desastre ou de uma desgraça.

SEXO SEM PRAZER

Santo Agostinho de Hipona, bispo e filósofo da África do Norte no século IV, tendia mais para o racionalismo e, em sua argumentação, admitia o desejo sexual, porém dentro de determinados limites bastante rígidos. Não foi fácil para ele chegar à tal conclusão, já que ele próprio tinha de lidar com o desejo sexual que sentia por sua amante e a devoção por seu filho. Em *Confissões*, obra clássica que versa sobre o misticismo cristão e que descreve sua conversão ao cristianismo, ele escreveu que rezava a Deus regularmente, proferindo as seguintes palavras: "Conceda-me alcançar a castidade e a abstinência sexual, mas não me conceda ainda essa graça." Por fim, no entanto, ele conseguiu atingir o estado de graça, declarando então que o único propósito de manter uma relação sexual desprovida do espírito sagrado era para garantir a procriação. Pela orientação de Santo Agostinho, quando um homem e uma mulher estivessem prontos para ter um filho, o homem, ao impor sua vontade sobre o corpo físico, deveria provocar uma ereção funcional, destituída de lascívia, a fim de consumar o ato sexual. Santo Agostinho, contudo, lamentou a necessidade da realização do ato sexual e deixou claro que os participantes não deveriam deleitar-se com a prática de tal ato. Um homem e uma mulher casados precisavam "descer de nível, tomados por uma certa tristeza" e tomar parte na relação sexual. Agostinho apontava o uso dos genitais para qualquer outro propósito que não fosse o da procriação como algo distante da natureza humana, descrevendo o sexo como um ato intrinsicamente diabólico. É claro que o estado preferido para a humanidade seria o da castidade.

Santo Agostinho era suficientemente realista (ele mesmo havia tido um filho) para perceber que o corpo masculino era capaz de ludibriar a vontade mediante ereções involuntárias, sonhos de excitação sexual, impotência, ejaculação precoce ou outras formas de perda do controle durante o orgasmo. Infelizmente, ele não foi suficientemente realista para perceber que, dentre as aberrações sexuais, a castidade talvez seja a mais estranha de todas.

Rimos hoje das recriminações feitas por Santo Agostinho, mas precisamos examinar a sexualidade em seu contexto social. As pessoas não só tinham de pelejar contra as palavras recriminatórias dos padres eclesiásticos; também havia uma série de outros fatores relacionados ao sexo que precisavam ser considerados. Em primeiro lugar, para muitas pessoas (com exceção, provavelmente, da aristocracia libertina e do submundo erótico representado por Casanova e por outros equiparáveis a ele), a vida familiar se caracterizava por uma verdadeira ausência de privacidade. Como era costume que famílias inteiras dividissem quartos e camas, a probabilidade de haver pessoas assistindo à realização do ato sexual não contribuía muito para uma autorrealização erótica. Além disso, um dos fatores que influenciou as práticas sexuais durante muitos séculos (contrapondo-se aos hábitos sociais cultivados no período greco-romano) era o fato de que as pessoas não tinham por hábito se lavar. Elas acreditavam, em geral, que o contato com a água era algo perigoso, e que a água lhes faria pegar um resfriado ou abriria os poros deles, tornando-os suscetíveis a infecções. A maioria das pessoas fedia. O desejo sexual também era seriamente comprometido pela sarna, pelos piolhos e pelas moscas, que se abatiam sobre todos como se fossem uma praga, provocando uma coceira crônica. E, como se esses desalentos não bastassem, o sexo era acompanhado por um medo real advindo da alta taxa de mortalidade associada à gestação. Temos de lembrar que, naquela época, um índice de 10 a 15% de mulheres morriam ao dar à luz. Assim como a consciência hoje existente em relação à AIDS, essa perspectiva projetava uma sombra escura sobre todos os atos referentes à relação sexual.

Santo Agostinho foi quem determinou o tom das atitudes para com o desejo sexual durante muitos séculos. Sua ampla sombra se abateu sobre muitos dos seus sucessores acadêmicos. Sob sua influência, os padres eclesiásticos continuaram a pregar que o pecado original, iniciado com Adão e Eva, era transmitido de pai para filho, de uma após outra geração, por meio do ato sexual. A mensagem por eles apregoada era de que, com a expulsão de Adão do Paraíso, todos nós havíamos pecado. A literatura que prevaleceu após os escritos deixados por Santo Agostinho estava repleta de ilustrações de pessoas lutando contra o desejo sexual e perdendo essa luta. Os santos eram apresentados como exemplos edificantes de pessas que conseguiam triunfar sobre a luxúria, a ânsia desenfreada pelos prazeres da carne.

O Papa Gregório I, por exemplo, que reinou no século sétimo, relacionou a luxúria como um dos sete pecados capitais. O pensamento de Santo Agostinho ecoa na afirmação feita por Gregório de que "a união carnal legítima deve ter lugar a bem de gerar filhos, e não para satisfazer vícios". A luxúria era vista como um pecado capital, já que fazia as pessoas verem os outros como meio para um fim, para a busca egoísta dos seus próprios prazeres. Ela distraía as mentes do pensamento em Deus. A procura egoísta pela luxúria – ignorando os reais encargos que a humanidade tinha na terra – impediria a entrada no Paraíso. Como seus antecessores, Gregório se preocupava que a luxúria ficasse fora de controle; ele achou que a introdução dessa classificação de pecados era uma forma de educar e proteger os discípulos da igreja contra essa busca humana básica e de natureza incontrolável. Sua listagem dos sete pecados capitais e da punição dos mesmos transformou-se em um valioso conjunto preventivo cujo objetivo era assegurar que as vidas das pessoas fossem governadas por regras ditadas pelas autoridades divinas. Esses sete pecados foram denominados "capitais" porque as pessoas acreditavam que eles seriam capazes de causar grande malefício à alma. Uma geração após a outra foi doutrinada no sentido de adotar a atitude negativa da igreja em relação ao sexo, em um processo contínuo que talvez tenha contribuído para a ambivalência demonstrada pela humanidade tanto para com o desejo sexual como para com os transtornos sexuais.

Transcorridos 700 anos após a elaboração do sistema classificatório pelo Papa Gregório I (e contando ainda com o fantasma de Santo Agostinho em um lugar de destaque), Dante Alighieri trabalhou essa noção de pecado em sua obra-prima intitulada *A Divina Comédia*. Em um dos três poemas épicos que a integram, denominado *Purgatório*, Dante também classificou cada um dos ditos sete pecados, situando os níveis mais altos mais próximos do Paraíso e os níveis mais baixos mais próximos do Inferno. No caso da luxúria, ele explorou a relação entre a força construtiva da atração sobre a beleza da pessoa como um todo e a força destrutiva do descabido desejo sexual. Contudo, ao retratar sua visão de pecado, Dante pintou-a com matizes mais sutis que os austeros padres eclesiásticos. Para ele, havia uma fina linha separando o amor e a luxúria – os lascivos no inferno eram as pessoas que subordinavam a razão à ilusão do desejo. Nessa categoria, ele incluiu os libertinos, os adúlteros e as pessoas que cometeram transgressões análogas e que não controlaram seus impulsos mais básicos.

Fica claro, pelo teor da obra *A Divina Comédia*, que Dante não sabia bem onde situar a luxúria. Por um lado, a posição da luxúria no Inferno – a mais distante de Satã – imprime-lhe a marca do pecado menos sério dentre todos; por outro lado, a luxúria consta como o primeiro pecado relacionado na listagem de Dante, lembrando a associação comumente feita entre o sexo e o pecado original, isto é, com a expulsão de Adão e Eva do Jardim do Éden. No sentido figurativo, contudo, Dante chega a uma solução criativa, a de punir a falta de autocontrole dos lascivos. Essas almas desafortunadas veem-se eternamente golpeadas por fortes ventos, sendo incapazes de controlar a direção na qual se movem. No Purgatório, aqueles penitentes que demonstraram propensão à luxúria têm de caminhar por entre chamas a fim de expurgar de si mesmos os pensamentos sexuais ou lascivos.

O retrato negativo do desejo continuou a existir depois de Dante. Seu poema épico representa, no entanto, mais um lembrete do forte nível de regimentação da vida no fim da Idade Média e no início do Renascimento. No epicentro de tal vida, encontrava-se o inquestionável poder da Igreja Católica e a santidade do matrimônio, que estavam no cerne da sua doutrina. Condenar o desejo como luxúria e o desfrute de outro prazer físico como a gula era parte integrante do esforço geral da Cristandade para promover a vida depois da morte mais do que a vida presente. O propósito do jejum e do celibato era alcançar a vitória sobre a carne. Era preciso renunciar aos prazeres deste mundo em função da obtenção dos prazeres do mundo que se seguiria a este.

Infelizmente, para os padres eclesiásticos, a função sexual era um aspecto dissociado dos processos psicológicos em curso. Eles se recusavam a admitir que os seres humanos eram algo além da soma de suas partes físicas. O que eles não queriam ver era que o desejo pode ser uma força revigorante, afirmadora de vida e, mais ainda, prazerosa. É claro que os primeiros sacerdotes da igreja cristã não estavam familiarizados com a psicologia evolucionista, desenvolvimentista e psicodinâmica, e tampouco com a teoria dos sistemas familiares. Eles estavam determinados a não reconhecer a importância da sexualidade humana na estrutura biológica da humanidade. Eles não percebiam o elo entre sexualidade, gênero, personalidade e desenvolvimento humano. Eles também não estabeleciam uma distinção entre entre sexo e fazer amor. E, embora os padres eclesiásticos se mostrassem dispostos a aceitar o sexo no contexto do matrimônio como um pecado menor, esse era o ponto delimitador da sua tolerância e eles não estavam dispostos a passar disso. Para eles, o fruto proibido do Éden era o pecado, que eles igualavam ao sexo, sustentando assim a expulsão de Adão e Eva do Jardim do Éden como um aterrorizante exemplo das consequências de se ceder ao desejo sexual.

Dotados de uma atitude limitada e negativa frente à fisiologia, os padres eclesiásticos não tiveram possibilidade de ver que talvez fosse melhor realizar um trabalho de acordo com a nossa biologia, e não contra ela. Bem pelo contrário: a partir da poderosa posição que ocupavam, eles se mantiveram no controle, rejeitando nossa herança fisiológica. A igreja continuou, ainda por muitos séculos, a exercer grande influência sobre a atitude das pessoas em relação ao desejo, e a teologia religiosa se pronunciava de forma autoritária sobre a questão da sexualidade. Por fim, contudo, os primeiros a empreender estudos sobre a sexualidade, como Richard von Krafft-Ebing, Havelock Ellis ou Alfred Kinsey, e psicanalistas como Sigmund Freud, Theodor Reik e Erich Fromm, ajudaram a transformar a opinião popular sobre tudo que se referia ao sexo. Esses indivíduos apregoaram que a sexualidade é mais do que uma mera atividade física e genital. Eles reconheceram a dinâmica psicológica. Mais importante ainda, eles ajudaram as pessoas a ver que a sexualidade deveria ser encarada como parte normal da experiência humana. De fato, conforme sustentado por Alfred Kinsey, "o único ato sexual que escapa à natureza humana é aquele que você não consegue realizar". E, para citar Sigmund Freud, "analise qualquer emoção humana, não importa quão distante ela possa estar da esfera sexual, e você com certeza descobrirá, em algum ponto, o impulso primal ao qual a vida deve a sua perpetuação".

Hoje, é difícil percebermos, mas, naquela época (e muitos dos referidos autores, inclusive Kinsey e Fromm, só foram publicar seus trabalhos depois da Segunda Guerra Mundial), alterar a mentalidade cultural reinante sobre o desejo sexual era uma batalha contra a corrente. Era imenso o nível de resistência às ideias dos referidos pioneiros. Mas eles perseveraram e desafiaram as críticas que rotulavam suas contribuições de desavergonhadas e que insistiam que seus estudos fossem barrados. Não obstante os esforços heroicos que eles empreenderam, a velha persuasão religiosa insistia que Deus criara o torso, a cabeça, os braços e as pernas humanas, enquanto que o diabo acrescentara os genitais à mistura. A história do desejo sexual é a da luta travada entre o modo como os genes programaram nosso cérebro e o comportamento social imposto. Trata-se da história sobre os impedimentos erigidos pela sociedade para impedir que o desejo sexual fosse materializado.

MÁQUINAS DE SOBREVIVÊNCIA MOVIDAS A GENES?

Felizmente, na sociedade contemporânea, o sexo não é mais considerado um ato sagrado a ser desfrutado apenas dentro dos confins do matrimônio para fins de procriação. A partir de meados do século XIX, as atitudes em relação ao desejo sexual sofreram uma grande transformação, tornando-se muito mais liberais. O pêndulo começou a oscilar para o outro lado e a temida listagem do Papa Gregório passou a perder cada vez mais em relevância. As barreiras históricas – sociais, culturais e médicas – para a livre expressão do desejo sexual estavam esvaecendo, criando um estímulo para que se experimentasse mais com o desejo sexual.

Essa mudança de atitude foi facilitada pelo fato de que um número cada vez maior de pessoas estava se mudando do interior para a cidade. Elas não estavam mais sujeitas ao repressivo controle sobre sua privacidade que era parte integrante da vida nos vilarejos. O movimento dessa população foi acompanhado por uma melhoria nos hábitos sanitários, um melhor atendimento de saúde e métodos contraceptivos mais adequados e confiáveis. Além disso, tanto a Igreja Católica como a Protestante haviam desenvolvido uma atitude mais tolerante frente ao sexo como forma de prazer. O fantasma de Santo Agostinho estava sendo gradualmente exorcizado. A sensualidade não era mais vista como uma abominação perante Deus, mas simplesmente como um outro aspecto da condição humana, inspirado por Deus.

Contudo, a sexualidade somente ganhou o merecido reconhecimento no início dos anos 60, com a legalização das pílulas para controle da natalidade, o que conferiu às mulheres um maior controle sobre seus corpos. Não mais tolhidas pelo medo de engravidar, as mulheres mostraram-se muito mais capazes de extravasar seus desejos sexuais. Além disso, com o progresso da biotecnologia, as pessoas não mais *precisavam* fazer sexo para assegurar a sobrevivência da espécie. O sexo podia ser um ato simplesmente social e cultural. Agora, no século XXI, o sexo não tem praticamente mais nada a ver com uma necessidade biológica. No mundo em que vivemos, o comportamento hedonista está em alta. Estamos vivendo em uma sociedade direcionada mais do que nunca para a gratificação do desejo sexual. Desde a fundação da revista *Playboy*, de propriedade de Hugh Hefner, em 1953, até a criação da série televisiva *Sex and the City*, o sexo foi retratado como um evento quase atlético, incluindo quebras de recordes, regras, juízes e espectadores. O corpo se transformou em uma área de recreação sexual. Zonas erógenas que permaneceram dormentes por séculos estão sendo redescobertas. O sexo deixou de ser referência só para posições de âmbito restrito, como papai e mamãe; o sexo por todo o corpo, envolvendo uma variedade de funções corporais, está agora vestido á caráter.

O roteiro sexual para aquilo que se passa entre um homem e uma mulher também mudou. Houve o acréscimo de novos roteiros sob forma de bancos de esperma, sexo por telefone, clubes de sexo e sexo via *webcam*. Artigos publicados em revistas como *Cosmopolitan* ou *Men's Fitness*, com títulos como "O que torna uma mulher sexualmente atraente?" ou "Sexo caloroso e rápido: a transa rápida e a cama" refletem o *Zeitgeist*. O número e a variedade de encontros sexuais mantidos pelo típico homem ou mulher ocidental poderia se equiparar aos de um Casanova. Os casos de amor parecem um tanto antiquados numa era em que as pessoas costumam ficar só uma noite com as outras e fazer orgias. Porém, agora que fazer sexo ficou muito mais fácil que no passado, isso diminuiu a sua importância? Talve o preço que pagamos pelo sexo fácil corresponda à perda da nossa capacidade de amar de maneira profunda. As emoções associadas ao sexo – tal como a afeição, a intimidade, a preocupação, o cuidado e o amor – desempenham um papel menor na equação do desejo, e o que sobrou foi uma sociedade cínica e atormentada pela AIDS, índices elevados de gravidez na puberdade e índices extremamente altos de divórcio.

Santo Agostinho e o Papa Gregório não eram psicólogos evolucionistas. No que concerne a evolução, seus conhecimentos restringiam-se à história de Adão e Eva. Eles viam a luxúria como o desejo de obter prazer sexual fora de controle. Eles desconheciam o fato de que a libido humana, diferentemente dos nossos demais impulsos, apresenta muitas peculiaridades. Eles não admitiam que, para os humanos, assim como para os outros animais, tudo no desejo remete à sobrevivência da espécie. A evolução humana determina muito do nosso comportamento, especialmente quando se trata de nossas necessidades reprodutórias. Muito daquilo que descrevemos como desejo sexual é produto de uma configuração definitiva e permanente em nosso cérebro. Do ponto de vista evolucionista, a abstinência sexual é muito ruim para a sobrevivência da espécie. Os primeiros sacerdotes da igreja cristã compraram uma briga que eles não tinham como vencer.

As pessoas hoje têm de arcar com os mesmos desejos sexuais que impulsionavam nossos ancestrais primitivos. O processo evolucionário premia aquelas formas de vida capazes de sobreviver, reproduzir-se e ajudar seus descendentes a seguir adiante. Todos somos descendentes de indivíduos que foram impulsionados e motivados a agir com base em seus instintos sexuais, apesar das ameaças da igreja sobre arder no fogo do inferno e ser condenado por toda a eternidade. Como afirmou George Bernard Shaw, "Por que deveríamos aceitar aconselhamento do Papa sobre sexo? Se ele sabe alguma coisa sobre sexo, ele não deveria!"

Nosso código genético nos obriga a sermos máquinas de sobrevivência sexual, e por isso realizamos muitas coisas em nome da luxúria. Nosso instinto de reprodução forçosamente imprimiu a sua marca na maneira como pensamos, sentimos e nos comportamos. Nós não só somos movidos por aquilo que o zoólogo Richard Dawkins chama de o "gene egoísta"; na maior parte do tempo não estamos nem um pouco cientes de como nossos desejos sexuais trabalham em um nível subliminar de modo a influenciar nosso comportamento. Mas uma coisa é clara: através dos tempos, as pessoas que expressam seus desejos sexuais de maneira mais ativa (seja qual for a maneira de que gostam) se reproduzem com maior rapidez que os membros mais controlados de nossa espécie. O espírito sexual aventureiro sempre fez parte da natureza humana e, apesar das terríveis advertências feitas pelos padres eclesiásticos, essa tendência humana nunca conseguiu ser controlada pela moral e pelos bons costumes.

As Contradições do Desejo

2

> *O desejo é a própria essência do homem.*
> Baruch Spinoza

> *O homem sente desejo pela mulher, mas o desejo da mulher é ser desejada pelo homem.*
> Madame de Stael

> *Sempre ansiamos pelo que nos é proibido e desejamos o que nos é negado.*
> François de Rabelais

> *O ponto de partida de toda a realização é o desejo.*
> Napoleon Hill

Esopo, o contador de fábulas grego, disse certa vez: "Há muitas definições operacionais de desejo. O desejo está para as nossas paixões, assim como o fogo está para a água; eles são bons servos, mas maus mestres." Esopo não foi o único a sentir dificuldade de decifrar o sentido do desejo. Ele expressou aquilo que muitas pessoas vivenciam ao tentar responder as perguntas indagadas no capítulo anterior. Eis a resposta dada por um dos meus clientes: "Para mim, o desejo sexual se traduz na busca pelo fruto proibido. Parece que sempre anseio por coisas proibidas e que desejo aquilo que me é negado. É como se a minha natureza animal comandasse a minha razão. Mas, para mim, o desejo é um aspecto muito importante de tudo aquilo a que a vida se resume." Outro escreveu: "Para mim, o desejo sexual é como a poesia. Significa ter todas aquelas estranhas e irresistíveis imagens dentro de mim. Ali reside uma força compulsória que insiste em ser ouvida. Talvez seja ela a razão que me faz levantar pela manhã. Fazendo um retrospecto da minha vida, das coisas que fiz, o desejo foi o grande responsável por eu ter me transformado na pessoa que sou hoje." A perspectiva expressa por outro executivo foi mais sombria: "Sempre que tenho de lidar com o desejo, posso antever o acontecimento de uma catástrofe durante este processo. Em algumas ocasiões, até perdi o controle. Para ser honesto, todos os erros que cometi em minha vida foram em função do desejo. Fui, por exemplo, casado várias vezes. Será que valeu a pena? Agora me questiono isso. Infelizmente, muitas vezes descobri que o preço a ser pago para obter aquilo que eu quero é obter aquilo que eu, alguma vez, já havia desejado." Ao escutar suas palavras, pensei sobre o que Robin

Williams havia dito em tom satírico: "Deus nos deu um pênis e um cérebro, mas sangue suficiente para abastecer só um de cada vez."

Não importa que tipo de embalagem se use para acondicionar o desejo; suas origens continuam lá para serem vistas por todos. Isso não significa, contudo, que devemos ignorar os componentes psicológicos do desejo. As ações humanas são inevitavelmente produto de ambos os fatores. A matriz genética desencadeia seu processo dentro de um determinado ambiente específico e de um determinado contexto cultural. Fatores históricos, desenvolvimentistas, culturais e situacionais exercem grande influência sobre a forma assumida pelo desejo. Nós não somos motivados apenas por processos instintivos. A mente também é uma zona erógena. Em princípio, todos os padrões comportamentais estão sujeitos a sofrer alterações em função das forças ambientais. Considerando-se o longo período de gestação da espécie humana, todos os tipos de ações humanas são forçosamente um produto da natureza e da criação.

A escritora franco-suíça, Madame de Stael, citada no início deste capítulo, acertou em cheio. Desde os primórdios da história humana, os homens desejam fazer sexo com mulheres atraentes, enquanto que as mulheres precisam se certificar de que seus parceiros tenham um nível mínimo de comprometimento com elas. O problema das mulheres é encontrar uma forma de avaliar o grau do referido comprometimento. A monogamia é rara no reino animal devido a uma razão muito simples. O fato de só ficar com uma única fêmea não confere vantagens genéticas para o macho quando ele tem condições de manter relações sexuais com várias fêmeas, de forma a perpetuar ao máximo a sua linhagem. Citando as palavras da antropóloga Margaret Mead: "A maternidade é um fato biológico, enquanto que a paternidade é uma invenção social."

Mas as mulheres sempre tiveram uma agenda diferente, porque, para elas, principalmente durante as épocas de maior primitivismo, incorrer no ato sexual fazia com que elas se expusessem a tremendos riscos. O peso e a vulnerabilidade associados à gravidez, a uma gestação de nove meses de duração e ao período de amamentação devem ter sido imensos. Considerando-se os problemas de ordem adaptativa que visavam garantir a sobrevivência e a reprodução, era preciso que nossas ancestrais fossem extremamente cuidadosas na seleção dos seus parceiros, certificando-se de que eles de fato se comprometeriam em ajudá-las a criar os filhos.

Dentro do referido contexto, vale a pena observar a interessante analogia existente entre a duração da infância humana – cerca de quatro anos – e a duração de muitos matrimônios, que é quase idêntica. Em nível mundial, atinge-se o ápice na taxa de divórcios depois de transcorridos quatro anos de matrimônio, o que corresponde ao período de tempo tradicionalmente decorrido entre a sucessão de partos humanos. Talvez o elo de ligação entre os pares humanos tenha sido originalmente o de durar apenas o tempo necessário para criar um filho pequeno e dependente durante a sua infância, a menos que fosse concebido um segundo filho. E talvez a famosa crise dos sete anos devesse, em verdade, ser a crise dos quatro anos, já que sua duração conta com uma explicação evolucionista. Em geral, parece que quanto mais filhos uma mulher tem com um parceiro, maior a probabilidade de o casal ficar junto. É claro que, ao tecer esse tipo de observação, não deveríamos esquecer do forte componente econômico embutido nas taxas de divórcio. Há menos probabilidades de acontecer o divórcio quando os parceiros dependem economicamente um do outro.

Mediante a adoção da perspectiva da natureza *versus* a da nutrição, é possível perceber que o DNA é moldado pelo contexto ambiental. Mas, se o cérebro humano pode ser analisado em termos da sua atividade neural, as pessoas são bem mais do que sua estrutura fisiológica apenas. Elas estão sujeitas a sofrer inúmeras e variadas influências culturais, que contribuem para uma multiplicidade de atitudes frente ao desejo. A libido de cada indivíduo é um complexo coquetel que se inicia por reações físicas capazes de estimular associações simbólicas no interior da mente. Algumas formas de expressão do desejo sexual estarão alinhadas com os usos e os costumes da sociedade; outras formas de expressão serão olhadas com desconfiança.

A esta altura, já deve ter ficado claro que há muito mais associado ao desejo do que apenas o sexo. Nesse sentido, a espécie humana difere do restante do reino animal. É o preço que temos de pagar por termos sido dotados tanto de uma programação permanente quanto de uma temporária. Isso explica os demais fatores presentes na equação do desejo sexual. Se, a exemplo dos animais, percebermos os outros como meros receptores sexuais, engajando-nos no ato sexual de maneira insensível, só por prazer, estaremos negando a individualidade psicológica das outras pessoas e as veremos unicamente em termos da sua função fisiológica. Isso pode nos propiciar uma euforia temporária, mas exercerá também um impacto desumanizador sobre ambas as pessoas envolvidas no ato sexual. O desejo sexual nos humanos é um fenômeno complexo porque interliga três sistemas emocionais: os sentimentos sexuais, o comportamento de apego e o amor.

O fato de não sermos máquinas insensíveis que visam apenas a sobrevivência genética, mas assim indivíduos capazes de vivenciar sentimentos de grande complexidade, salienta uma característica básica humana que transcende o nosso impulso sexual: a nossa necessidade de sermos amados, cuidados e valorizados como pessoas. O desejo sexual pode se metamorfosear em sentimentos de intimidade, cuidado, preocupação e comprometimento, receita para o estabelecimento de uma ligação sentimental mais duradoura. Quando esses três sistemas emocionais operam em conjunto, surgem relações satisfatórias e de mais longa duração. Além disso, essa combinação entre sentimentos de atração sexual, apego e amor passa por diferentes estágios evolutivos, aumentando a probabilidade de que o rebento do casal sobreviva e consiga se desenvolver. Diferentemente das outras espécies animais, os seres humanos constituem um paradoxo em vida: temos de lidar com a busca por aquele obscuro objeto do desejo, ao mesmo tempo em que seguimos nossa programação para fazer sexo.

Não é nada fácil encontrar pessoas nas quais todos os três referidos sistemas emocionais se apresentam em conjunto e de forma consistente. É mais comum haver um curto-circuito entre os três, fazendo com que eles funcionem uns contra os outros, desencadeando desejos e interesses antagônicos – de modo que seja possível sentir-se atraído emocionalmente por uma pessoa, estar apaixonado por uma segunda pessoa e sentir excitação sexual por uma terceira. Os relacionamentos humanos são muito complexos: necessitamos compreender o que realmente significam o desejo sexual, o comportamento de apego e o amor.

A SEXUALIDADE: UMA COBRA DEBAIXO DO TAPETE

Na National Gallery em Londres, encontra-se a obra de arte renascentista pintada por Sandro Botticelli e intitulada *Vênus e Marte*. A pintura de Botticelli faz uma alegoria ao relacionamento entre os dois sexos. Vênus é o símbolo do Amor e da Harmonia; Marte é o símbolo da Guerra e da Discórdia. No quadro, Vênus, desperta e vigilante, observa atentamente Marte, que dorme após uma relação romântica e sexual. Marte está dormindo a "pequena morte" após o ato sexual, e a deusa do amor reina, com supremacia, após ter subjugado o deus da guerra. Marte, desarmado, dorme um sono profundo, desprovido de suas forças, subjugado pelo poder do amor. Nesse ínterim, de maneira igualmente simbólica, sátiros brincam com as armas que o deus pôs de lado.

Esse famoso quadro ilustra "a cobra debaixo do tapete" – os conflitantes sinais emitidos por homens e mulheres em relação ao desejo sexual. Marte, após ter satisfeito suas necessidades físicas, só quer dormir, enquanto Vênus deseja mais – uma conversa, talvez? Botticelli pintou um ninho de vespas na cabeça de Marte, possivelmente simbolizando o potencial para o surgimento de sérios e dolorosos conflitos no relacionamento. Embora o quadro possa ser interpretado como o triunfo do "amor cósmico" (simbolizado por Vênus) sobre a violência (Marte), ele também questiona por quanto tempo o triunfo – e o relacionamento – conseguirão durar.

O mais interessante é que, embora todos nós passemos muito tempo pensando em sexo, somos bastante reticentes a esse respeito. Mesmo o mais íntimo dos amigos pode achar difícil discutir esse assunto senão dentro da generalidade dos seus aspectos. É preciso enfatizar que o desejo sexual é algo bem diverso do comportamento sexual. O desejo sexual é uma experiência psicológica que não se reflete necessariamente em ação, embora possa estar associada a respostas físicas, já que a excitação sexual pode ocorrer sem que haja uma percepção consciente.

O escritor francês Victor Hugo escreveu certa vez, "Desde a ostra até a águia, desde o cisne até o tigre, todos os animais podem ser encontrados nos homens, e cada um deles vive dentro de um determinado homem, algumas vezes são vários animais ao mesmo tempo. Os animais nada mais são do que a representação das nossas virtudes e dos nossos vícios de forma explícita diante dos nossos olhos, visíveis reflexos das nossas almas. Deus os mostra para nós no intuito de nos levar à reflexão." Essa afirmação é altamente questionável: os psicólogos evolucionistas e desenvolvimentistas salientariam que há algumas diferenças bem concretas. No entanto, do ponto de vista da pesquisa, muito do que já foi escrito sobre o desejo sexual humano provém de relatos sobre comportamentos patológicos humanos e de estudos realizados sobre os animais. O comportamento dos primatas e de outros animais durante o acasalamento tem sido rica fonte de inspiração. Embora alguns pesquisadores de orientação mais biológica acreditem que o comportamento é demasiado importante para ser deixado unicamente nas mãos dos psicólogos, isso levanta a questão sobre o grau de realismo implícito em se extrapolar para os humanos as observações realizadas junto aos animais. Fazer uma transferência daquilo que sabemos sobre a sexualidade animal para a experiência humana é uma atitute pretensiosa. O comportamento sexual dentre os humanos, dado o longo período de maturação da espécie, é bem mais complexo do que em outros animais. Do ponto de vista neurológico, um forte indicador disso é o alto grau de desenvolvimento, entre os humanos, do córtex cerebral (aquela parte do cérebro que desempenha um papel central em muitas funções cerebrais complexas, que incluem a memória, a atenção, a percepção consciente, o pensamento, a linguagem e a consciência). Isso leva a crer que a interação sexual produz implicações nos relacionamentos humanos. Fora isso, não há evidências de que os animais sejam capazes de se excitar por meio de fantasias sexuais. O *Homo sapiens* não necessita da presença de um outro indivíduo para ficar estimulado sexualmente. Como afirmou certa vez a atriz de cinema Sophia Loren: "A atração sexual é 50% aquilo que você possui e 50% aquilo que as pessoas acham que você possui."

Ao empregarmos a expressão "desejo sexual" sem nos munirmos de maiores cuidados, presumimos que estamos todos falando sobre uma mesma coisa. No entanto, há muitas definições operacionais diferentes do desejo. Do ponto de vista neurológico, bastante objetivo, o desejo sexual pode ser entendido como sendo resultado de mecanismos neuroendócrinos que são vivenciados sob forma de um interesse sexual espontâneo. Para mim, o desejo sexual trata da forte química existente entre duas pessoas, dos sentimentos de paixão sexual que elas nutrem uma pela outra. O desejo sexual costuma se manifestar por meio de pensamentos, sentimentos, fantasias ou sonhos de caráter sexual, por um aumento da atração sexual sentida por pessoas mais próximas, pela busca de atividade sexual (sozinho ou com um parceiro) e por uma maior sensibilidade nos genitais.

A sexóloga Virginia Johnson introduziu a ideia do "ciclo de respostas sexuais humanas", uma sequência de alterações físicas e emocionais que ocorrem quando uma pessoa fica sexualmente excitada e toma parte em atividades que a estimulam sexualmente, e que incluem a relação sexual e a masturbação. Ela descreveu uma série de fases nas reações fisiológicas, definindo-as como excitação, limite de patamar, orgasmo e resolução.

Como o desejo sexual ficou de fora dessa classificação, uma outra pesquisadora no campo da sexualidade, Helen Singer Kaplan, expandiu o ciclo, acrescentando a fase do desejo sexual bem à frente de todas as demais. Mas, pelo que sabemos sobre o comportamento de apego e o amor, a resposta sexual feminina não segue necessariamente esse modelo linear de fases de reatividade sexual distintas. Em vez disso, é possível que um ciclo de respostas sexuais mais redondo e alicerçado na intimidade comporte uma visão mais realista, em que haja a sobreposição de fases dentro de uma ordenação variável.

Pode-se indagar, contudo, se a experiência do desejo não significa tanto um prenúncio de sexo quanto uma ocorrência posterior. A excitação sexual não é necessariamente um processo consciente, mas muito mais subliminar. O revestimento cognitivo que o cérebro imprime à sensação do desejo talvez já pudesse ser ativado por outros estímulos físicos ou subliminares. Diversos estudos demonstram que todo o sistema motor do corpo humano é imediatamente levado a funcionar se a pessoa for exposta a imagens de conteúdo sexual. De fato, o corpo pode ser ativado sexualmente antes que a mente tenha tido tempo de criar imagens lascivas.

Embora alguns sexólogos tenham uma visão muito mecânica do desejo sexual como sendo uma necessidade motivacional inata (um impulso que serve à função biológica de sobrevivência da espécie), a maioria das pessoas apoia a ideia de que esses mecanismos neurológicos e biológicos são influenciados por fatores psicológicos. O apetite sexual é um complexo processo psicobiológico no qual pode haver diminuição da libido em função de fatores como uma doença física ou mental, a idade e a dor pela morte de um ente querido. Os hormônios, o ciclo menstrual, a gravidez, a menopausa e as drogas também desempenham um papel na sua ativação e no seu declínio. Além disso, a parte mais cognitiva na equação do desejo sexual sofrerá influência do desejo de se sentir amado, de se sentir mais homem ou mais mulher e do desejo de agradar o parceiro.

Além disso, analogamente ao que foi demonstrado pelas advertências e recriminações dos primeiros teólogos da Igreja Cristã, a sexualidade humana difere da sexualidade animal no sentido de que ela pode ser restrita por tabus. Desde os primórdios da vida, somos bombardeados por injunções sobre o que fazer e o que não fazer sexualmente. Embora esses tabus possam exercer uma função inibidora, o desejo sexual consegue ser mais astuto. A fantasia desempenha um papel muito importante na operacionalidade humana, de modo que talvez haja um aspecto positivo nas injunções feitas contra o sexo: é possível ativar o desejo mediante a excitação provocada pela transgressão dos tabus. Parte da excitação sexual provém do perigo que ele, o sexo, representa. Como disse o cineasta Mel Brooks: "Me ensinaram desde pequeno que o sexo era algo sujo e proibido, e é assim que acho que ele deve ser. Quanto mais sujo e proibido ele for, mais excitante será." O ingresso em um território proibido sempre ofereceu seus atrativos. O volume de literatura pornográfica de fácil acesso sobre padres e freiras fazendo sexo indica aquilo que é capaz de excitar as pessoas – o triunfo do desejo sobre aquilo que representa um tabu. De fato, e com demasiada frequência, o desejo sexual trata da humanidade em conflito com ela mesma.

O papel da novidade: o "efeito Coolidge"

Um importante elemento que ajuda a compor o desejo sexual é a novidade. O importante papel desempenhado pelo "efeito Coolidge" no comportamento sexual humano foi ressaltado em muitos estudos. É famoso o relato de uma história, que provavelmente seria apócrifa, envolvendo o presidente dos EUA Calvin Coolidge e sua esposa, durante visita realizada a uma fazenda de criação de aves. A Sra. Coolidge, ao passar pelo galinheiro e ver ali um único galo ocupado em se acasalar com uma das galinhas, perguntou ao supervisor se só um galo era suficiente para atender ao grande número de galinhas do galinheiro. "Sim," disse o homem, "esse galo realmente ganha o seu sustento. Ele trabalha muito." A Sra. Coolidge indagou então, "De verdade? Ele faz isso todos os dias?" "Oh, sim," respondeu o homem. "De fato, ele o faz dezenas de vezes ao dia." "Isso é muito interessante," respondeu a sra. Coolidge. "O senhor pode relatar isso ao presidente?"

Um pouco depois, o presidente, ao passar pelo mesmo galinheiro, ouviu o relato referente ao galo – e os comentários feitos por sua esposa. "Com a mesma galinha todas as vezes?" perguntou ele. "Oh, não, com uma diferente a cada vez," replicou o supervisor. "Conte isso à Sra. Coolidge", disse o presidente, sorrindo.

Embora que o desejo sexual motive muitos dos comportamentos que temos no início de um relacionamento, a maioria dos estudos demonstra que tais níveis de intenso apetite sexual são difíceis de serem mantidos com a mesma pessoa no decorrer do tempo. Para a maioria, é fácil compreender o amor à primeira vista; mas, quando duas pessoas olham uma para a outra ao longo de toda uma existência, isso sim é mais do que um milagre.

Normalmente, no início de uma relação tudo é novo e excitante. É hora de explorar os corpos de cada uma das pessoas envolvidas, tempo de paixão, quando nossa libido opera além do fazer previsto. Mas o excitante período da conquista logo acaba e, depois de um tempo, a rotina se instala. Por ironia, o fato de saber que é possível fazer sexo a qualquer momento significa fazê-lo com menor frequência. Como disse certa vez um comediante: "O seu casamento está a perigo se a sua mulher disser que 'você só tem interesse em uma única coisa' e você não conseguir lembrar o que é".

O COMPORTAMENTO DE APEGO

O comediante Steve Martin descobriu o seguinte. Ele disse: "Não faça sexo, cara. O sexo leva você a beijar, e, logo, logo, você vai ter de começar a falar com elas." Seu comentário seria uma boa legenda para o quadro *Vênus e Marte* pintado por Botticelli. Somento o sexo não basta: é preciso mais para um homem conseguir satisfazer uma mulher.

A sexualidade, como mencionado, possui uma complexidade muito maior para os humanos do que para os animais. A teoria do apego ajudou a lançar luz sobre a dinâmica psicológica que se estabelece entre os sexos, redefinindo o posicionamento do comportamento sexual no contexto do desejo. Embora o sexo aparentemente represente a essência do relacionamento para muitas pessoas, esse não é o caso depois de passada a fase inicial de paixão cega. Para muitos casais, o sexo com frequência representa apenas uma pequena parcela de intimidade na fase adulta. Mas o sexo e a ligação sentimental formam um interessante par de companheiros na cama. Muitas pessoas se valem do sexo como forma de criar ou substituir a sensação de vínculo afetivo da qual tanto necessitam. Como afirmou certa vez a atriz de cinema Mae West: "O sexo é a emoção em movimento." Em meu trabalho, vi muitos clientes dotados de uma rica vida sexual e desejosos de ter um relacionamento mais envolvente e duradouro e um maior nível de intimidade e comprometimento. Muitas pessoas se engajam em atividades sexuais só para satisfazer a necessidade de que alguém os segure fisicamente. Como me confidenciou certa ocasião uma mulher: "Agora me dou conta de que uso minha vagina para dar um aperto de mãos!" Muitas vezes, o ato sexual pode ser interpretado como a continuação de uma conversa por outros meios – o que nos leva à questão do apego.

Existe um provérbio hindu que diz: "Assim como o corpo, que é constituído por diferentes órgãos e membros, todas as criaturas morais dependem umas das outras para existir." A noção de que uma pessoa seja capaz de se bastar a si mesma é uma ilusão. A total autossuficiência é o extremo da simplificação de uma fantasia – ou, para ser mais preciso, é uma clara inverdade. A falta de contato social contribui para o aparecimento de transtornos de ordem física e psicológica. Se formos submetidos a condições de total isolamento, nós simplesmente nos deterioramos. Dadas nossas origens evolucionistas e psicológicas, o símbolo do caubói solitário e autossuficiente, cavalgando rumo ao por do sol, é mais que uma fantasia que se contrapõe à liberdade: trata-se de uma aberração. Nossas necessidades básicas de apego garantem que nos transformemos nos indivíduos que somos em função dos vínculos afetivos que somos capazes de estabelecer com outras pessoas. Somos animais sociais. Nossas necessidades de apego fazem da dependência de outras pessoas parte intrínseca da condição do ser humano. Relacionar-se com outras pessoas representa um aspecto essencial do nosso ser.

O psicanalista britânico John Bowlby desenvolveu uma teoria referente ao comportamento de apego, com base em estudos feitos sobre o intenso sofrimento vivenciado por crianças que haviam sido separadas dos pais. Segundo Bowlby, nossa primeira motivação na vida é sentir que estamos ligados a outras pessoas. Essa capacidade de conectividade é a única segurança que conseguiremos experimentar na vida. Bowlby apregoa que o comportamento de apego é um mecanismo de resposta adaptativa (relacionado ao desamparo vivenciado pela criança) à separação da pessoa diretamente responsável por seu cuidado, aquela que lhe oferece apoio e proteção.

Bowlby observou que as crianças seriam capazes de fazer qualquer coisa tanto no sentido de evitar serem separados dos pais como no sentido de restabelecer a proximidade com o genitor de quem sentissem falta. Ele descobriu que, se a figura de apego fosse de fácil acesso, a criança se sentiria segura, sendo mais provável que explorasse seu ambiente, brincasse com as outras crianças, demonstrando sociabilidade. Se, contudo, a figura de apego não fosse alguém tão confiável, as crianças experimentariam ansiedade e não pouparíam esforços para manter o nível desejado de proximidade física ou psicológica com a figura de vínculo afetivo. Quando a criança pequena não estabelece tal tipo de conexão, ela vivencia sentimentos de depressão e desespero.

As observações realizadas por Bowlby demonstraram que a proximidade faz-se necessária para garantir a sobrevivência da espécie; a necessidade de proximidade física entre a mãe (o guardião) e a criança atende a objetivos evolucionistas. Em um mundo repleto de perigos e de fatores imprevistos, o guardião que demonstra ser capaz de prover respostas rápidas talvez consiga assegurar a sobrevivência da criança. Isso significa que o roteiro infantil mental e comportamental resultará das primeiras experiências da criança. Embora o enfoque de Bowlby tivesse recaído sobretudo na compreensão do relacionamento entre a criança e a pessoa diretamente responsável por seus cuidados, ele acreditava que existia uma continuidade e uma similaritude nos padrões de apego das crianças com os adultos.

Mary Ainsworth, uma psicóloga desenvolvimentista dos EUA, extrapolou a teoria do apego de Bolwby introduzindo nela o conceito de "situação estranha". Ela realizou um trabalho de observação da resposta dada por crianças pequenas entre 12 e 18 meses de idade a situações nas quais elas eram deixadas a sós por um breve período de tempo e depois novamente reunidas às suas mães. Dependendo do grau de segurança afetiva existente no vínculo, Ainsworth identificou três estilos básicos de vinculação. Ela notou que a maioria das crianças parecia encontrar segurança afetiva no vínculo com a pessoa responsável por cuidar delas. Embora elas demonstrassem sinais de aflição quando deixadas aos cuidados de uma pessoa estranha, elas buscavam por sua mãe quando esta retornava, permanecendo agarradas a ela por breves instantes e depois voltando a explorar o ambiente e a brincar. Essas crianças confiavam na segurança afetiva do vínculo porque tinham mães sensíveis e capazes de dar uma resposta imediata às necessidades infantis. Em comparação, um percentual de 40% das crianças estudadas por Ainsworth demonstravam sentir insegurança afetiva no processo de apego. Essas crianças vivenciavam um considerável grau de ansiedade quando apartadas das suas mães. Em tais ocasiões, Ainsworth detectou um padrão interessante: quando a mãe retornava, as crianças se aproximavam dela e depois a rejeitavam. A explicação da psicóloga para a atitude ambivalente apresentada pelas crianças era o fato de o tratamento dado pelas mães ser inconsistente e imprevisível. De forma sistemática, as mães se mostravam indisponíveis e não demonstravam muita afetividade. Como resultado dessa inconsistência, as crianças aparentavam tamanha inquietude quanto à disponibilidade dos seus cuidadores a ponto de nunca se sentirem suficientemente seguras para explorarem seus próprios mundos. Ainsworth também observou um terceiro grupo de crianças que se caracterizavam por um estilo de apego defensivo. Elas não pareciam sofrer nenhuma aflição ao serem separadas das mães e não pareciam tomar conhecimentos das mães ao se reencontrarem com elas. Só que essas crianças eram capazes de disfarçar muito bem a sua aflição. Embora elas aparentassem negar qualquer apego com o guardião, internamente se encontravam em um estado de alerta. Ainsworth observou que essas crianças normalmente eram criadas por guardiões que suprimiam todos os esforços para o estabelecimento de um contato físico íntimo.

Com o tempo, as expectativas associadas a esses três padrões de apego se transformam em profecias autorrealizadoras. Como adultos, nos relacionamos com os outros de acordo com um roteiro particular e internalizado de relacionamento. Isso afeta a forma como processamos as informações, como enxergamos o mundo e nossas expectativas e experiências de contato social. Transportamos nosso estilo de apego para a vida adulta, na forma de uma predisposição sobre como proceder mais tarde nos relacionamentos amorosos, o que influencia a escolha do parceiro. A relativa segurança ou insegurança demonstrada pelo adulto nos relacionamentos é, em parte, reflexo das experiências de apego que teve na primeira infância.

É evidente que existem importantes diferenças entre o apego realizado na infância e na fase adulta. Primeiro, as vinculações infantis não são simétricas; o relacionamento é geralmente complementar e não recíproco, porque a criança depende mais dos pais do que o inverso. Segundo, quase sempre há um componente sexual envolvido nas vinculações adultas.

Se fizermos uma extrapolação com base nos referidos padrões infantis de apego, será possível perceber como alguns adultos dotados de aparente segurança afetiva em seus relacionamentos demonstram confiar na presença e no apoio contínuos do seu parceiro. Eles estão preparados para depender de outras pessoas e para que outras pessoas dependam deles. Já outros se mostram inseguros e ansiosos ao entrar em um relacionamento, preocupados que a outra pessoa não seja capaz de amá-los por inteiro, e facilmente se frustram ou ficam enraivecidos quando suas necessidades de apego não são atendidas. Outros ainda podem recorrer à fuga, sem, aparentemente, se importarem muito com os relacionamentos íntimos, pois preferem não se tornar demasiado dependentes de outras pessoas, e nem mostrar que outras podem depender delas.

Embora a interface entre mãe e filho seja o modelo básico para os padrões de relacionamento, do ponto de vista do desenvolvimento, esse relacionamento de duas vias se dá em seguimento ao clássico triângulo da infância: mãe, pai e filho. A maneira como se interpreta esse triângulo em família – como a criança se relaciona com um ou o outro genitor – também influencia a maneira como o adulto irá lidar com os vínculos de caráter romântico. O referido triângulo também arma o cenário para possíveis estruturas de relacionamento patológico, relacionamentos estes nos quais os parceiros aparentam sofrer de uma compulsão para repetir determinadas formas disfuncionais e específicas de tratar um ao outro. Esse triângulo característico do desenvolvimento talvez se transforme em uma fonte fecunda para os futuros conflitos amorosos. George Bernard Shaw afirmou certa vez que "se você não consegue se livrar do esqueleto familiar, é melhor que você consiga fazê-lo dançar". Em cada família, interpreta-se uma história diferente, e a história de cada uma das famílias é uma personificação de esperança e desespero.

O QUE O AMOR TEM A VER COM ISSO?

O que o amor tem a ver com o desejo? É facil confundir os termos desejo, sexo e amor, já que as pessoas tendem a empregar esses conceitos de maneira intercambiável. Muitas pessoas equacionam o sexo como se ele fosse o amor. Porém, como sugeri anteriormente, embora o sexo seja aquilo que atrai uma pessoa à outra, só a atração física não consegue manter duas pessoas unidas por muito tempo. Embora o sexo envolva intimidade física, ele carece da profundidade emocional que se associa ao amor. O amor é o "casamento" dos elementos sexuais e dos elementos vinculatórios do desejo.

Muitas pessoas têm muito a dizer sobre o amor. O poeta Robert Frost, ao descrever o aspecto capaz de coagir e de motivar presente no amor, escreveu que "o amor é um irresistível desejo de ser desejado de forma irresistível". As pessoas muitas vezes associam o amor a uma doença ou a uma confusão mental. Quando estamos amando, nossas ilusões, bem como o amor que sentimos, fazem sentido para nós. Citando o matemático e filósofo Blaise Pascal: "O coração têm razões que a própria razão desconhece." Ou, nas palavras de um outro filósofo, Francis Bacon: "É impossível amar e manter-se sábio." O amor nos leva a fazer coisas enlouquecidas, que jamais faríamos em outra situação, a ponto de não mais nos reconhecermos. Ele "nos conquista"; ele "nos deixa cegos e atordoados"; ele nos faz "agir de maneira tola". O amor forçosamente nos tira da nossa zona de conforto e, como preveniu o poeta Ovídio, ele "não é uma tarefa para covardes". O jornalista e crítico social Henry Louis Mencken adotou uma visão mais cínica do amor, que ele descreveu como sendo "o triunfo da imaginação sobre a inteligência". O cineasta Woody Allen se preocupou com a relação existente entre amor e sexo: "O amor é a resposta, mas, enquanto se aguarda pela resposta, o sexo levanta algumas questões muito boas." Seus filmes exploram a temática da tendência de enlouquecermos na cama com alguém, enquanto nos questionamos se estamos realmente prontos para nos apaixonar perdidamente. Não foi a isso que os primeiros teólogos da Igreja Cristã se referiam quando falavam de amor. Eles estavam mais interessados naquele tipo de amor de hoje em diante do que no amor do aqui e agora, que eles desencorajavam. Eles eram claramente incapazes de diferenciar entre uma pessoa lasciva e uma pessoa que padece do mal de amor, um resultado bem previsível, dadas as preocupações que eles tinham com o celibato.

A pessoa lasciva experimenta um forte desejo sexual que pode ser satisfeito de modo indiscriminado junto a uma série de pessoas, enquanto que a pessoa que padece do mal de amor experimenta um forte desejo sexual com relação a um indivíduo específico. As pessoas podem se sentir inseguras sobre estarem ou não apaixonadas, mas elas em geral sabem se estão ou não fazendo sexo. Algumas pessoas dizem que o sexo é um instinto tão poderoso e agressivo que tentamos nos valer dele batizando-o de amor. Os cínicos dizem que chamar o sexo de "amor" é uma boa forma de dar uma nova roupagem às nossas necessidades biológicas básicas. É uma maneira atrativa de disfarçar a abordagem de relacionamento do tipo "pá-bum-obrigado-tchau", encenada muitas vezes por homens, e que funciona de modo efetivo para manter os parceiros juntos por pouco tempo.

Quando estamos apaixonados, o sexo é um meio (muito íntimo) de nos comunicarmos ou de expressarmos nossos sentimentos. O sexo é a linguagem corporal por meio da qual conseguimos expressar afeição e gentileza, raiva e ressentimento, superioridade e dependência, de um modo muito mais sucinto do que somos capazes verbalmente, quando as palavras não parecem traduzir o que alguém sente de maneira concreta e articulada. Enquanto estamos apaixonados, o sexo constitui mais do que um ato oportuno de prazer; é uma forma de construir um elo de ligação.

Todas essas observações dão a impressão de que a intimidade sexual humana raras vezes se restringe a algo meramente físico. Embora a relação sexual possa nos ajudar a descobrir o outro de um modo físico, ao desnudarmos nosso corpo também desnudamos aspectos do nosso caráter. Algumas mulheres fazem sexo por razões que nada têm a ver com sexo: elas se dispõem a fazer o que quer que o homem queira porque desejam obter alguma espécie de domínio sobre ele; elas querem possuí-lo. Essas mulheres podem não se dar conta, no entanto, de que o vínculo emocional produz vulnerabilidade. O sexo não gera necessariamente uma resposta emocional automática por parte dos homens. Embora algumas mulheres possam achar que o sexo é o caminho mais seguro para se estabelecer um vínculo com outra pessoa, elas serão apanhadas de surpresa por um duro despertar. Citando a atriz Sharon Stone, "as mulheres podem ser capazes de fingir um orgasmo. Mas os homens são capazes de fingir todo um relacionamento." Ou, nas palavras de Woody Allen, quase um especialista no assunto: "O sexo sem amor é uma experiência vazia, mas, em se tratando de experiências vazias, é uma experiência vazia muito boa."

A necessidade de descoberta mútua dificulta muitas vezes que se separe o sexo do amor. O escritor francês François de la Rochefoucauld disse que "é muito difícil definir com precisão o que é o amor. O máximo que podemos dizer sobre ele é o seguinte: no nível da alma, ele é um desejo de dominar; no nível do espírito, ele é afinidade; e, no do corpo, é um desejo sutil e oculto de possuir – depois de muitos mistérios – aquilo que se ama." Deixando de lado os aspectos fisiológicos, a paixão sexual para ambos os sexos é, em grande parte, uma emoção de poder, dominação ou apropriação. É um estado de espírito no qual a palavra "meu" se destaca de forma ostensiva.

O amor acarreta em si sentimentos de intimidade, genuína afeição e preocupação. Porém, como mencionado anteriormente, o comportamento de apego nos auxilia a compreender aquilo de que realmente trata o amor apaixonado – ele trata de encontrar alguém que se ligue a nós e que nos alivie dos nossos medos de estabelecer um vínculo afetivo com alguém. Nós nos apaixonamos quando há a formação de um laço afetivo. Enquanto mantivermos esse laço, estaremos amando. Valemo-nos do nosso repertório emocional a fim de sinalizar a necessidade de distanciamento e a necessidade de conforto por meio do contato afetivo. É claro que nem todos vivenciam a experiência do amor de forma idêntica. Para alguns, o amor é ilusão e carência; para outros, é brincar de um jogo emocional; e, para outros ainda, ele provém do desejo de cuidar de uma outra pessoa. Um cínico, como o escritor Somerset Maugham, permite-se uma visão puramente funcional: "O amor é apenas um golpe baixo aplicado em nós para garantir a perpetuação da espécie."

O AMOR ROMÂNTICO

Estabelecemos várias distinções quando falamos a respeito do amor. Elas incluem o amor por si próprio, o amor parental, o amor familiar, o amor filial, o amor conjugal, o amor religioso, o amor pelos animais, o amor pela humanidade – e o amor romântico. O amor romântico é motivo de celebração em muitas culturas. A arte e a literatura estão repletas de exemplos de amor romântico desde o início dos tempos. No Velho Testamento – uma anomalia dentro desse formidável contexto – o "Cântico de Salomão", ou o "Cântico dos Cânticos," é um diálogo entre uma noiva e um noivo, expressando atração sexual e romântica recíproca. Depois há as elegias amorosas de autoria de Ovídio, em sua obra intitulada *Amores*, e *O Reconhecimento de Shakuntala*, escrita pelo poeta sânscrito Kalidasa, os quartetos da obra *Rubaiyat* do poeta sufi Omar Khayyam e as famosas cartas de Heloïse e Abelárd, um dos primeiros e mais conhecidos registros do amor romântico. Mas as referidas ilustrações do amor romântico são apenas a ponta do *iceberg*.

O que diferencia o amor romântico do desejo é o fato de, várias vezes, pelo menos de início, a ênfase recair mais nas emoções do que no prazer físico. Um outro modo de se examinar o amor romântico é vê-lo como uma forma artística de disfarce para o sexo, no qual a supressão, a sublimação ou até mesmo a transcendência da libido desempenham um papel importante.

O amor romântico é um estado de espírito muito especial. No mundo ocidental, ele ganhou merecido reconhecimento no século XII, refletido na literatura, nas cartas e na poesia dos trovadores provençais. Antes daquela época, não se havia dado suficiente atenção à ideia do amor romântico – uma atração espontânea entre duas pessoas que agem como partes iguais na relação. A maioria dos relacionamentos era mais no estilo comercial. O matrimônio encontrava-se sob o encargo da igreja ou da família, que providenciavam os arranjos. O amor tinha pouco a dizer sobre essa questão. Os casamentos eram geralmente organizados pelos homens, no sentido de garantir a fortuna, o *status*, o poder e a propriedade. Mas, por volta do século XII, essa forma de ver os relacionamentos começou a mudar e a ideia de alguém se apaixonar passou a ocupar mais espaço. Com o advento da Renascença, a ideia do amor romântico havia se consagrado como um elemento integrante das relações humanas, parte de uma consciência mais ampla sobre as complexidades do amor, como formulado, por exemplo, por Shakespeare em *Romeu e Julieta*.

Os conceitos de amor platônico – uma forma de amor casto e apaixonado, que inclui uma profunda amizade – e de amor romântico estão intimamente relacionados. O amor romântico é até capaz de se metamorfosear em amor platônico, negando por inteiro o componente da sexualidade. Muito da literatura romântica (especialmente a do século XIX) é uma espécie de elegia do amor platônico. Os protagonistas falam muito a respeito de suas fantasias, enquanto que o desejo físico é relegado a um plano secundário ou enterrado por completo. Com muita frequência, o amor se transforma em um tormento para a alma em vez de uma paixão física. Será este o fantasma que agita e comove Santo Agostinho? Ele escreveu que "assim como o amor cresce dentro de você, cresce também a beleza. Porque o amor é a beleza da alma."

Ao ler os referidos diários, cartas e romances, percebe-se a presença de um notável componente de idealismo; os protagonistas das danças galanteadoras colocam-se um ao outro em pedestais bastante irrealistas. E, junto a esse tipo de paixão, há uma espécie de cegueira intencional. Isso faz do amor romântico uma espécie de religião que conta com dois seguidores, um estado de espírito e um ser temporários, segundo os quais as distinções entre o eu e o outro parecem ter se dissolvido. No processo, a fusão entre o casal apaixonado pode tornar-se tão intensa que fica difícil o estabelecimento de uma distinção entre os mesmos.

Uma perspectiva clínica dessa espécie de amor romântico intenso e íntimo é que ele representa uma experiência de alívio da díade primária entre mãe e filho, redescoberta e reencenada na díade amorosa quando adulto, a revivência de um relacionamento muito arcaico. Isso transparece muitas vezes nos termos que os amantes empregam ao se dirigir uns aos outros e ao se tocarem: "amado", "querido", "meu bem", "bebê", "chuchu", "docinho", – tudo aquilo que já ouvimos alguma vez. Esses termos evocam lembranças da forma como nossa mãe nos tratava quando éramos crianças. Simbolicamente, o casal parece estar encenando uma união mística – o relacionamento entre mãe e filho dos nossos primeiros anos de vida, há tanto tempo perdido, mas que inspira tantas saudades. Então o amor romântico realmente significa "o triunfo da imaginação sobre a inteligência"? George Bernard Shaw talvez tenha pensado do seguinte modo: "O amor é um grande exagero das diferenças entre uma pessoa e todas as demais."

Mas o amor romântico é mais do que uma redescoberta e um reencontro espiritual, e não devemos nos deixar enganar a respeito da sua dimensão assexuada. Ele pode aparentar ser assexuado, mas seu aspecto físico só se encontra submerso. A inibição sexual e a busca por aquilo que é difícil de se conquistar servem de combustão para o fogo do amor romântico. À parte da reativação dos padrões que ligam afetivamente mãe e filho, o amor romântico só pode florescer quando os indivíduos em questão também sentem uma profunda excitação física um pelo outro.

A fusão das necessidades sexuais e do apego

A natureza breve e efêmera do amor romântico é a fusão do desejo sexual e do afetivo, a formação de um compromisso que sobrevive pelo tempo de duração da vazão do desejo sexual. É como o prelúdio de uma campanha matrimonial cujo objetivo é a consumação do ato sexual. Porém, depois que se faz sexo, o amor romântico desaparece. A realidade que se segue ao ato sexual força, de duro modo, seu ingresso em um território repleto de atividades de caráter frívolo. As crianças, a hipoteca, lavar a roupa, fazer compras, cozinhar: por fim, alguém tem que pôr o lixo na rua.

O amor romântico não consegue sobreviver à realidade de um relacionamento de verdade, e, quando isso ocorre, fica claro que é impossível manter os parceiros nos frágeis pedestais sobre os quais eles haviam sido colocados um pelo outro. A música para; a magia desaparece; e cada uma das partes percebe as fraquezas ou as falhas ocultas daquele que já representou o ideal romântico.

Mas, mesmo que o amor romântico gere a desilusão, ele é muito poderoso. Quando examinamos nossas vidas lá atrás, descobrimos que os momentos nos quais realmente nos sentimos vivos foram aqueles momentos nos quais nos sentimos amados ou nos quais estávamos apaixonados. Jamais esquecemos onde conhecemos o outro, a primeira vez em que nos beijamos, a primeira vez em que nos tocamos. Essas lembranças são dotadas de tamanha força que quase conseguimos vizualizá-las.

O amor romântico é capaz de transformar – não apenas o mundo, mas também o nosso eu mais profundo. Estar apaixonado é um bom modo de se aprender mais sobre nós mesmos. Em certo sentido, a linguagem do amor é a linguagem da vulnerabilidade. Estar apaixonado desperta de novo velhos padrões de apego, um processo de aprendizado em si mesmo. Quando o calor do amor romântico e apaixonado começa a se esvaecer paulatinamente no pano de fundo, ele pode vir a se transformar em uma forma mais duradoura de amor – um companheirismo carinhoso, cuidados mútuos e intimidade. A capacidade de gerar vínculos seguros promove nossa saúde emocional e nos protege contra muitos dos estresses da vida.

Se tivermos sorte, a paixão sexual e o amor romântico continuarão figurando regularmente em nossas vidas, mas precisamos trabalhar para promover a sua renovação, realizar um esforço para redescobrir o outro e não tomar o outro como algo certo na vida. A manutenção contínua nos ajudará a superar os conflitos e desentendimentos capazes de surgir em qualquer relacionamento. Se existir um amor ao qual se possa recorrer, ele se transforma na arena mais potente para a cura e para o crescimento. Tendo o amor como base segura, tantos os homens como as mulheres podem sair e explorar, descobrir novos horizontes. De muitas formas, o amor não faz só o mundo girar; é ele que faz o percurso valer a pena.

3 MARTE ENCONTRA VÊNUS

A grande questão que nunca foi respondida e que eu ainda não consegui responder é "o que é que a mulher deseja?"
Sigmund Freud

Você não dorme apenas com uma pessoa, você dorme com todos aqueles com quem esta pessoa já dormiu.
Theresa Grenshaw

Não é verdade que eu não tinha nada. Eu tinha o rádio ligado.
Marilyn Monroe

O desejo é fundamental para se viver uma vida genuinamente satisfatória. É um elemento básico para fazer de nós as pessoas que somos. Apesar de muitos não serem capazes de perceber a relação direta que existe entre nossa identidade pessoal e nossa sexualidade, a ausência do desejo alteraria significativamente nosso sentimento sobre quem e o que somos.

Mas o que influencia na escolha do parceiro? O que atrai um parceiro para o outro? Quais são exatamente os atrativos?

A PSICOLOGIA EVOLUCIONISTA E A ESCOLHA DO PARCEIRO

Com frequência, a escolha do parceiro é um ato de fé. Alguns dos meus executivos descrevem essa escolha como sendo a coisa mais corajosa, mais arriscada e irrealista que fizeram em suas vidas. Se a decisão muitas vezes é tomada com base em uma quantidade limitada de informações, mesmo assim, eles se atiram de cabeça. Sempre há uma sólida dose de pensamento mágico quando se realiza a formação da parceria. Quando você está apaixonado, tudo parece possível. Somos capazes de escalar montanhas; somos capazes de voar; somos capazes de fazer qualquer coisa. Esse é o efeito ilusório que o amor provoca. Outras pessoas podem ficar estarrecidas ao ver o que está ocorrendo, mas os amantes envolvidos nos acontecimentos parecem enxergar algo que os outros não conseguem ver (ou não veem aquilo que os outros enxergam). Eles entram em um mundo que é só deles. Um casal apaixonado nos faz deparar com um paradoxo: vemos duas pessoas cheias de imaginação mas igualmente duas pessoas que podem ser completamente cegas.

A afirmação de que "o amor é cego" explica parcialmente a estarrecedora questão sobre aquilo que atrai os parceiros. Por que existe algo como o amor à primeira vista? Olhamos para algumas pessoas e nos questionamos o que é que elas viram umas nas outras. Essa é, muitas vezes, uma pergunta impossível de ser respondida. Mas também já foi dito que o desatino de um homem é a esposa de outro.

O "efeito Konrad Lorenz" é uma maneira interessante de se explicar como é feita a escolha do parceiro. Lorenz era um etólogo que realizou muitas pesquisas sobre a força das primeiras impressões sobre seres vivos. No trabalho que desenvolveu com aves, Lorenz descreveu como os gansos recém-nascidos ficavam logo muito apegados aos pais ou aos substitutos parentais. Ele mostrou como os gansinhos se fixaram nele – porque o primeiro contato que haviam tido fora com ele – e não na mãe ganso. Ele provou isso mostrando que eles o seguiam onde quer que fosse. É possível especular sobre a possível existência de um padrão análogo para a humanidade? Se existir, esse padrão deve permitir uma resposta à pergunta: Por que "o amor é cego"? Ele poderia explicar a "química," ou o cair de amores por alguém "à primeira vista" (como se a pessoa fosse atingida por um raio), implicando o súbito reconhecimento de um rosto ou de características que nos fazem lembrar membros da família mais próximos – especialmente nossos pais, em função da importância que eles têm para nós.

Além do "efeito Konrad Lorenz", existem muitos outros fatores capazes de influenciar na nossa escolha de parceiro. O ciclo reprodutivo da espécie humana é relativamente lento – envolve um longo período gestacional e uma significativa quantidade de cuidados parentais pós-parto. (De fato, os seres humanos, considerando-se o tamanho do seu cérebro e o tamanho do canal pelo qual vêm ao mundo, nascem cedo demais.) Consequentemente, homens e mulheres têm de ser seletivos na escolha dos seus companheiros. Os homens querem mulheres que aparentem ser mais adequadas para perpetuar seus códigos genéticos e as mulheres querem homens que se mantenham por perto para ajudá-las a tomar conta dos seus filhotes. Os psicólogos evolucionistas salientam a importância de ambos os parceiros se encontrarem em boas condições genéticas, físicas e até mesmo emocionais.

Conforme sugeri antes, homens e mulheres possuem uma programação diferente no que diz respeito ao sexo. Diz-se que as mulheres necessitam de um motivo para fazer sexo, enquanto que os homens só precisam de um lugar. Os homens muitas vezes veem o sexo como um fim em si mesmo, apenas pelo fato de a sua prática produzir uma boa sensação. Esse também pode ser o caso das mulheres, é claro, mas elas geralmente têm uma lista maior de itens na sua agenda de sexo, itens que incluem proximidade e intimidade. Para o teórico evolucionista, o motivo de as coisas serem como são evidencia-se por si só. Se, para o homem, significa uma vantagem a condição de se excitar facilmente pela mera visão de uma mulher pelada – isso serve para o fim de proliferação dos gens – uma rápida excitação oferece desvantagens para a mulher, pois interfere na sua estratégia de cuidadosa seleção do companheiro.

Como antes afirmado, a gestação deixa as mulheres altamente vulneráveis. Elas necessitam de companheiros confiáveis que as auxiliem durante todo o processo de concepção, de dar à luz e de nutrir um filho. Através de milênios de necessidade, as mulheres sempre procuraram por homens dotados de resistência, de perseverança e da capacidade de se comprometerem com um relacionamento de longo prazo. Como disse a atriz de cinema Mae West: "Conquistar um homem é fácil, o difícil é mantê-lo."

Quais são, então, os critérios dessa seleção? Não é de surpreender que tanto homens quanto mulheres se deixem levar pela aparência. Os atrativos físicos desempenham um papel importante. Eles sugerem o gozo de boa saúde e das condições físicas e mentais necessárias para ser um bom exemplar reprodutor. Ambos os sexos são igualmente influenciados pela constituição física do outro. Os homens buscam mulheres com uma forma de "violão", ou que tenham uma cintura fina e quadril largo, o que sugere maior capacidade de dar à luz. As mulheres são atraídas por homens com uma figura de formato afunilado em "V", um sinal de proeza atlética – e a proeza atlética produz melhores caçadores. Isso pode explicar porque os homens – de modo análogo ao pavão quando exibe sua cauda – demonstram sua bravata (seu futuro potencial como caçador) no campo de batalha ou de esporte. As mulheres preferem homens altos, enquanto que os homens preferem mulheres mais baixas do que eles próprios. Ambos os sexos preferem pessoas com peso normal ou ligeiramente abaixo do normal. Em geral, os extremos na forma do corpo são vistos como algo destituído de atrativos.

Como os homens dão tanto valor à aparência física, as mulheres fazem todo o possível para aumentar seus atrativos, um impulso instintivo em cima do qual forjaram-se indústrias altamente bem-sucedidas na área de vestuário, cosméticos, produtos dietéticos e cirurgia plástica. Elas recorrem a uma ampla gama de estratégias para melhorar seus atrativos, sabendo que eles irão aumentar suas chances de encontrar um parceiro. Elas reconhecem essa necessidade há muito tempo e já realizaram um extensivo trabalho em cima desse pormenor.

O aumento da atratividade é apenas uma das armas que compõem o arsenal feminino. As mulheres aprenderam que o pretenso desamparo gera uma resposta de proteção por parte do sexo oposto. Mae West – uma mulher que era tudo, menos desamparada – valeu-se, certa vez, da ironia de que "ter um cérebro é uma vantagem, se você souber escondê-lo". No jogo do acasalamento, talvez seja vantajoso para a mulher projetar um nível de inteligência que não ameace o parceiro. A cantora e atriz Dolly Parton concorda, ao afirmar que "não me sinto ofendida por todas as piadas estúpidas que contam sobre as loiras, porque sei que não sou burra, e também sei que não sou loira". Talvez o estereótipo da loira burra esteja desgastado, mas ele também é um sinal de acessibilidade sexual bem experimentado e testado. O comediante Groucho Marx talvez tenha visto a questão sob um prisma perverso, ao afirmar que "as mulheres deveriam ser obscenas e inaudíveis", mas ele tocou em uma verdade. Muitas mulheres ainda se preocupam com o adágio "acho que é por isso que estou solteira".

A aparência física é apenas um dos aspectos do jogo do acasalamento. Para as mulheres, a posição social do homem, suas posses materiais e sua capacidade de ser um provedor (sua visível ambição e engenhosidade) são também importantes fatores que contam na hora de fazer a seleção do parceiro. As mulheres sempre demonstraram estar à espreita de homens dotados de boas perspectivas financeiras. Em nosso passado evolucionista, as mulheres conseguiram se beneficiar tremendamente por estarem vinculadas a homens que eram bons provedores. Elas lutam para aumentar as possibilidades de assegurar recursos sociais, materiais e econômicos para elas e para seus filhos. E o entendimento de que esse padrão ainda é totalmente válido persiste entre os homens hoje. Segundo o satírico Patrick O'Rourke, "há uma série de dispositivos mecânicos que aumentam a excitação sexual, especialmente a das mulheres. Um dos principais dentre eles é o conversível Mercedes-Benz 380SL." Tais preocupações de ordem materialista também explicam porque as mulheres geralmente escolhem homens mais velhos: a renda tende a aumentar com a idade. Por outro lado, os homens preferem mulheres mais jovens do que eles não só por motivos relativos à reprodução, mas também para poderem exibi-las perante outros homens como símbolo de *status*.

Todavia, a capacidade de ser um bom provedor precisa ser acoplada a outros atributos positivos como o de confiabilidade, estabilidade emocional, atitudes românticas, empatia e bondade. A bondade é um fator de especial importância para as mulheres porque sugere a disposição de colocar as necessidades do parceiro antes das suas próprias e, mais importante ainda, implica bondade para com os filhos. Os homens capazes de demonstrar bondade para com as crianças são menos agressivos, um grande atributo, se considerarmos a frequência com que esposas são espancadas.

A fidelidade é um dos principais fatores encontrados nos relacionamentos bem-sucedidos. Para as mulheres, a fidelidade sinaliza um compromisso de exclusividade na aplicação dos recursos sexuais em conjunção com um único parceiro. A partir da conceituação proposta pela psicologia evolucionista, isso significa um comprometimento com os genes de um só parceiro. Essa perspectiva explica porque os homens tem horror à promiscuidade nas suas mulheres – eles querem ter certeza de serem os detentores da paternidade. Isso também explica a intensidade do ciúme masculino, capaz de levar até ao homicídio. De novo, a função adaptativa do ciúme de caráter sexual – não importa quão disfuncional ele possa parecer – é prevenir a infidelidade e garantir a certeza sobre a paternidade; os machos ciumentos demonstram maior probabilidade de conseguir transmitir sua herança genética. Por sua vez, as fêmeas ciumentas e capazes de afastar as demais fêmeas poderão contar com uma maior proteção e uma maior disponibilidade de recursos só para elas.

Um caráter em busca de ser um caráter

A argumentação dos psicólogos evolucionistas referente à escolha do parceiro seria estéril, se não fosse pelo imaginário psicológico. O que os psicólogos, os psicoterapeutas e os psicanalistas têm a dizer sobre a escolha do parceiro? Que explicações eles oferecem para justificar a opção que algumas pessoas fazem? É possível se distinguir padrões específicos na escolha do parceiro?

Os estudos psicológicos nos dizem que tendemos a buscar pessoas que percebemos como sendo parecidas conosco ou com nossos egos idealizados. Espera-se que o outro nos dê algo que acreditamos faltar em nós e que ofereçamos algo em troca. Para complicar mais as coisas, podemos ter um reconhecimento inconsciente da projeção, da negação ou da desapropriação que é feita de aspectos do nosso eu no outro. É claro que muitas dessas crenças são fantasiosas. Seríamos incapazes de "amar" se conhecêssemos a outra pessoa por inteiro. Faz-se necessário um pouco de mistério para que o amor funcione. Isso transforma o outro em um recipiente muito bom para as nossas identificações projetivas.

A identificação projetiva é um processo interpessoal por meio do qual projeta-se uma determinada parte do nosso ego em uma outra pessoa. O indivíduo lida com conflitos emocionais ou com fatores estressantes internos e externos atribuindo, falsamente, os seus próprios sentimentos, seus impulsos ou seus pensamentos inaceitáveis para o outro. Porém, diferentemente do caso em que é feita uma simples projeção, na identificação projetiva, a pessoa que realiza a projeção exerce uma pressão ativa no outro para que ele pense, sinta e aja de acordo com as projeções feitas por ela. Isto é, um dos parceiros induz no outro parceiro os próprios sentimentos que ele acreditava, inicial e erroneamente, estarem ali, dificultando a compreensão de quem fez primeiro o quê para o outro. O receptor da projeção processa ou transforma então a projeção, de modo que ela possa ser novamente internalizada (revivida e compreendida) pela pessoa que realizou a projeção. O processo gera uma situação na qual os limites e as definições do *self* e do outro se mostram turvos. A identificação projetiva é um meio utilizado para gerar proximidade física com a pessoa em quem as ideias ilusórias são projetadas. Por intermédio desse tipo de dança interpessoal, os casais conseguem se valer um do outro no intuito de "reparar" a percepção dos danos sofridos na infância.

Ilustrando o referido ponto, tive uma cliente que, durante a infância, fora submetida às loucuras de um pai alcoólico e abusivo. Ela recordava o pai batendo na mãe durante suas fúrias alcoólicas, e os sentimentos de total desamparo e impotência que se apossavam dela. Ela não podia esperar para sair de casa quando fosse mais velha. O mais irônico era que, quando adulta, parecera haver caído na mesma armadilha que sua mãe, desposando também um homem de comportamento abusivo. O que pude inferir da sua história é que ela havia escolhido um parceiro muito parecido com o seu pai, e que o tipo de comportamento que ela não gostava em seu pai (e nela mesma) fora projetado no parceiro. Este último aceitava as características projetadas em si mesmo – de forma subliminar – e agia de acordo, piorando a situação que já era bastante estressante. Inconscientemente, ao escolher aquele parceiro, ela havia optado por uma similaridade, em função do seu desejo de desfazer uma situação dolorosa da infância. À luz da dinâmica psicológica que estava se processando, podia-se compreender a escolha de marido feita por essa mulher como uma tentativa (falha) de curar suas feridas de infância.

Uma velha piada diz que o casamento é uma situação em que o homem e a mulher se tornam um; os problemas começam quando eles tentam decidir qual dos dois eles se tornaram. Os parceiros firmam entre si duas espécies de contrato em um nível inconsciente, um neurótico e o outro desenvolvimentista. No caso do primeiro, partilha-se inconscientemente um conluio – como no exemplo anterior – no sentido de ambos continuarem a empregar determinadas cisões e projeções para lidar com as ansiedades mútuas. Um dos parceiros lida com um conflito emocional ou com fatores estressantes internos e externos, transferindo, no processo, esses sentimentos, impulsos ou pensamentos indesejáveis para o outro, que os acolhe mas não tenta lidar com eles. Em vez disso, os parceiros aceitam a transferência feita como parte da realidade de ambos. As duas partes ficam presas a um conluio de caráter neurótico.

Duas pessoas que estejam intimamente ligadas uma à outra sempre correm o perigo de trocar suas ideias e percepções – nem sempre de uma maneira construtiva – e essa interação pode se transformar rapidamente em um transtorno psicótico compartilhado, no qual as ideias ilusórias expressas por um parceiro são absorvidas e repetidas pelo outro, que desesperadamente quer acreditar na pessoa em quem tanto investiu e de quem é dependente. "É claro que você está certo(a), querido(a); o que quer que você diga, querido(a)", é uma resposta comumente empregada pelo cônjuge. O outro toma isso então como uma confirmação das suas crenças ilusórias, e se agarra a elas com ainda mais força.

Descobrimos algumas vezes que a dinâmica do relacionamento de um casal baseia-se na mesma dinâmica de casamento dos seus pais. Contrariamente aos desejos conscientes dos parceiros, eles parecem ter ingressado em uma trama neurótica, vendo-se presos ao mesmo tipo de relacionamento, engajados em alguma forma de repetição compulsória.

No contrato desenvolvimentista, existirá um certo nível de compreensão sobre os aspectos repudiados do ego, no intuito de se alcançar uma melhor integração. O relacionamento com o parceiro vira uma oportunidade de crescimento pessoal. Os parceiros não desejam repetir os erros cometidos anteriormente; a escolha do parceiro é determinada pelo desejo de fazer um novo começo.

Sendo "como se"

A psicanalista Helen Deutsch foi a primeira a sugerir o constructo de personalidade do tipo "como se", demonstrada por indivíduos que dão aos outros a impressão de falta de autenticidade, deixando-os incapazes de discernir o que tais indivíduos realmente representam. Mas, apesar da sua aparente superficialidade, as personalidades do tipo "como se" aparentemente desfrutam de relações normais com aqueles que as cercam. Na superfície, elas parecem ser pessoas perfeitamente ajustadas. O que as torna diferentes, no entanto, é o fato de serem detentoras de um falso *self*; elas demonstram possuir um nível de profundidade emocional bem ínfimo. Em seu âmago, pode-se dizer, elas são superficiais. Sempre que escuto essas pessoas, fico com a impressão de serem como as personagens de um filme que sentem deter pouco ou nenhum controle sobre o papel que estão interpretando. Elas se veem como marionetes manipuladas por cordas invisíveis. Às vezes, elas se referem a si mesmas como uma fraude – impostoras que podem ser expostas a qualquer momento.

Encontrei muito mais mulheres do que homens com personalidades do tipo "como se". As mulheres tendem a se sentir embriagadas junto a parceiros de popularidade repentina, porém temporária. Se elas, por exemplo, mantiverem relacionamento com um pintor, só falarão a respeito de arte. Se passarem a se relacionar com um empresário, elas demonstrarão grande interesse pelo mercado de ações. Quando deixam o empresário pelo médico cirurgião, desenvolvem um repentino interesse por tudo que tenha a ver com a profissão médica. Esse padrão pode se repetir indefinidamente. Eis aqui como uma das minhas clientes definiu sua vida: "Para ser honesta, não estou vivendo de acordo com aquilo que gosto de fazer. Minhas próprias necessidades parecem ter se tornado completamente secundárias. A maneira como trabalho, penso, me visto, e até mesmo meus passatempos, tudo parece estar sob o domínio dos homens da minha vida. Acho que tenho o dom de captar os sinais emitidos por eles. Meu comportamento faz com que se sintam bem. Sei como agradá-los. Dou a eles o que eles querem. Mas há horas em que me sinto sufocada, totalmente prisioneira."

Essa mulher pelo menos, não estava operando completamente no piloto automático. Ela tinha alguma ideia do que estava acontecendo. Ela percebia que seu desempenho de um papel acabaria por minar um relacionamento duradouro entre parceiros iguais e desejava fazer algo a respeito, modificando seu comportamento. Porém, se ela representava uma exceção por desejar a mudança, ela não era nenhuma exceção enquanto personalidade do tipo "como se". Ela estava aprisionada em uma novela na qual era a atriz principal, demasiado dependente dos homens em sua vida, optando por não tomar decisões e se envolvendo em relações completamente desequilibradas. Ela havia se limitado a interpretar papéis na vida. Embora ela genuinamente não compartilhasse dos interesses dos seus parceiros, ela era boa em disfarçar seus verdadeiros sentimentos, a fim de satisfazer àqueles parceiros.

Afora as tendências de personalidade que contribuem para a adoção de um comportamento do tipo "como se", a desigualdade feminina também responde pelo estado de confusão no qual muitas mulheres se encontram. A dependência econômica dos homens provê uma explicação para a tendência feminina de aparentar um falso eu na relação. Mas, quando as mulheres se veem envoltas nesse *pas de deux*, elas começam a confundir sua identidade com a do seu parceiro. De modo consciente ou inconsciente, essas mulheres esperam que, ao atarem sua identidade à dos seus parceiros, isso irá compensar seu senso de falta de poder, sua alienação de si mesmas e sua divisão interna. A fantasia é que, mediante tal tipo de comportamento, elas irão alcançar poder e significado. Para fazer com que isso se torne verdade, elas projetam fantasias idealizadas acerca do *self* no outro, transformando o outro em uma espécie de herói. Em alguns momentos, a dependência vai tão longe que essas pessoas se tornam incapazes de dizer aos seus parceiros onde e o que elas gostariam de comer, incapazes de decidir como se vestir ou o que fazer. Desprovidas de um senso estável de *self*, elas substituem um estilo de vida vazio pela vida real e se esquivam de investir energia para promover o seu próprio crescimento e a sua autorrealização. A fonte original para o desenvolvimento desse tipo de comportamento é, bem no fundo, a primeira díade entre mãe e filho – nesse caso, um relacionamento de caráter inconsistente que não facilitou a verdadeira individuação.

Muitas mulheres têm baseado sua identidade no fato de serem uma inspiração para "grandes" homens. Pagando o preço pela perda da sua própria identidade, elas se retiram da equação, percebendo tudo através dos olhos masculinos, reafirmando o ponto de vista dos seus homens, na esperança de que seus pais organizassem tudo para ambos. Elas regridem ao relacionamento infantil de dependência entre pai e filho. O sexo fazia parte desse cenário primitivo, revivendo a memória arcaica da fusão com o outro e, para algumas mulheres, apagando ainda mais os frágeis limites do eu. O sexo desestabilizou as fronteiras que separavam um indivíduo do outro.

"Meu príncipe há de chegar algum dia"

No fim da película cinematográfica de Walt Disney intitulada *Branca de Neve*, o belo príncipe, que monta o indispensável cavalo branco, acorda a amaldiçoada heroína com um beijo mágico e a afasta de tudo – inclusive da madrasta má e de uma vida de trabalho escravo, perdida na floresta e cuidando de vários homenzinhos esquisitos. A hipótese é de que ela e o príncipe viverão felizes para sempre. Será?

Quando crianças, todos fomos para a cama, depois de ouvir esse conto de fadas, com nossa mente fervilhando. Ele planta a semente de uma ideia: se sonharmos com algo por um período de tempo suficiente e com real vontade, o destino ou a sorte irá nos encontrar e fará com que nosso sonho se transforme em realidade. No entanto, embora a maioria dos contos de fada terminem com a fórmula "e viverão felizes para sempre", o protagonista muitas vezes provém de um lar desfeito. Os contos de fadas giram em torno de finais felizes, mas as histórias começam, muitas vezes, de um modo bem diferente: um dos pais está morto, doente ou não se encontra presente; com frequência, há um padrasto mau ou uma madrastá má; e o herói ou a heroína é vítima de um considerável nível de crueldade ou injustiça. Aí então surge o amor e todos vivem felizes para sempre, apesar das miseráveis circunstâncias originais.

É bom o conceito de parcerias formadas com base no amor romântico, mas, enquanto projetarmos idealizações de deuses em nossos parceiros e exigirmos que eles nos façam felizes por toda a eternidade como nos contos de fada, nunca os amaremos de verdade, como simples seres humanos que são. As escolhas narcisísticas dos objetos de amor certamente levam à desilusão e nos conduzem a territórios primitivos. De forma simbólica, tais escolhas se fundamentam em sentimentos arcaicos de saudade. Sigmund Freud encarava esse tipo de relacionamento como uma tentativa de voltar a um estágio simbiótico de desenvolvimento, no qual a identidade da criança ainda não sofreu individuação, e as fronteiras entre ela e a mãe ainda parecem ser confusas. O objetivo do desenvolvimento humano, contudo, é o de ultrapassar esse desejo primordial. Consumir-se por tal desejo apenas conduz à decepção.

Talvez fosse melhor não procurar pela pessoa certa. Talvez devêssemos aprender a identificar e a nos dar por satisfeitos com uma pessoa aceitável. Valer-se da convivência do casal para resgatar um estado regressivo da infância ou para escapar ao medo da solidão é uma receita para o desastre. Os relacionamentos só funcionam quando ambos os indivíduos se dispõem e são capazes de ver um ao outro como realmente são. Parcerias efetivas exigem personalidades bem estruturadas a fim de suportar os altos e baixos inerentes a qualquer relacionamento. O romance é bom, mas a parceria precisa ir além da fantasia romântica. Um relacionamento estável se fundamenta na aceitação das imperfeições e fraquezas, do lado positivo e sombrio de cada um, porque, em última instância, são as nossas imperfeições que nos tornam humanos. O amor romântico é muito bom para os imortais; os relacionamentos exigem mortais que vivam uma vida real. Os parceiros não deveriam almejar um estado de dependência mútua e de regressão na convivência do casal. As parcerias de sucesso se baseiam na disposição de explorar o relacionamento de forma renovada todos os dias. As pessoas deveriam desfrutar o fato de lidar com suas diferenças. Uma verdadeira parceria implica que um ajude o outro a alcançar um *status* de seres completamente responsáveis e autônomos que não se confundem em nenhum tipo de transtorno psicótico compartilhado e que não se esquivam de viver.

A Fantasia Sexual

4

Quanto ao seu segredo para se manter casado: "Minha mulher diz que, se alguma vez eu quiser ir embora, ela vai comigo."
Jon Bon Jovi

A maioria dos casamentos seria melhor se tanto o marido quanto a mulher entendessem claramente que ambos estão do mesmo lado.
Zig Ziglar

Maridos são como o fogo. Eles se extinguem se não recebem atenção.
Zsa Zsa Gabor

A psicologia evolucionista, do desenvolvimento e a psicodinâmica deixaram claro que homens e mulheres não pensam da mesma maneira. Na expressão da sexóloga Shire Hite, "um número demasiado grande de homens ainda parece crer, de modo um tanto ingênuo e egocêntrico, que aquilo que faz com que eles se sintam bem automaticamente faz com que as mulheres se sintam bem". O jogo egoísta do acasalamento estipula diferentes regras para homens e mulheres. Partir do pressuposto de que ambos pensam de maneira idêntica significa um convite ao conflito. Como assinalou a atriz Bette Midler, "se o sexo é um fenômeno tão natural, como é que há tantos livros sobre como fazer sexo?" O grande número de livros de autoajuda sobre casamento publicados anualmente dão a entender que homens e mulheres operam em diferentes comprimentos de onda.

Eis aqui uma história engraçada que ouvi certa vez. Um homem estava caminhando ao longo de uma praia quando tropeçou em uma garrafa. Ele a ergueu e sacou-lhe a rolha. No instante em que fez isso, saiu da garrafa um gênio. O gênio olhou para o homem e disse: "Você me liberou da lâmpada. Em geral, sei que você teria direito a três pedidos, mas, como estou com pressa, vou lhe garantir a realização de apenas um." O homem pensou um pouco e depois disse: "Sempre quis ir ao Havaí, mas tenho medo de voar e fico com enjôo no mar. Você pode construir uma ponte para o Havaí, de modo que eu possa ir de carro até lá para conhecer?" "O quê?", urrou o gênio. "Isso é impossível. Pense na logística! Como eu teria de fazer para que os pilares de sustentação alcançassem o fundo do oceano? Pense na quantidade de concreto da qual eu necessitaria, na quantidade de aço! Esse pedido é abominável. Pense em um outro." "Certo", disse o homem e tentou pensar em um desejo realmente bom. Por fim, ele disse:

"Sabe, fui casado e me divorciei quatro vezes. Todas as minhas esposas disseram que eu não me importava com elas o suficiente, que não as compreendia, que sou insensível. Desejo fazer algo a respeito disso. Quero saber como as mulheres se sentem em seu íntimo e no que elas pensam quando ficam sem falar comigo. Quero saber por que elas choram. Desejo saber o que elas realmente querem quando ficam sem dizer nada. Quero saber como fazer as mulheres felizes de verdade." O gênio olhou para ele e disse: "Você quer aquela ponte com duas ou quatro pistas?"

Como essa história deixa bem claro, os desentendimentos quanto ao sexo entre homens e mulheres são inevitáveis. Os homens sempre querem obter sexo fácil, sem a necessidade de fazer maiores investimentos; as mulheres querem compromisso. A jornalista Katherine Whitehorn reiterou essa importante diferença: "Na vida real, as mulheres estão sempre tentando misturar algo com o sexo ou a religião, ou bebês, ou muito dinheiro; são só os homens que anseiam por sexo apartado de tudo, sem alianças nem amarras." É claro que nem todos os homens e nem todas as mulheres agem da mesma forma quanto ao sexo. São muitas as variações sobre esse tema.

Embora os homens possam ser motivados pelo gene egoísta – que lhes diz que seguir em frente e procriar faz mais sentido do que comprometer-se com uma única pessoa – a sobrevivência dos seus descendentes é importante e a urgência de ter descendentes que deem prosseguimento à sua linhagem serve de contrapeso para as aventuras de uma noite. Os homens gerenciam os genes e se comprometem em um relacionamento porque a probabilidade de sobrevivência dos bebês e das crianças pequenas é maior se eles contarem com a atenção e os cuidados de ambos os genitores enquanto crescem.

O PERVERSO POLIMÓRFICO

Embora o instinto sexual seja universal, ele não é uniforme. O sexo é um fator biológico, mas o romance e o erotismo são fatores culturais. É possível despertar e expressar o desejo sexual de múltiplas formas, enquanto que o ato sexual em si é capaz de incorporar um amplo espectro de coisas, que vão desde o estupro até expressões de afeição e de criatividade.

A humanidade apresenta tendência a ser sexualmente polimórfica. Muitas pessoas pensam nos genitais como sendo nossa única zona erógena, mas, como alguns talvez já devem ter descoberto por conta própria, cada uma das diferentes partes do corpo pode ser uma zona erógena. Áreas específicas do nosso corpo são dotadas de um nível maior de sensibilidade, capaz de se traduzir em uma resposta sexual. Nossas necessidades orais, por exemplo, são expressas pela nossa boca, que é utilizada para comer, mas ela não trata exclusivamente da satisfação desse tipo de fome. A boca pode ser sexualizada de várias maneiras, que incluem os beijos sensuais e o sexo oral. Há também o toque. Todos somos sensíveis ao toque. Uma executiva revelou certa ocasião: "Nada é capaz de me excitar tanto quanto minhas orelhas. Eles devem ser uma das minhas principais zonas erógenas. Quando alguém me toca nas orelhas, fico tonta de desejo." O comentário dela ilustra de que modo, dependendo dos fatores sócio-culturais que tenhamos sido expostos ao crescer, internalizamos toda uma série de imagens inter-relacionadas e capazes de despertar o nosso desejo sexual e de atiçar a nossa forma de expressá-lo.

Diferenças na mentalidade sexual

A evolução tem suas próprias regras para garantir o sucesso reprodutivo, e, considerando-se as nossas origens pré-históricas, os homens, em geral, são mais assertivos sexualmente do que as mulheres. Isso faz parte essencial do seu legado evolucionário. Mas isso também pode ser um problema para muitos casais. Eis aqui um cenário bastante comum: normalmente, decorrido o período de maior intensidade da paixão sexual, tanto os homens quanto as mulheres tendem a se queixar quanto às necessidades sexuais dos seus parceiros. Os homens querem mais sexo e as mulheres querem menos. As explicações mais comuns dadas para se recusar a ter relações sexuais são a falta de energia, em função da chegada dos filhos, o "efeito Coolidge" e os efeitos do envelhecimento. Os homens tendem a se mostrar mais sensíveis quanto ao declínio dos atrativos sexuais no seu parceiro do que as mulheres.

A frustração é, em geral, um problema mais sentido pelos homens do que pelas mulheres. Tanto os homens como as mulheres alegam uma série de razões para refrearem o ato sexual – necessidade de passar tempo com o bebê, falta de sono, excesso de trabalho, sofrimento emocional, trauma de experiências passadas, dificuldades situacionais (sem tempo disponível juntos) – mas, quaisquer que sejam as explicações dadas racionalmente, a falta de sexo é fonte de grandes frustrações, especialmente para o parceiro com um grau mais intenso de necessidades sexuais. Ter relações sexuais é importante, porque a intensificação e o desvanecimento do desejo sexual oferece uma medida de quão bem o casal funciona em outras áreas.

No cerne da questão, residem as diferentes percepções dos homens e das mulheres sobre aquilo que é mais importante no que diz respeito ao sexo. Um número significativamente maior de homens acredita que o desejo sexual vise a atividade sexual. Um número significativamente maior de mulheres cita o amor e a intimidade emocional como o objetivo visado pelo desejo sexual. Talvez seja cínico, mas não está longe da verdade dizer que os homens falam com as mulheres para poderem dormir com elas, e que as mulheres dormem com os homens para poderem falar com eles. Essas diferentes percepções – combinadas com a nossa ilusão de que os outros pensam de modo idêntico a nós – significa que os homens e as mulheres podem se preparar para levarem uma grande surpresa com os problemas daí decorrentes. Os homens se queixam sobre a falta de entusiasmo das suas parceiras pelo sexo, e as mulheres reclamam que seus companheiros não lhes dedicam suficiente carinho e atenção. Uma queixa compartilhada por ambos é que caíram as pétalas das flores de um relacionamento que foi outrora romântico. As mulheres, em especial, se sentem desestimuladas pela qualidade mecânica que o sexo é capaz de assumir.

Inúmeras pesquisas confirmaram que uma proporção significativa de mulheres mostra bastante indiferença quanto ao sexo durante períodos significativos de suas vidas. A terapeuta australiana de sexo Bettina Arndt, em uma referência a si mesma, descreveu o dilema de muitas mulheres ao perceberem a situação na qual que se encontram: "Quando caiu a bomba da maternidade pela primeira vez, recordo de ter me questionado se seria possível para qualquer mulher nutrir pensamentos eróticos enquanto andava como uma sonâmbula em meio ao caos de mamadas, fraldas, estresse e fadiga. Suponho que eu e meu marido *devamos* ter feito sexo pelo menos algumas vezes durante aquele período... mas devo confessar que não consigo me lembrar de tal acontecimento. Talvez eu tenha cochilado enquanto fazia sexo. Quem sabe!" Você já ouviu alguma vez as mulheres contarem sobre as inúmeras estratégias engenhosas das quais se utilizam para evitar fazer sexo com seus maridos ou namorados? Um número demasiado grande de esposas estão simplesmente cansadas demais, ocupadas demais com os filhos, para dar qualquer atenção às suas necessidades sexuais. Pesquisas, nas quais solicitou-se a homens e mulheres para classificar em ordem de importância aquilo que lhes propiciava maior deleite, mostraram repetidas vezes que, se o sexo é o prazer preferido da maioria dos homens, as mulheres preferem fazer tricô, jardinagem, compras ou assistir à televisão. É como naquela velha piada machista: "Minha mulher é um objeto sexual – toda vez que quero fazer sexo, ela objeta!"

Tomografias revelam que os cérebros masculinos e femininos reagem de maneira bem diversa quando expostos a imagens de sexo explícito. Os homens notadamente demonstram ter uma atividade muito maior que as mulheres na amígdala, região do cérebro associada a poderosas emoções como o medo e a raiva. Em média, o desejo sexual masculino não só é mais forte que o desejo feminino, como também é mais consistente. O desejo sexual feminino se apresenta com um caráter mais cíclico. De acordo com alguns estudos, muitas mulheres só chegam ao auge do desejo sexual alcançado pelos homens durante aqueles poucos dias do mês em que estão férteis. Elas demonstram uma maior propensão a fantasiar sobre o sexo, a se masturbar, a tomar a iniciativa de fazer sexo com seus parceiros e a vestir roupas provocativas ou a frequentar bares de solteiros quando estão por ovular do que em qualquer outro período do mês. Isso não significa que as mulheres não façam sexo fora desse período de oportunidade reprodutora. Mas, do ponto de vista evolucionista, faz todo sentido que elas tenham maior interesse em sexo quando se encontram em seu período fértil. Os homens, por sua vez, vivem em um eterno estado de prontidão. Afora as diferenças específicas mencionadas, há outros fatores que determinam a intensidade do desejo sexual – a experiência, a cultura e as circunstâncias.

Some-se a isso o fato de que há grandes diferenças entre homens e mulheres quanto à frequência e ao conteúdo das suas fantasias sexuais. Estudos mostram que os homens têm duas vezes mais fantasias sexuais que as mulheres. Mesmo durante o sono, é muito mais provável que os homens, e não as mulheres, tenham sonhos eróticos. Seus sonhos podem ser altamente visuais, dominados pelos temas da luxúria e da gratificação física, em que as mulheres aparecem como meros objetos sexuais. Quando as mulheres sonham com sexo, os indivíduos e as emoções que aparecem nos sonhos desempenham um papel mais importante.

Há muito maior variedade e muito menor previsibilidade na experiência feminina do desejo sexual. Algumas mulheres até relatam que nunca tiveram desejo sexual e se questionam a razão de se fazer tanto estardalhaço sobre isso. Outras mulheres, contudo, podem ter grande interesse em sexo, mas, mesmo nesse caso, o nível de intensidade é diferente, não é tão intenso e persistente como nos homens. Além do mais, em especial nos relacionamentos que já duram mais de 10 anos, as mulheres raramente vivenciam episódios de sentirem desejo sexual espontâneo. Quando o fazem, o desejo é reativo, ocorre em resposta à estimulação feita por seu parceiro. O desejo acompanha a excitação sexual, em vez do contrário.

A menos que um casal encontre formas de reacender a chama do seu relacionamento, essas diferentes atitudes em relação ao sexo talvez contribuam para um rompimento no casal ou para um caso extraconjugal. O período de maior incidência para as mulheres manterem casos fora do matrimônio é no final dos seus anos reprodutivos. Isso pode ser expressão do desejo consciente ou inconsciente de trocar de parceiro antes que sua fertilidade se acabe. Os homens, para quem o sexo é uma atividade sem tanto desgaste emocional – como demonstra a disseminação da prostituição em nível mundial – tendem a se envolver mais com sexo fora do matrimônio. As explicações usualmente dadas para a infidelidade são o tédio e a diminuição dos atrativos físicos. Como seria de se esperar, o sexo fora do matrimônio substitui o sexo mantido regularmente com os parceiros.

Os homens confundem facilmente a demanda por amor e intimidade com a demanda por sexo. Isso explica a dificuldade experimentada pelo homem de ser só amigo de uma mulher que ele considere atraente. A dimensão sexual se faz sempre presente. Se estiverem em dúvida, os homens pressupõem que a mulher tem algum interesse sexual neles. Essa suposição errônea, associada à tendência feminina de flertar, pode se transformar em um coquetel inebriante e volátil. A impulsividade sexual é capaz de se transmutar facilmente em agressividade sexual e estupro. Os homens subestimam quão desagradável é a agressividade sexual para as mulheres. Nossas ideias equivocadas sobre as atitudes sexuais do outro sexo explicam em parte porque as mulheres, em algum momento de suas vidas, foram expostas a impropriedades sexuais, e explica ainda a frequente falta de compreensão por parte dos homens para com as vítimas de estupro.

É claro que todas essas pesquisas conduzem à pergunta sobre se os homens foram feitos para ser monogâmicos: eles parecem ser propelidos por impulsos de ordem genética sobre os quais detêm um controle muito menor do que imaginam. Segundo os psicólogos evolucionistas (como já mencionado), os homens receberam uma programação genética para espalhar suas sementes entre o maior número possível de fêmeas. Embora esse instinto se faça constantemente presente, a sociedade os ensinou que ceder a esses impulsos de forma cega acarretará sérias consequências. Como afirmou o ator John Barrymore certa vez: "O sexo é uma coisa que consome um mínimo de tempo mas que gera o máximo de problemas."

O SEXO E O PASSAR DO TEMPO

O humor é uma janela para o inconsciente, e muito do humor popular sobre o envelhecimento revela as preocupações nutridas por muita pessoas: "Você está ficando velho quando tiver a sorte grande significa que você consegue achar seu carro no estacionamento"; "Estou naquela idade em que a comida assumiu o papel da minha vida sexual." À medida que os homens e as mulheres envelhecem, aumenta a semelhança entre eles, inclusive no que diz respeito à intensidade do desejo sexual que eles sentem. Há uma diminuição gradual na frequência dos pensamentos e das fantasias sexuais ao longo do período de vida de uma pessoa (especialmente dos homens), embora as imagens sexuais perdurem até mesmo na idade avançada. Um número de fatores fisiológicos explica como o passar do tempo afeta o instinto sexual tanto nos homens como nas mulheres. Em ambos os sexos, há um declínio gradual nos níveis de testosterona do soro sanguíneo durante os ciclos de vida, registrando-se uma queda de 50% entre as idades de 25 e 50 anos – sendo que os homens, no entanto, possuem de dez a vinte vezes o nível de testosterona verificado entre as mulheres da mesma idade. A menopausa também provoca uma redução no desejo sexual feminino, principalmente pela significativa redução na produção de hormônios de estrogênio, bem como pelos sintomas comuns e algumas vezes desconfortáveis que acompanham essas alterações. Problemas de ordem médica, que incluem transtornos mentais como a depressão, são capazes de afetar o desejo e o funcionamento sexual, enquanto que alguns medicamentos demonstram exercer um significativo efeito sobre a energia sexual.

Problemas médicos e fisiológicos são frequentemente associados aos problemas psicológicos. Para muitas mulheres, os fatores que contribuem para a diminuição do desejo sexual incluem problemas de relacionamento interpessoal e desempenho do parceiro, lutas de poder e/ ou sentimentos de profundo ressentimento para com o parceiro. Uma mulher pode, por exemplo, vir a perder o interesse em sexo se o seu parceiro não for capaz de demonstrar um mínimo de romantismo, se nunca convidá-la para sair, nunca agradecer a ela pelo preparo de uma boa refeição e se tiver uma atitude sexual do tipo "pá--bum-obrigado-tchau".

Os relacionamentos sexuais também podem ser afetados por outros fatores, como uma educação sexual muito severa ou experiências sexuais negativas e traumáticas. Homens e mulheres com um histórico de abuso sexual podem ter problemas para confiar o suficiente no seu parceiro a ponto de conseguirem relaxar e se excitar. Há outras razões mais prosaicas para a falta de sexo de um casal, tais como os dois só disporem de muito pouco tempo para ficar a sós. A intimidade sexual também tenderá a diminuir caso ambos os parceiros tenham um emprego que lhes exija muito e os deixe cansados e estressados demais para pensar em fazer do sexo uma de suas prioridades. Muitos casais em que ambos trabalhavam me disseram que o sexo ocupa um lugar secundário, se comparado ao que se espera deles no trabalho.

Algumas mulheres não sentem o mínimo desejo de fazer sexo durante algum tempo após terem dado à luz. A fadiga, a ansiedade e a depressão desempenham um papel na criação desse quadro. Algumas mulheres se envolvem tanto com o recém-nascido que isso acaba por satisfazer grande parte das suas necessidades emocionais e físicas, desviando muito da sua energia sexual e do tempo que passam com seu parceiro. Mais uma vez, é possível encontrar-se uma explicação dentro da psicologia evolucionista. Era importante para a sobrevivência de nossos ancestrais no período paleolítico que a maior parte da energia materna fosse dedicada ao recém-nascido. Evitar ter relações sexuais também é um modo eficaz de evitar outra gravidez: a mãe consegue se recuperar devidamente do primeiro parto, e o novo bebê não tem de dividir a mãe com novos irmãozinhos tão cedo.

Quanto de sexo basta?

Algumas pessoas gostam de comer doces, outras de jogar futebol. Se alguém me dissesse que não pretende comer doces ou jogar futebol de novo, então que seja. Embora eu aprecie ambos, não vejo razão para criar um caso ou para buscar alguma profunda interpretação psicológica para o fato. Mas sexo é um assunto diferente. Se a mesma pessoa me dissesse que nunca fez sexo e que não pretende fazê-lo, eu me preocuparia. Eu formularia alguma hipótese sobre o porquê desse estado de coisas; eu tentaria descobrir quais poderiam ser os problemas subjacentes. Talvez até expressasse minha preocupação de forma direta, dizendo a essa pessoa que a falta de interesse no sexo é peculiar e que poderia ser indicativo de algum problema. Poderia chegar a ponto de sugerir que a pessoa deveria consultar um psiquiatra ou um psicoterapeuta. Eu ficaria igualmente preocupado se a mesma pessoa me dissesse que ficava totalmente dedicada ao sexo; que o sexo ocupava a sua mente de forma contínua; ou que precisava manter relações sexuais um determinado número de vezes por dia. Eu me indagaria se esse tipo de comportamento era normal. Eu veria essa pessoa como um viciado. De novo, talvez eu sugerisse a hipótese de que seria bom consultar um especialista.

Ausência de desejo

Conforme indiquei, muitos fatores podem contribuir para a pessoa não querer fazer sexo – há horas em que nenhum de nós sente vontade. Em geral, passar alguns momentos românticos com o parceiro, ter pensamentos de cunho sexual ou imagens que despertem o estímulo sexual provocam excitação e o retorno do instinto sexual sadio. Para algumas pessoas, porém, isso se processa de modo diferente. Não importa quais sejam os estímulos, elas simplesmente não demonstram estar interessadas. O baixo nível de libido – como pude aprender na minha experiência terapêutica – é um assunto difícil de vir à tona. Pode ser uma experiência muito desconcertante ou uma questão problemática, se seu parceiro não demonstrar interesse em fazer sexo com você, apesar dos seus melhores esforços para que tal aconteça. Mas também é constrangedor levantar uma questão que, para muitas pessoas, está impregnada de um sentimento de vergonha.

Em função disso, muitas pessoas que sofrem de transtornos sexuais não procuram ajuda. E outras, ainda, nem percebem que têm um problema. Elas nunca foram particularmente interessadas em sexo. Outras questões no relacionamento sempre pareceram ter maior importância para elas. No entanto, quando casais em conflito têm problemas relativos ao desejo sexual – quando o desejo está ausente ou se esvaecendo no parceiro – isso irá afetar outras partes de suas vidas. E, carentes de orientação, eles podem tentar lidar com o problema de uma maneira capaz de destruir o relacionamento.

Uma executiva de quem fui *coach* – uma empreendedora de grande sucesso – parecia ter tudo. Ela era muito eficaz ao realizar seu trabalho. Era muito atraente. Era casada e tinha três filhos lindos. O parceiro dela, um dos fundadores de uma empresa de investimentos privada, aparentava ser um indivíduo extremamente charmoso e atencioso. O casal era sempre visto em muitos encontros sociais, indo de jatinho para localidades exóticas em férias e oferecendo interessantes jantares festivos. O seu relacionamento, contudo, patinava em uma área intratável. Para valer-me de suas palavras, "depois de um tempo, ele simplesmente parecia não mais precisar de sexo. Meses se passavam sem que ele me tocasse. Por fim, eu aprendi a viver sem sexo."

Quando é que pouco sexo significa sexo de menos? Que medida se deveria empregar para mensurar tal grau? Às vezes, quando um parceiro reclama de não fazer sexo o suficiente, o problema pode, de fato, ter a ver com um grau excessivamente alto de instinto sexual. A diminuição do desejo sexual pode significar uma determinada coisa, mas a total falta de interesse em fazer sexo é uma outra coisa inteiramente diversa. Diferentemente de uma reclamação sexual comum feita em relação aos homens – disfunção erétil – o maior problema sexual das mulheres é fruto de uma combinação de fatores mentais e físicos, que não podem ser curados simplesmente pelo uso de uma pílula, como o Viagra. De fato, segundo algumas pesquisas, 43% das mulheres e 31% dos homens relatam ter experimentado problemas nesse âmbito.

Os especialistas concordam que não há exigências mínimas para a realização da atividade sexual. O clássico estudo *Sex in America* (Sexo nos EUA), a pesquisa mais abrangente sobre sexo realizada nos EUA (baseada em 90 minutos de entrevistas feitas com mais de 3.000 adultos escolhidos aleatoriamente e publicada em 1994), relatou que um terço dos casais entrevistados mantinham relações sexuais apenas algumas vezes por ano. Um recente relatório Kinsey afirma que 26% dos homens não casados e 24% das mulheres não casadas haviam mantido relações sexuais só algumas vezes no ano. Os índices para homens e mulheres casados correspondiam respectivamente a 13% e 12%. Embora as pesquisas relatem sobre a frequência da manutenção de relações sexuais, e não do desejo, é mais que provável que um dos parceiros nesses casais estivesse sofrendo de uma aflição denominada transtorno do desejo sexual hipoativo (*HSDD – hypoactive sexual desire disorder*).

Estima-se que esse transtorno afete aproximadamente 20% da população, em especial as mulheres. O transtorno HSDD é definido como uma deficiência persistente ou recorrente e/ou uma ausência de fantasias/pensamentos sexuais, e/ou de desejo por atividade sexual ou de receptividade à atividade sexual, o que provoca sofrimento. São sinônimos do HSDD a aversão sexual, a inibição do desejo sexual, a apatia sexual e até mesmo uma anorexia sexual. A pessoa afetada pelo transtorno possui um baixo nível de interesse e desejo sexual, o que se manifesta na falta de iniciativa ou de emissão de uma resposta ágil para a iniciativa feita pelo parceiro para manter relações sexuais. Muitas das pessoas que sofrem desse transtorno demonstram parcimônia ou uma total ausência de fantasias sexuais. Em muitas delas, o transtorno passa sem ser percebido. É possível, no entanto, fazer um diagnóstico do HSDD quando ele provoca nítida aflição ou instabilidade interpessoal.

Outro dos principais transtornos é o transtorno de aversão sexual. As pessoas portadoras desse transtorno sofrem de uma aversão fóbica persistente ou recorrente ao contato genital com o parceiro sexual, o que provoca sofrimento. A aversão pode se concentrar em um aspecto específico da experiência sexual ou ser de um caráter mais generalizado. Algumas pessoas, por exemplo, experimentam repugnância generalizada (que inclui ataques de pânico) quanto a qualquer atividade relacionada ao sexo, o que inclui beijos e toques. Isso acentua o sofrimento, bem como as dificuldades interpessoais.

Há toda uma série de transtornos semelhantes, inclusive o transtorno de excitação sexual feminina, o transtorno erétil masculino, os transtornos orgásmicos masculinos e femininos, a ejaculação precoce e o transtorno de dor sexual, todos os quais necessitam de atenção e, muitas vezes, da ajuda de um profissional.

O crescente acervo de publicações clínicas associa o abuso sexual com a diminuição do apetite sexual. A depressão é uma das reações mais comuns relatadas por adultos que foram molestados quando crianças e é capaz de responder pela diminuição de seu desejo sexual. O abuso sexual é muito mais comum em mulheres do que em homens, e vê-se um maior percentual de mulheres sofrendo de inibição do desejo sexual. As sondagens agressivas por parte dos seus parceiros podem ser experienciadas por elas como a repetição de um trauma antigo, tornando-se responsáveis pelo círculo vicioso de recuo sexual e ataques sexuais agressivos.

Excesso de desejo

O hipossexualismo se refere ao desejo sexual em níveis muito baixos, enquanto que o hipersexualismo se refere a pessoas que praticam sexo em demasia. A expressão sexual é parte natural de uma vida equilibrada, mas se temos uma necessidade avassaladora de sexo e se nos preocupamos tão intensamente com sexo a ponto de ele causar interferência no nosso trabalho e nos nossos relacionamentos, talvez tenhamos um problema.

O hipersexualismo é difícil de se avaliar, porque quanto sexo é demais? Quando é que uma pessoa está exagerando no sexo? Não há uma resposta satisfatória para essa questão. A libido varia muito entre os humanos, e aquilo que é considerado normal por uma pessoa pode ser considerado excessivo ou insuficiente por outras. Não adianta saber que os padrões para o desejo sexual são geralmente estipulados pelos homens. Muitos homens veem o hipersexualismo como um sinal de masculinidade. Eles não se sentem ofendidos por serem chamados de Don Giovanni ou Casanova. As mulheres, no entanto, não gostam dessa espécie de rótulos, percebendo-os como uma acusação de promiscuidade. É interessante observar que os homens tendem a exagerar no número de suas conquistas sexuais, enquanto que as mulheres tendem a diminuir esse mesmo número.

O hipersexualismo, ou a satiríase, ou a ninfomania, descreve um apetite sexual insaciável. As pessoas que sofrem de hipersexualismo se engajam em um tipo de comportamento sexual com níveis clínicos bastante acima da frequência sexual "normal", na tentativa de satisfazer uma necessidade danosa e incontrolável de contínua estimulação genital. O hipersexualismo é uma condição compulsiva e infeliz, na qual as pessoas mantêm relações sexuais promíscuas e recorrentes com diferentes parceiros, sem grande satisfação e sem um envolvimento emocional. As mulheres com essa doença muitas vezes não chegam ao orgasmo. O hipersexualismo vira um transtorno quando esse comportamento provoca aflição ou tem repercussões sociais – os portadores ficam tão preocupados com sexo que não conseguem funcionar devidamente em outras áreas.

Associam-se alguns comportamentos específicos ao hipersexualismo, inclusive a masturbação compulsiva, a compulsão de fazer sexo com prostitutas, o sexo anônimo com múltiplos parceiros (aventuras de uma noite), ter vários casos extraconjugais, ser cliente assíduo de estabelecimentos voltados para práticas sexuais, o hábito do exibicionismo, o hábito do voyeurismo, toques sexuais inadequados, o abuso sexual de crianças e o estupro. Fantasias sexuais, prostituição, pedofilia, masoquismo, fetiches, fazer sexo com animais e vestir-se com roupas do sexo oposto também podem fazer parte do repertório de um viciado em sexo. Qualquer um desses comportamentos por si só não constitui um vício (embora alguns sejam considerados ilegais ou pouco usuais).

É claro que os indivíduos podem ser rotulados de viciados em sexo só por serem sexualmente mais ativos do que aquele que os rotula, ou por se divertirem de um modo que o rotulador não consegue apreciar. A pessoa hipersexualizada não é simplesmente alguém que faz mais sexo do que você. Até mesmo do ponto de vista clínico, essa condição e o seu diagnóstico são frequentemente debatidos.

No passado, ao sustentar a crença de que as mulheres não tinham um senso de sexo tão desenvolvido, muitos médicos presumiam que o hipersexualismo ocorria com menor frequência entre os machos, enquanto que praticamente qualquer mulher que aparentasse gostar de sexo podia ser diagnosticada como ninfomaníaca por algum especialista da área médica ou outro profissional, principalmente se a libido dela fosse mais forte que a do seu companheiro. A mulher dotada de motivação sexual gerava ansiedade e era objeto de risos abafados nos vestiários. Por outro lado, ouviam-se poucas reclamações sobre homens libidinosos. A medida-padrão da normalidade sexual se relacionava com o marido: a mulher que demonstrasse sentir menos desejo que seu marido era frígida, enquanto a mulher que demonstrasse sentir mais era ninfomaníaca. Para alguns homens, a mulher que demandasse muito em termos sexuais personificava as fantasias e os perigos ligados à sexualidade feminina, despertando o medo primordial da *vagina dentata*.

Historicamente, os médicos também presumiam que a ninfomania era muito mais severa do que a satiríase e que suas consequências eram piores. O destino da ninfomaníaca seria a prostituição ou o sanatório, enquanto que aquele que sofresse de satirismo poderia passar pela vida sem problemas, contanto que tivesse uma certa medida de controle. Eis o comentário feito pela atriz Joan Rivers em determinada ocasião: "Um homem pode dormir com outras mulheres, ninguém questiona isso, mas, se uma mulher cometer 19 ou 20 erros, ela é uma vagabunda."

Os vícios sexuais raramente constam junto aos demais vícios socialmente destrutivos, como o alcoolismo, as drogas ou o fumo. De fato, em geral, eles não são absolutamente reconhecidos muitas vezes como um vício ou transtorno. As pessoas hipersexuais são "vadias", "promíscuas", "liberadas sexualmente" ou "garanhões", dependendo do seu gênero. Não há um equivalente social à abstinência para o viciado em sexo: longe de ser visto como um tipo de recuperação, o celibato é encarado como uma aberração comportamental.

As causas da obsessão dos hipersexuais com o sexo não têm necessariamente uma definição clínica. O grau de desejo sexual do indivíduo é capaz de sofrer um aumento por algo tão corriqueiro quanto um acréscimo no estresse, já que o sexo é uma excelente forma de recreação e geralmente induz o gozo, seguido de relaxamento. Por outro lado, o principal problema talvez seja a perda de controle sobre a energia sexual, que pode acarretar algumas formas de dano ou doença cerebral. Ele talvez se relacione a alguma forma de epilepsia, ou a doença como o mal de Alzheimer. Alguns especialistas acreditam que transtornos psicológicas e neurológicas, a exemplo do transtorno bipolar e da demência, são capazes de provocar o hipersexualismo. Para pessoas que sofrem de transtorno bipolar, a hipersexualidade se expressa nos períodos de euforia, evidenciada por tremendas oscilações em sua libido, dependendo do seu humor. Algumas vezes, a atividade sexual é muito maior que o normal e, outras vezes, fica muito abaixo do normal.

Pode haver profundas razões psicológicas para essa compulsão por promiscuidade. Enquanto algumas pessoas conseguem ter uma atitude relaxada quanto ao sexo, os hipersexuais se traem por meio da sua atitude altamente convincente, motivada e tenaz para com o sexo e por sua falta de consciência quanto ao que estão fazendo. Muitas vezes, existe uma história de abuso sexual por trás dessa compulsão. Nessas instâncias, pode-se especular que, enquanto houver a repressão das memórias traumáticas, essas pessoas empregam, de forma inconsciente, outro meio para relembrar aquilo que lhes aconteceu, interpretando o trauma repetidas vezes. Talvez essa compulsão por repetição represente uma tentativa de cura sem sucesso e o ato sexual compulsivo uma forma tortuosa de comunicação. Mas fazer sexo é uma atividade mecanizada, não é a mesma coisa que fazer amor. O indivíduo hipersexual é capaz de confundir o ato sexual com a ideia de intimidade e mutualidade nos relacionamentos sociais e equacioná-la em um relacionamento íntimo construtivo.

Na ópera de Mozart intitulada *Don Giovanni*, Leporello, servente do Dom, se esforça para consolar Elvira (uma das conquistas de Don Giovanni) e, na famosa Ária do catálogo, desenrola uma relação com as amantes de Don Giovanni. O cômico é que ele recita o número de amantes juntamente com o país de origem das mesmas: 640 na Itália, 231 na Alemanha, 100 na França, 91 na Turquia, mas 1.003 na Espanha. Se somarmos a dificuldade de viajar na época, fica claro que Don Giovanni deve ter estado tão ocupado a ponto de cair em exaustão. O ato de seduzir mulheres era um trabalho integral para ele: não teria sobrado muito tempo livre para outras atividades.

O comportamento desses Don Juans ou *femmes fatales* possui uma qualidade masturbatória; eles nunca estão satisfeitos. A consumação do ato permanece sendo algo fugaz. Primeiro, suas atividades parecem aliviar o estresse, a depressão, a ansiedade ou a solidão, mas logo elas começam a enfatizar seu incontrolável estado de espírito. A obsessão sexual acarreta um alto preço: em nível financeiro, se a tendência envolve grandes encargos com prostitutas ou com sexo por telefone, mas mais catastrófico em outros níveis – por exemplo, perda de emprego (por causa de um comportamento inadequado para com os outros no trabalho, ou por acessar pornografia durante o expediente), destruição dos relacionamentos pessoais e a possibilidade de contrair doenças sexualmente transmissíveis.

O SEXO COMO UM CAMPO DE BATALHA

Há um velho ditado que sustenta que, para manter um homem, a mulher deve agir como uma empregada na sala, uma cozinheira na cozinha e uma prostituta no quarto. A modelo e atriz Jerry Hall recordava sua mãe repetindo essas palavras para ela, às quais ela acresceu seu próprio adendo: "Eu disse que contrataria as duas primeiras e me ocuparia da parte do quarto." O quarto, infelizmente, pode se transformar algumas vezes em um campo de batalha. Como observou o sexólogo William Masters, "quando as coisas não vão bem no quarto, elas também não vão bem na sala".

Embora o sexo sirva para unir muitos casais, a falta de sexo, ou o uso do sexo como uma forma de autossacrifício, pode ser a gota d'água que acaba por afastá-los. Como vimos antes, os problemas ocorrem quando um dos parceiros demonstra um interesse por sexo consideravelmente menor que o outro. O sexo torna-se uma fonte de conflito e de desgaste, e pode exercer um impacto negativo no relacionamento. O parceiro com menos desejo sexual pode se sentir pressionado a fazer algo que não deseja fazer, o que suscita ressentimento, raiva e, uma maior diminuição do desejo sexual. Por sua vez, o parceiro com um nível maior de desejo começa a não se sentir amado, começa a se sentir privado e desesperado, e, em resultado, exerce pressão para a realização da atividade sexual até com mais frequência e vigor, enquanto que o outro parceiro se ressente cada vez mais. O sexo se transforma em uma zona de combate. A situação que era vantajosa para todos os envolvidos vira um jogo de soma zero, no qual o grande perdedor é o relacionamento.

O escritor G. K. Chesterton afirmou certa ocasião que "o casamento é uma aventura, é como ir para a guerra". Um cenário comum entre casais é o da esposa desapontada, raivosa e acusadora, exigindo contato emocional com um homem que se retrai. O homem parece estar interessado só na dimensão sexual do relacionamento. Alguns homens são capazes de ficar tão agressivos em sua exigência por fazer sexo, que podem chegar a ponto de um estupro conjugal. Como eles subestimam o quão inaceitável é a agressão sexual para as mulheres, esse comportamento contribui para um distanciamento até maior. A ignorância sobre a diferença na percepção sexual agrava o conflito entre os sexos. Não é de espantar que Freud chamasse a psique feminina de "continente negro".

A agressividade e o retraimento sexuais podem virar o tema principal de um relacionamento, contribuindo para incontáveis batalhas. Alguns casais travam estas batalhas por anos a fio, e o seu relacionamento ganha um tom sadomasoquista. Um dos parceiros quer sexo, o outro, uma relação emocional. Um dos parceiros se retrai, o outro não se revela. Esses episódios de defesa e ataque ou de ataque e retraimento exercem um efeito muito corrosivo no relacionamento. Eles impedem o casal de vivenciar um envolvimento emocional verdadeiro. Não há diálogo, só atividades ritualísticas. Uma vez que tenha se estabelecido esse padrão, o incidente mais inócuo pode vir a se tornar o catalisador de uma nova briga: os pratos que precisam ser lavados, as camas que precisam ser feitas, o lixo que precisa ser levado para fora, o cachorro que precisa ser levado para passear, os filhos que precisam ser disciplinados, os acordos financeiros que precisam ser feitos, e assim por diante. Mas estamos realmente lidando com questões de separatividade e conectividade, segurança e confiança, poder e ausência de poder, o risco de permitir a entrada de alguém e de deixar alguém de fora. E a repetição desse ciclo de ataque, defesa, ataque, retraimento não opera maravilhas para o senso de autoestima e de identidade de gênero para nenhum dos parceiros. Esse ciclo deixa neles fortes ressentimentos. Os homens sentem que suas esposas não se sentem atraídas por eles e que só ganham alguma intimidade sexual após implorarem ou como gratificação por favores feitos. As mulheres, por sua vez, se sentem abusadas, violadas, ignoradas em sua sensibilidade como seres humanos e transformadas em um mero objeto físico.

O dramaturgo e filósofo Johan Wolfgang von Goethe disse certa ocasião que "é essencial, algumas vezes, que o marido e a mulher briguem – assim eles passam a conhecer melhor um ao outro". Quando, no entanto, o quarto se torna um campo de conflito, alguns casais se veem apanhados em um conluio masoquista. A peça teatral de Edward Albee intitulada *Quem tem medo de Virginia Woolf?* dramatiza essa situação. A peça nos arrasta para o campo de batalha conjugal, no qual homem e mulher são cruéis um com o outro de duas formas: cada um deles odeia a si mesmo e, por isso, não consegue aceitar o amor que o outro oferece; e as imperfeições de cada um são magnificadas e utilizadas para acusar o outro de não funcionar como um salvador. A sua interação, presenciada por um casal de cônjuges jovens, destrói qualquer ilusão sobre o amor romântico. É razoável partir do princípio de que o casamento do homem e da mulher já fora destituído de qualquer elemento de sexualidade há muito tempo.

Quando mulheres, que já estão cheias do sexo mecânico, não reconhecem ou admitem que seus esposos têm uma necessidade física de sexo que não desaparece por ser negada, elas estão à beira de ter problemas. Do ponto de vista masculino, a falha da parceira em satisfazer as necessidades do homem coloca-o diante de um verdadeiro dilema: ou ele vive uma vida de miséria e privação, ou ele busca satisfação em uma outra fonte. O caminho mais comum para a outra fonte é por meio de um caso. Isso pode evoluir para um cenário de separação, dentro do qual, mesmo que os casais não se separem, eles passam a viver vidas separadas, compartilhando muito pouco ou nada entre si.

Não estou sugerindo que a culpa do campo de batalha sexual repouse no lado feminino. Muitas mulheres desfrutariam mais sexo se seus parceiros empregassem melhores técnicas, tivessem mais paciência e mais conhecimentos. Em alguns casos, os relacionamentos desprovidos de sexo podem ser quase tão felizes e satisfatórios quanto aqueles em que há livre expressão da sexualidade individual. Porém, embora a supressão da sexualidade não produza necessariamente uma visível desarmonia ou uma manifesta briga, ela precipita o fim do senso de mutualidade dentro de um relacionamento. Os relacionamentos que sofrem a perda da sexualidade não terminam, necessariamente, em uma amarga disputa, mas podem baixar ao estado de morto-vivo tão bem descrito no poema de autoria de T. S. Eliot e intitulado "A Canção de Amor de J. Alfred Prufrock": "Medi minha vida por colherinhas de café." A rotina confortável, porém morta, é produto inevitável da negação da nossa natureza sexual.

A QUESTÃO DA TERAPIA

O aspecto sexual de um relacionamento é o sinalizador do bem-estar da relação como um todo. Embora o sexo e a sexualidade não sejam a quintessência do relacionamento, sem a devida expressão do desejo sexual, a relação é capaz de sofrer muito. As disfunções psicossexuais não representam uma ameaça para a vida, mas podem afetar outros modos de funcionamento no casal. Elas podem surtir um efeito negativo no senso da autoestima de cada um dos parceiros. Podem chegar até a afetar a vida dos mesmos no trabalho.

Felizmente, há muitos meios de se abordar tais tipos de problemas, inclusive a psicoterapia, a terapia do sexo, a terapia comportamental, o aconselhamento matrimonial ou de relacionamentos. Um terapeuta irá, em geral, rever a identidade sexual do indivíduo (isto é, suas crenças e atitudes perante o sexo); os fatores que interferem nos seus relacionamentos, inclusive a intimidade e o apego emocional ou a vinculação afetiva; seu estilo de comunicação e de manejo; e a sua saúde emocional como um todo. A terapia pode incluir educação acerca da responsividade e de técnicas sexuais, meios de enriquecer a intimidade com o parceiro e recomendações para a leitura de materiais ou exercícios para casais. Esses podem incluir o debate (e a experimentação) sobre as preferências sexuais e a exploração das fantasias de cada um.

O funcionamento sexual adequado requer autoconfiança, liberação de ansiedades, estimulação física e mental e a habilidade de focalizar em pensamentos e comportamentos que produzam excitação sexual. Qualquer coisa que interfira nessas condições pode pôr fim ao encontro sexual. Se uma ou mais delas costumar faltar, a incapacidade de ter um bom desempenho sexual pode vir a se tornar um problema duradouro.

A autoconfiança – o conhecimento de que você é capaz de ter um bom desempenho sexual, que seu parceiro lhe acha sexualmente atraente e respeita seus desejos sexuais – é fundamental. Nada é pior para a confiança sexual que seu parceiro apresentar uma atitude depreciativa, pois isso pode causar ansiedade e contribuir para episódios de fracasso sexual. O fracasso sexual se torna então uma profecia autorrealizadora, gerando ansiedade quanto ao desempenho, de modo que a pessoa tem medo de não conseguir ficar excitada e funcionar normalmente. Esse medo acaba se autoperpetuando, porque a ansiedade no desempenho interfere na capacidade de excitação. A incapacidade de ficar excitado aumenta então a ansiedade.

Leo Tolstoy afirmou certa vez que "o que conta para tornar um casamento feliz não é tanto o seu grau de compatibilidade com o outro, mas a forma como você lida com a incompatibilidade". De certo modo, o funcionamento sexual saudável implica apaixonar-se pela mesma pessoa repetidamente. O tipo de relacionamento que você tem irá depender muito do tipo de pessoa que você é. Se você é feliz e bem ajustado, há boas chances de você ter um bom relacionamento. Se você é insatisfeito e amargo pelo que a vida lhe deu, você terá de fazer algo quanto aos seus sentimentos, antes de querer ser feliz para sempre. Conforme enfatizado nesta seção, ser feliz para sempre envolve duas pessoas descobrindo um espaço compartilhado em seu imaginário sexual.

5 O JOGO DA SEXUALIDADE

A imaginação é o princípio da criação. Você imagina aquilo que deseja, você quer aquilo que imagina e, por fim, você cria aquilo que quer.
George Bernard Shaw

Todo ato de criação é, antes de tudo, um ato de destruição.
Pablo Picasso

A criatividade é o descontentamento traduzido em arte.
Eric Hoffer

Se o sexo e a criatividade são, muitas vezes, encarados pelos ditadores como se fossem atos subversivos, é porque eles o levam a saber que você é dono do seu próprio corpo (e, assim, da sua própria voz), e esse insight *é o mais revolucionário de todos.*
Erica Jong

É possível então que o grau de desejo sexual seja alto ou baixo demais. Mas, independentemente do grau de intensidade do desejo ou da ausência deste, pode-se entender o processo de transmissão dos nossos genes para as gerações futuras como sendo a quintessência do nosso desejo de sobrevivência. É o nosso impulso evolucionista de deixar gravada uma marca mesmo quando não mais estejamos por aqui. É por meio do "gene egoísta" que esperamos alcançar a imortalidade, e o ato sexual é um símbolo de regeneração e de transmissão da vida.

Fora o fato de se atingir um coeficiente de medida de continuidade por intermédio dos filhos, a humanidade está sempre em busca de outros meios que lhe permitam atingir um coeficiente de medida da sua imortalidade. (Esse aspecto será debatido mais detalhadamente na Parte Quatro, intitulada Meditações sobre a Morte.) Uma estratégia atrativa para alcançar este objetivo é por meio do processo criativo. A criatividade sempre implicou em dar vida a algo novo, na expectativa de que a criação continue viva mesmo depois da morte do seu criador. Valendo-nos da formulação da psicoterapeuta Rollo May: "A criatividade não é simplesmente a inocente espontaneidade inerente à juventude e à infância: ela também precisa estar vinculada à paixão do ser humano adulto, que é a paixão de permanecer vivo além da própria morte."

A criatividade sugere mudanças e transformações. Ela envolve a quebra dos padrões estabelecidos para permitir que as coisas sejam vistas de diferentes maneiras. Quando se olha para um casulo, parece provável que ele venha a se transformar em uma borboleta? Como assinalou Friedrich Nietzche: "Você necessita do caos em sua alma para dar à luz a uma estrela que seja capaz de dançar." A mudança implica em abandonar o que é velho. Ela requer coragem para romper barreiras, encarar o novo e ir aonde ninguém jamais ousou ir. O escritor satírico Johnathan Swift observou determinada ocasião que "ele era um homem corajoso que, pela primeira vez, comera uma ostra". A criatividade pode ser expressa de vários modos – as artes, a ciência e a filosofia são saídas óbvias – e o desejo sexual, com uma variedade de disfarces, pode ser um importante acionador do processo criativo.

Desde que os artistas começaram a fazer criações artísticas, eles incorporaram temas sexuais em seus trabalhos. As manifestações artísticas das antigas civilizações eram repletas de imagens sexuais ou eróticas. A relação com o sexo e com o corpo humano fica bastante evidente desde alguns dos mais antigos dentre todos os exemplos de arte, o da Vênus de Berekhat Ram (datada de cerca de 233.000 anos a.C.) e o da Vênus de Tan-Tan (datada de 500.000 a 300.000 anos a.C.). A arte erótica foi uma das primeiras expressões na história da arte, celebrando a sexualidade humana como parte essencial da vida diária. Com esse tipo de trabalho criativo, nossos ancestrais foram capazes de retratar desejos que, de outra forma, teriam permanecido ocultos, revelando as relações humanas em toda a sua complexidade: sedução, atração, degradação, autodestruição e autodesenvolvimento.

Os psicanalistas sempre reconheceram a existência de uma conotação sexual em muitos trabalhos criativos. Sigmund Freud, em seu ensaio intitulado "Formulações sobre os Dois Princípios de Funcionamento Mental", comentou: "O artista é originalmente um homem que se desvia da realidade porque ele não consegue aceitar a renúncia aos instintos sexuais que ela, a princípio, demanda, instintos esses que permitem a seus desejos e ambições eróticas inteira participação em uma vida de fantasias. Mas ele descobre o caminho de volta para a realidade a partir desse seu mundo de fantasias ao fazer uso dos dons especiais que possui para moldar suas fantasias em verdades de uma outra espécie, que são valorizadas pelos homens como preciosos reflexos da realidade."

Gostaria de acrescer uma cláusula a essa discussão do relacionamento entre o desejo sexual e a criatividade. Precisamos tomar cuidado para não cair em uma armadilha reducionista. Se o desejo sexual é importante como um instinto no processo criativo, ele não elimina o impacto dos demais processos fisiológicos e desenvolvimentistas, bem como os traços personalísticos. Embora o desejo sexual desempenhe, com mais frequência, um papel central na expressão verdadeiramente criativa, um grande número de outros fatores necessitam ser levados em consideração.

A PRIMEIRA CRIAÇÃO: ALUCINANDO O SEIO

Para compreender o processo de criação, necessitamos reconhecer de que maneira se iniciam, na primeira infância, e encontram ramificações em toda a nosa vida os conflitos psíquicos que brotam das tensões do diálogo interno travado entre energias instintivas primitivas e das forças de coação e negação presentes no diálogo externo. A alucinação do seio – um subproduto das necessidades orais frustradas da criança – pode ser visto como um ato criador prototípico, o precursor de outros produtos criativos. Psicólogos infantis consideram que esse processo seja o primeiro constructo de desenvolvimento mental, a primeira forma (imaginária) de atividade mental. Mesmo sendo uma atividade surreal, a memória dessa operação, que se assemelha a um sonho, será retida e capaz de se transformar – em estágios mais avançados da vida – em atos de criação específicos.

No processo normal de crescimento, todos experimentam uma curiosidade natural sobre o sexo. "De onde viemos?" é uma pergunta atemporal. Desde os primórdios da vida, busca-se responder esse enigma. Podemos nos perguntar o que acontece quando nossos pais fecham a porta do quarto deles. Somos fascinados pela "cena primal", pelas relações sexuais mantidas entre nossos pais, da maneira como a criança observa, constrói e/ou fantasia. A cena primal, dado o nível de compreensão ainda não desenvolvido pela criança, pode ser interpretada como violenta, uma forma primitiva de violação, um desafio à integridade do corpo da pessoa. Embora a cena primal seja uma imagem enigmática, também é uma imagem que desperta a excitação sexual. O acionar da imaginação é inspiração para a criatividade. Para uma pessoa jovem, o senso usual daquilo que é proibido, associado com a cena primária – a tendência de se ocultar o sexo – apenas serve para aumentar a sua mística e encorajar seu interesse. A metáfora da cena primal será um importante organizador e regulador da criatividade. Assim, o local de criatividade artística pode se transformar em uma cena primal de toda espécie. Impulsionados pelas imagens da cena primal, as pessoas criativas tendem a fazer aquilo que se veem compelidas a fazer de forma artística, ao mesmo tempo em que descobrem a narrativa da sua própria existência.

O CANTO DA SEREIA DO INDIVÍDUO CRIATIVO

Embora o desejo sexual e a criatividade sempre tenham estado intimamente ligados, as pessoas criativas podem se mostrar paradoxais em suas atitudes em relação ao sexo. Enquanto que algumas podem demonstrar uma extrema dedicação no que diz respeito à sexualidade, outras exibem um celibato próximo do espartano em seu modo de ser. Para elas, a abstinência sexual acompanha um nível superior de criatividade.

Apesar das referidas exceções à regra, o público em geral mostra-se inclinado a assumir que os tipos criativos – menos constritos pela moral e pelos bons costumes que se aplicam ao resto da sociedade – têm maior motivação sexual e tendem a mostrar maior propensão para fazer sexo. É claro que esse pressuposto poderia ser uma profecia autorrealizadora, no sentido de que as pessoas criativas podem sentir não ter escolha a não ser viver segundo tais expectativas. Elas podem até se deixar levar para a vida artística em função dos benefícios sexuais que ela apresenta.

Porém, quanto disso é fantasia e quanto é realidade? As pessoas criativas realmente fazem mais sexo? Elas têm maior desejo sexual ou apenas mais oportunidades de fazer sexo que o executivo típico? As pessoas criativas são mais atraentes? Se afirmativo, por quê? Presume-se que o grau de emotividade delas seja maior? Os psicólogos evolucionistas conseguem imprimir alguma interpretação darwinista especial para dar uma resposta a essa pergunta.

Uma explicação, começando pelos humanos ancestrais da Idade da Pedra, é que aqueles dotados de criatividade talvez tivessem mais facilidade para atrair um parceiro. O emprego de um linguajar extravagante talvez seja associado em todo o mundo ao amor e ao galanteio, uma sabida forma de jogo sexual. Teriam, alguns dos nossos ancestrais, sido melhores ao se expressar do que outros, fosse de maneira verbal ou artística? Será que o convite para "vir aqui ver os entalhes que tenho em minha casa" carrega um eco de sedução pré-histórica? A habilidade de fazer galanteios ou ainda de prender a atenção de uma outra pessoa deveria ser encarada como um aspecto intrínseco da evolução humana? As pessoas criativas sempre tiveram uma veia nos concursos de galanteio? Ou a habilidade artística evoluiu a partir de uma espécie de exibição que visava o acasalamento?

Não importa o que se possa validar com base na perspectiva evolucionária; uma coisa é certa: as pessoas criativas atraem outras pessoas e, como resultado, ganham muita atenção. Isso nos transporta a uma outra indagação, àquela do ovo e da galinha. O que surgiu primeiro, a libido ou o contexto sexual? As pessoas que estão sob a mira do público possuem mais oportunidades sexuais que as menos criativas. As pessoas criativas muitas vezes cultivam um estilo de vida boêmio e mostram ter um maior preparo para agir em cima dos seus impulsos e oportunidades sexuais do que as outras. Seus parceiros não podem esperar lealdade e fidelidade. A sociedade demonstra ter maior tolerância com o comportamento sexual das pessoas criativas.

Mas a admiração da maioria não se limita às pessoas criativas, é claro. Sempre admiramos aqueles capazes de realizar algo difícil – os grandes atletas, inventores, oradores, atores, e até mesmo malabaristas. E quanto das especulações feitas derivam mesmo de fatos concretos? Será que as pessoas criativas realmente levam uma vida sexual muito mais selvagem do que o restante de nós? Talvez elas apenas saibam descrevê-las melhor. Embora a experimentação sexual possa ser muito libertadora, sempre há uma certa inadequação veiculada às altas expectativas e ao baixo desempenho.

A VIDA BOÊMIA

Em termos históricos, sempre é feita uma associação entre a vida boêmia dos artistas e a promiscuidade, não só em função dos temas do trabalho deles, de caráter muitas vezes abertamente sexual. As pinturas, os desenhos, as esculturas, as artes de interpretação teatral e cinematográfica, o cinema e outros meios de comunicação sempre deram oportunidade para a expressão do desejo sexual. A arte sexual é, de modo explícito, a expressão criativa mais direta da imaginação, e reflete aspectos reais da vida. Na história da arte, nunca foi pequeno o número de pinturas de mulheres com o corpo recoberto por vestes escassas, de mulheres se admirando em frente ao espelho ou de mulheres amarradas ou presas. Alguns temas artísticos de conotação sexual, como o estupro, a bestialidade e, para algumas pessoas, até mesmo a homossexualidade, podem ser facilmente confundidos com pornografia. E tais tipos de imagem evocam associações de teor sexual, que estimulam a imaginação. Muitas dessas obras de arte captam a essência de experiências de grande significado pessoal que se refletem e repercutem dentro de um contexto social mais amplo.

Os artistas ocidentais, desde Michelangelo a Mapplethorpe, de modo consciente ou inconsciente, tentaram lidar com a sexualidade e a arte deles nem por isso deixou de tocar alguém. Isto sempre continuará a ser um truísmo. Vimos isso acontecer desde a reunião do sagrado com o erótico na arte paleolítica, à etérea sensualidade do quadro de Botticelli intitulado , "o nascimento de Vênus", às imagens de crueldade e sofrimento amoroso encontradas na arte simbolista do século XIX. A arte pode ser um barômetro social; ela consegue acessar rapidamente transformações em termos da moral e dos bons costumes. Além disso, os referidos artistas assumiram muitas vezes um posicionamento de vanguarda no intuito de efetuar mudanças sociais. A arte, que em determinada ocasião se fundamentava em temas ou mitos religiosos elevados (nos quais as temáticas sexuais apareciam sob forma disfarçada), revela-se agora menos dissociada da realidade do dia a dia. Os pintores começaram a celebrar de maneira mais explícita as vicissitudes da vida privada, incluindo o desejo e a representação sexuais.

A tela intitulada Olímpia (1863), na qual Edouard Manet pintou uma prostituta nua, representa a rebeldia do artista contra a natureza repressora da vida diária no momento em que ele opta por exibir o obsceno em seu trabalho. Ao ser exposto pela primeira vez em Paris, o quadro provocou a indignação de críticos e espectadores, e a galeria que originalmente o exibira foi forçada a contratar dois oficiais de polícia para dar proteção à tela. Uma segunda obra pintada por Manet naquele mesmo ano, Almoço na Relva, foi recebida de maneira muito semelhante. Essa tela grande e provocativa, que retrata dois homens vestidos fazendo um piquenique ao ar livre ao lado de uma mulher nua, foi objeto de críticas impiedosas. De forma consciente ou inconsciente, a qualidade que salta aos olhos nos dois quadros de Manet desafia a visão tradicional da pintura na França, e a visão hipócrita da sociedade sobre as mulheres. A sexualidade de Olímpia força o espectador a vê-la como uma mulher real, não uma santa ou uma deusa mitológica. As fortes reações do público levam a crer que Manet conseguiu aquilo que se dispusera a fazer ao provocar a excitação sexual ou a irritação dos espectadores.

Uma série de artistas se voltaram para o primitivismo como uma forma de comunicar sua crença de que as sociedades não ocidentais eram fundamentalmente parecidas na sua irracionalidade, na sua proximidade com a natureza, na sua inclinação para a violência, no seu misticismo e, mais importante de tudo, na sua sexualidade sem limites. Esses artistas, especialmente Picasso, tentaram se desvencilhar das convenções europeias, forçando os espectadores a reconhecer a existência dos impulsos primários dentro deles mesmos. As pinturas de Paul Gauguin no Tahiti e as primeiras composições musicais de Igor Stravinsky (*O Rito da Primavera*) constituem outros exemplos proeminentes da arte primitivista.

Mas esses artistas não expressaram o desejo sexual apenas em suas pinturas; eles também o traduziram em ação. Não era segredo público que muitos dos grandes pintores e fotógrafos eram íntimos de suas modelos. A execução do desejo sexual desempenhava um importante papel para transformar suas ideias em uma realidade criativa. Fazer amor com suas modelos era uma prática comum para muitos dos grandes pintores. Pierre-Auguste Renoir não foi particularmente nada sutil sobre o papel desempenhado pelo desejo em seus trabalhos criativos: "Eu pinto com o meu pênis." Pablo Picasso era obcecado pela arte sexual: "A arte nunca é casta. Ela deveria ser proibida para os inocentes e ignorantes; aqueles indivíduos sem suficiente preparo jamais deveriam ter permissão para entrarem em contato com ela. Sim, a arte é perigosa. Onde ela é casta, não é arte." Sua arte, há muito reconhecida por seu teor sensual e erótico (que contemplava inclusive violência sexual, voyeurismo, prostituição e impotência), é um grande indicador da sua ardente vida emocional e sexual, que se caracterizou pela intriga, infidelidade, paixão e melodrama. Sua cronologia estilística estava muito associada à sucessão de amantes que desfilaram por sua vida. Embora seu famoso comentário sobre as mulheres serem "deusas ou capachos" ter lhe rendido o ódio das feministas em uma época em que as mulheres desempenhavam de olhos abertos e com vontade ambos os papéis, pois os encantos dele haviam se tornado uma lenda. Aos 80 e tantos anos (entre maio e outubro de 1968), ele gravou uma série de 347 estampas (que ficaram conhecidas como *Guite 347*) dentro da temática sexual. Aos 90 anos, o artista lamentou: "Sexo e fumo – a idade me forçou a abandonar os dois – mas o desejo permanece."

Amedeo Modigliani, que ficou conhecido por seus nus artísticos, foi um sedutor famoso e insaciável de modelos. Ele viveu uma vida boêmia em Paris junto com Picasso e com outros grandes modernistas, bebendo muito e dando em cima de mulheres até o fim de sua vida. Embriagado, de fala descontrolada e entoxicado por uma ou outra substância, ele foi o arquétipo do artista, trocando de estúdio, salão, bar e amante em Paris desde sua chegada em 1906 até a ocasião da sua morte (por meningite tuberculosa) em 1920, aos 35 anos de idade. Quando ele morreu, uma amante sua grávida cometeu suicídio.

Gustav Klimt tampouco era um preguiçoso sexual. Ele clamava a necessidade de manter casos com amantes a fim de conseguir inspiração para seus quadros. As mulheres eram atraídas pelo seu extraordinário magnetismo. Seu estúdio foi comparado a um harem de fantasia, onde mulheres vagavam nuas o dia todo. Klimt teve 15 filhos ilegítimos com várias de suas modelos. Nesse interim, no Pacífico, Gauguin literalmente transou até a morte com as nativas de lá, vindo a morrer de sífilis. Uma dose excessiva de álcool e sexo acabou por tomar conta de Henri de Toulouse-Lautrec, famoso pelas pinturas de prostitutas e bordéis.

Os primeiros desenhos do escultor Auguste Rodin exibiam uma sensualidade e uma atmosfera eróticas quase pornográficas. Do outro lado do Atlântico, a artista norte-americana Georgia O'Keeffe, uma mulher nascida na geração imediatamente posterior à dele, transgrediu os costumes morais daquela época – não apenas pelas fotografias suas de alta conotação sexual tiradas por Alfred Stieglitz, mas também pela sua disposição de viver maritalmente com Stieglitz de forma escancarada, sem ser casada com ele (um ato pecaminoso na época).

Muitos músicos também foram libertinos infames. Os inúmeros casos de amor de Franz Liszt chocaram a sociedade. Ele era um tanto Casanova, adorava ser bajulado pelas mulheres e dormia com todas elas, desde as plebeias e princesas até as jovens e ingênuas fãs. Felix Mendelssohn disse que o caráter de Liszt traduzia "uma contínua alternância entre o escândalo e a apoteose". De acordo com um dos seus amigos mais íntimos, o compositor Richard Wagner começava um novo caso de amor em todas as cidades pelas quais passava, tendo o hábito de se apaixonar pelas esposas de outros homens. Outro compositor, Giacomo Puccini, certa ocasião descreveu a si mesmo como um "grande caçador de aves selvagens, libretos de ópera e mulheres atraentes". Sua vida foi uma sucessão de romances e casos de amor apaixonados. Um exemplo mais recente é dado por Leonard Bernstein, que teve muitos casos tanto com homens como mulheres. De acordo com sua filha, foi só a necessidade de manter uma "sensibilidade de classe média" que o impediu de viver uma vida completamente *gay*.

Passando para o universo da literatura, o desejo sexual se mostra de maneira bastante explícita em obras de teor quase pornográfico como o *Decamerão* (1353), escrito por Boccaccio, *Fanny Hill* (1748), de John Cleland, *120 Dias de Sodoma* (1785), do Marquês de Sade, *Vênus em peles* (1870), escrita por Leopold von Sacher-Masoch, e *A História de O* (1954), de Pauline Reage. Outros escritores importantes que criaram materiais de grande conteúdo erótico incluem Honoré de Balzac, Emile Zola, Victor Hugo, James Joyce, D. H. Lauwrence e Vladimir Nabokov, só para nomear alguns.

Muitos desses autores não só escreveram de maneira explícita sobre o desejo sexual, como também cometeram pequenos pecados bem descarados. Três semanas após a morte de Lord Byron em 1824, o jornal inglês declarou que ele havia sido "o inglês mais notável da sua geração", uma declaração por si só notável, se lembrarmos que o periódico estava se referindo a um homem capaz de fazer sexo com qualquer coisa que se movesse, inclusive com meninos, várias damas bem conhecidas da sociedade e até mesmo com a sua meia-irmã. Johann Wolfgang von Goethe não pertencia à liga de Byron, mas tinha muitas amantes e um interesse mais do que passageiro pela literatura erótica. Na França, a escritora Georges Sand adotou um pseudônimo masculino, preocupada em se travestir, e assegurou assim sua igualdade com os escritores masculinos daquela época. Ela teve envolvimentos românticos com Alfred de Musset, Franz Liszt, Frédéric Chopin e Gustave Flaubert. Ela também manteve uma amizade íntima com a atriz Marie Dorval, o que fez com que rumores (nunca confirmados) se espalhassem sobre um relacionamento lésbico.

Victor Hugo, o autor de obras literárias como *O Corcunda de Notre Dame* e *Os Miseráveis* parecia ser incapaz de obter satisfação sexual. Como ele só necessitava de pouco sono à noite, ele mantinha a sua mulher muito ocupada durante as horas em que passava acordado. Ele também costumava visitar prostitutas muitas vezes e teve uma namorada de 22 anos ao chegar na faixa dos 70. Ele se manteve sexualmente muito ativo até a hora da sua morte.

Anaïs Nin, uma autora de naturalidade francesa, ficou famosa com seus diários de conteúdo sexual explícito. Ela escreveu de forma vívida sobre o sexo e o ser feminino muito antes que se tornassem "questões de mulheres." Ela ficou conhecida por ter muitos amantes, que incluíram Henry Miller, Edmund Wilson, Gore Vidal e Otto Rank, bem como por suas obras de conotação sexual, como *Delta de Vênus* (1978). Embora a vida de Ernest Hemingway fosse marcada por lutas de boxe, touradas, safaris, pesca em alto mar, farras de bar e, vez ou outra, pela guerra, ele também ficou conhecido por suas aventuras sexuais. Entre os anos de 1920 e 1961, ele se casou quatro vezes e manteve inúmeros casos amorosos.

Afora o sucesso de vendas das suas histórias de detetive, o escritor Georges Simenon será sempre lembrado por seu prodigioso apetite sexual. Ele alegou que precisava fazer sexo três vezes ao dia e que havia dormido com 10.000 mulheres, das quais 8.000 eram "*les filles publiques*" (prostitutas). Sua segunda esposa discordou mais tarde da sua matemática, fornecendo uma estimativa mais "realista" de um total de 1.200 mulheres. E por aí vai a lista.

Acadêmicos, intelectuais e políticos podem jogar fora da liga principal, mas estão longe de serem amadores no quesito sexual. Não é mais segredo que Albert Einstein tinha uma grande fraqueza por mulheres bonitas: ele teve muitos envolvimentos românticos e pelo menos um filho ilegítimo. John Maynard Keynes, o economista, fez um registro numérico das suas atividades sexuais. A partir de 1906, ele tabulou os dados referentes aos coitos que teve, às suas masturbações e aos sonhos de teor sexual, que refletiam, talvez, o idêntico prazer que o sexo e a estatística lhe proporcionavam. Ele teve inúmeros casos com homens jovens. O filósofo Bertrand Russell teve dois casamentos e inúmeros casos amorosos, escrevendo um número extraordinário de cartas para amantes. Uma feminista solidária às mulheres escreveu certa vez que "a quantidade de sexo indesejado tolerado pelas mulheres é provavelmente maior dentro do casamento do que na prostituição." Outro filósofo, Jean-Paul Sartre, percebia a si mesmo como um Don Giovanni, isento das convenções sociais desgastadas em relação ao sexo e à fidelidade. Ele e sua parceira de longo tempo, Simone de Beauvoir, nunca se casaram e se permitiam ter um livre envolvimento com outras pessoas.

Será, então, que esse catálogo responde a pergunta: Uma libido de potência supercarregada é um componente essencial para o sucesso criativo? Receio que essa questão permaneça em aberto. Talvez projetemos nossos próprios desejos para as pessoas de profissões artísticas e caiamos na armadilha dos estereótipos. Afinal, o ícone moderno da sexualidade feminina, Madonna, afirmou que "todo mundo provavelmente pensa que sou uma louca ninfomaníaca, que tenho um apetite sexual insaciável, quando a verdade é que eu preferia ler um livro". E um dos maiores inventores do nosso tempo, Steve Jobs, demonstra uma atitude saudável e irreverente para com o tema: "Minha namorada sempre ri durante o sexo, não importa o que ela esteja lendo." Para muitos, o quarto será sempre apenas um lugar para dormir.

O enigma da relação entre a criatividade e o desejo sexual é complicado devido ao fato de que muitas pessoas recobrem sua vida sexual com o manto do mistério. Muitos biógrafos se debateram com a questão da vida sexual do sujeito de suas obras. Talvez a única conclusão que se possa tirar é que os homens criativos – qualquer que seja sua orientação sexual (um grande percentual de filósofos, pintores e escritores foi/é homossexual) – sempre exerceram atração no sexo feminino, algo que os psicólogos evolucionistas talvez queiram vir a considerar.

Lições dos Bonobos

6

Sexo: algo que consome o mínimo de tempo e gera o máximo de problemas.
John Barrymoore

Eu não recomendaria sexo, drogas ou insanidade para todos, mas essas coisas sempre funcionaram comigo.
Hunter Thompson

Não importa o que se diga sobre o sexo, não há como se dizer que seja uma performance dignificante.
Helen Lawrenson

O sexo só é sujo quando é bem feito.
Woody Allen

"Tudo o que você precisa é amor", cantaram os Beatles, e talvez eles estivessem certos. O amor é capaz de ser um grande equalizador entre os sexos, mas, embora todos procuremos por amor e acreditemos havê-lo encontrado, ele nem sempre é duradouro. As taxas de divórcio não caíram. A monogamia permanente foi substituída pela monogamia em série, à medida que as pessoas mudam de parceiro. Na sociedade pós-industrial em que vivemos, as mulheres demonstram ser cada vez mais capazes de alcançar a igualdade com os homens. Porém, de que maneira essas mudanças afetam o desejo e a atração? O que se pode prever acerca dos futuros relacionamentos entre machos e fêmeas? Como está evoluindo o conflito entre biologia e sociedade?

Para responder essa pergunta, pode-se recorrer a alguns dados interessantes reunidos a partir de observações feitas sobre o comportamento do nosso primo genético mais próximo (que compartilha mais de 98% do nosso DNA), o bonobo ou chimpanzé-pigmeu, um membro da família dos hominídeos que foi descoberto bem no interior da selva, na África Central. Talvez o comportamento dessa relíquia viva do nosso passado primitivo seja capaz de nos relatar algo sobre a qualidade transitória dos sistemas evolucionários embasados nos machos. Ao contrário do *Homo sapiens*, a sociedade dos bonobos é igualitária e centrada nas fêmeas, e o sexo, e não a agressão, é empregado como instrumento de regulação social. O bonobo é a espécie de primata mais pacifista que existe. O seu mantra bem poderia ser o de "faça amor, e não guerra".

Os bonobos se permitem fazer sexo de forma constante e promíscua tanto com espécimes heterossexuais quanto homossexuais. Estima-se que 75% do sexo praticado pelos bonobos nada tenha a ver com a reprodução da espécie. Machos e fêmeas costumam dar estímulo sexual uns aos outros, mesmo que as fêmeas não tenham condições de engravidar. Enquanto que, para a maioria das demais espécies, o sexo ocorre em períodos específicos do ano, em conjunção com o ciclo feminino, dentre os bonobos ele constitui parte integral da troca social. As bonobos do sexo feminino, assim como as fêmeas da raça humana, copulam sempre que desejam.

Os bonobos se utilizam do sexo para tudo, desde um aperto de mão até a intervenção de forças mantenedoras da paz. O sexo é empregado para obter poder, para criar elos, para fazer as pazes, para demonstrar afeto, para permutar comida, para demonstrar respeito ou submissão, e, ocasionalmente, até para fins de procriação. Os machos usam o sexo para a resolução de encontros antagônicos. As fêmeas utilizam o sexo quando desejam ser aceitas dentro de uma determinada comunidade, quando querem receber determinados alimentos e quando querem obter a ajuda de vários machos.

Os bonobos são promíscuos por natureza e não constituem famílias nucleares no estilo dos humanos, e tampouco estabelecem relações monógamas a longo prazo. O peso da criação da prole recai por inteiro nos ombros femininos. Como sabemos, a vida familiar do *Homo sapiens* implica um investimento paterno, o que não é provável de acontecer, a não ser que os machos tenham um razoável nível de certeza de estarem cuidando dos seus próprios descendentes, e não da prole de uma outra pessoa. Infelizmente, a exclusividade exigida pelas mulheres vem acompanhada de um preço substancial, o do ciúme e da agressividade masculinas. Essa necessidade de exclusivismo sexual contribuiu para a formação do padrão histórico de domínio e subjugação das mulheres. Dado o aspecto negativo dos constructos sociais do *Homo sapiens*, poderíamos nos perguntar se seremos capazes de melhores realizações ao emular o bonobo. Deveríamos fazer uso do sexo a fim de fortalecer os laços de cooperação entre homens e mulheres? Deveria esse tipo de atitude ser a estratégia escolhida em contraposição à agressividade? O sexo poderia constituir um meio para a criação de uma sociedade não sexista? Agora que as mulheres nas sociedades modernas detêm um controle sobre seus corpos muito maior do que jamais antes registrado, essa é uma questão que vale a pena ser considerada.

MAIOR IGUALDADE ENTRE OS SEXOS

A realização do reajuste dos papéis masculino e feminino verificada na sociedade durante os últimos dois séculos, e, em especial, ao longo das últimas três gerações, tem sido fenomenal. O controle da natalidade e as pílulas do dia seguinte deram às mulheres a independência sexual, e outros avanços tecnológicos implicam que não é mais necessário ter relações sexuais com um homem para ser capaz de conceber. O sexo não é mais um ato que desafia a morte, agora que se conseguiu reduzir tão drasticamente a probabilidade de morrer no parto (embora, nesse sentido, o ciúme do macho ainda seja uma força a ser computada). As mulheres possuem também maior controle sobre suas vidas em função de fatores como educação e trabalho. Com o trabalho, vem o dinheiro; e, com o dinheiro, vêm mais liberdade e independência. Essas mudanças implicam que as mulheres não estão mais dispostas a aceitar uma posição de jugo. Elas querem igualdade verdadeira, e não simbólica.

As consequências desse quadro são evidentes. A maior independência das mulheres afetou o papel desempenhado pelo matrimônio dentro da sociedade. Embora o casamento (ou a parceria) ainda seja importante, as pessoas não se sujeitam mais a ficarem presas a um relacionamento difícil ou infeliz. As taxas de divórcio subiram às alturas. As pessoas não se casam mais por toda a vida.

Aumenta o número de mulheres que ingressa na força de trabalho, sem que elas necessariamente ocupem posições de nível inferior. É possível encontrar mais mulheres ocupando altos cargos de gestão do que jamais visto – embora a situação ainda permita a realização de muitas melhorias. Os misóginos chegaram até a afirmar que as mulheres que trabalham fora representam um dos principais fatores produtores de instabilidade matrimonial. O trabalho não só tornou as mulheres mais independentes no aspecto financeiro; o local de trabalho está se transformando rapidamente no local mais comum para o surgimento de um caso. Ele virou um novo foco de infidelidade. A intimidade gerada em função de homens e mulheres estarem trabalhando juntos parece acelerar a morte dos casamentos disfuncionais. As mulheres que são independentes financeiramente apresentam um nível de tolerância muito inferior para a miséria matrimonial que suas menos afortunadas antecessoras. As mulheres que trabalham, que detêm controle sobre o seu próprio dinheiro, têm menor probabilidade de tentar manter um relacionamento que não mais funciona.

No entanto, apesar dos brados de guerra das feministas sobre a igualdade, o animal humano não é um bonobo. Homens e mulheres receberam uma programação bem diferente da dos seus primos chimpanzes. Não sabemos se o sexo constitui ou não uma experiência satisfatória para as bonobos-fêmeas. Sabemos, no entanto, que as mulheres não só se preocupam menos com sexo do que os homens, mas também que muitas delas não acham o sexo tão gratificante. Assim, enquanto se nutre a expectativa de que a liberação feminina implicaria a revisão dos papéis sexuais, tendo em vista o modo como funciona o desenvolvimento dos processos evolucionistas, a realidade prova ser algo bem diverso. Muito do descontentamento sexual que tanto preocupa homens e mulheres parece ser resultado de um comprometimento insatisfatório no campo de batalha entre biologia e sociedade – o conflito entre natureza e adestramento.

É provável então que o conflito entre os sexos continue a existir, e que o sexo continue sendo o catalisador mais empregado para resolver as desavenças entre homens e mulheres. Além disso, o modelo adotado pelo *Homo sapiens* para tentar garantir o direito de paternidade implica que os homens continuarão a ser desafiados pelo ciúme e pela agressividade, mesmo em uma sociedade na qual as mulheres distribuam seus favores sexuais de forma mais livre e os homens se deparem com a ameaça imposta pela biotecnologia ao seu papel de procriador. Os homens têm de aprender a aceitar as mulheres em nível de igualdade, e a se distanciar da cultura patriarcal rumo a uma cultura de características mais andrógenas.

O mais interessante é que, se os homens demonstram ser capazes de modificar sua atitude em relação às mulheres, isso surte efeito no ambiente de trabalho, que está mudando, passando de uma orientação compartimentalizada de comando e controle para um estilo de rede de *coaching* de lideranças no trabalho. Em geral, as mulheres não são movidas tanto pelo poder quanto os homens; elas são menos narcisistas; possuem uma mentalidade mais equilibrada quanto ao trabalho e quanto àquilo que não é trabalho. Quando começar a prevalecer esse tipo de mentalidade, ele contribuirá para a criação de organizações mais humanas e mais eficazes.

Dependência independente

A fim de ser capaz não só de se apaixonar, mas de continuar amando, a pessoa deve ter sido capaz de passar com sucesso pelos primeiros estágios de separação e individuação na infância, e de ter forjado um sentido de eu e ter se tornado alguém por si só. Para que os relacionamentos durem, os parceiros precisam de uma medida de independência e conhecimento das suas próprias identidades. O "outro" sempre deveria ser reconhecido como um ser humano livre e autônomo.

Sem um senso seguro de ego e sem a capacidade de distinguir o próprio eu dos demais, o amor romântico não passa de um castelo de areia. Assim como o efeito de uma droga, ele só consegue propiciar uma euforia muito temporária. A intimidade requer que se tolere a separação, que se tenha capacidade de transpor as fantasias narcisistas de fusão e unicidade física. A intimidade implica que cada pessoa consiga distinguir com clareza os objetos de amor externos e separados das fantasias internas. Antoine de Saint-Exupéry escreveu que "a vida nos ensinou que o amor não consiste em um ficar contemplando o outro, mas em ambos olharem na mesma direção". As fantasias são boas, mas não significam que tenhamos de esquecer o mundo lá fora. O preço a ser pago pelo amor romântico não deveria ser o sacrifício da nossa individualidade.

Continuar amando implica uma dependência madura, mas requer a conservação da nossa individualidade. Não é necessário pensar igual para amar igual. Só amando um ao outro de maneira independente é que se tornam possíveis o crescimento e o desenvolvimento como ser humano. O amor não consegue vingar em um estado de desigualdade. Nenhuma pessoa deve usar outra apenas como um meio para satisfação do seu desejo sexual. A sexualidade só pode ser um presente de um ser autônomo para outro ser autônomo. Para alguns de nós, a criação e a manutenção desse tipo de relacionamento implica uma experiência de desenvolvimento, nossa última chance de crescimento.

Alguém dotado de um senso inseguro de ego jamais será capaz de tolerar o paradoxo essencial implícito nos relacionamentos: a capacidade de ter intimidade com o outro, mesmo que à distância. A maturidade implica a capacidade de separar a imagem que temos de nós mesmos da imagem do outro. Podemos buscar a benção da fusão, mas também gostamos de preservar nosso senso de individualidade e autonomia. Ambos os membros de uma parceria necessitam de espaço – para expressar sua necessidade de sentir que estão juntos, como também para adequar o grau de cautela no caso de um excesso de intimidade. É disso que se trata um relacionamento – ajudar um ao outro a alcançar a plena condição de seres humanos responsáveis e que não se esquivam de viver.

Fazendo funcionar a "convivência entre o casal"

A fim de deixar ainda mais inebriante o coquetel da "convivência entre o casal", o casal precisa ser capaz de negociar um com o outro as suas necessidades narcisísticas. Eles deveriam conseguir valer-se um do outro como se fossem um recipiente emocional. Deveriam conseguir criar um relacionamento de dependência madura, que não oscile entre a fusão e a desunião. Precisam evitar a colisão disfuncional, na qual repetem feridas do passado, e ser capazes de mudar. Se o amor é um sentimento, um relacionamento implica trabalho.

Um dos fatores que contribui para a estabilidade do relacionamento é a experiência de um casamento bem-sucedido, a experiência de, por exemplo, crescer junto a pais cujo casamento funcionava. As crianças que internalizam modelos de papéis negativos desempenhados por pais que passam por divórcios atribulados (ou ciclos repetitivos de casamento e divórcio), ou aquelas que acabam fazendo parte de uma relação hedionda entre um filho e um genitor, podem crescer com receio de firmar qualquer relacionamento. Um número demasiado grande de pessoas se contenta com sexo, mas fracassa no amor, na intimidade e na segurança do relacionamento. Algumas pessoas podem ter se tornado dependentes umas das outras em função de experiências desafortunadas do passado. É possível, por exemplo, que homens divorciados se mostrem desconfiados, dizendo a si mesmos que é provável que todos os relacionamentos acabem mal. Pode ser que os homens mais velhos, que nunca foram casados, tenham se tornado demasiado narcisistas; para eles, talvez pareça muito difícil abrir espaço para outra pessoa e uma vida a dois. Essas pessoas precisam abandonar a sua zona de conforto. Elas precisam ver que podem optar entre ficar em uma prisão psíquica ou por fazer as coisas de outra forma.

O acadêmico e escritor britânico C. S. Lewis, talvez mais conhecido pela série intitulada *As Crônicas de Nárnia*, vivenciou uma epifania dessa espécie. Quando era um bacharelando no final dos anos 50, Lewis havia publicado uma autobiografia parcial, intitulada *Surpreendido pela Alegria* (*Surprised by Joy*), na qual descrevia sua relutância para se converter ao cristianismo. Logo em seguida, ele conheceu uma escritora norte-americana, Joy Gresham, um evento que deu um ar de premonição ao título de sua autobiografia. Seu irmão recorda que "para Jack, a atração foi, a princípio, inquestionavelmente de ordem intelectual. Joy foi a única mulher que ele havia conhecido... que tinha um cérebro que combinava com o dele em termos de flexibilidade, amplitude de interesses e compreensão analítica, e, acima de tudo, em termos de humor e espírito leve." Lewis se apaixonou profundamente por Joy Gresham. Ela, no entanto, foi diagnosticada com câncer logo após os dois terem se conhecido. Apesar disso, eles se casaram e viveram poucos anos juntos, até a morte dela em 1960. Lewis publicou subsequentemente um relato muito pessoal sobre o luto, intitulado *Observação da Dor pela Morte de um Ente Querido*.

O riso é o caminho ideal para encurtar a distância entre duas pessoas. O humor e o espírito leve não ajudam apenas a lidar com os reveses da vida: um casal que envelhece junto tem de encarar algumas duras realidades existenciais.

A construção de um relacionamento verdadeiramente bom não é um processo natural. Exige trabalho. É um desafio. O prazer pode representar uma euforia bem temporária, enquanto que o amor é uma experiência transcendente, mas um relacionamento precisa ser construído e, uma vez construído, necessita de alimento, nutrição e constante renovação. Quando o prazer desaparece, o máximo que se pode esperar é que haja alguém por perto capaz de tolerar todas as nossas peculiaridades. Segundo uma afirmação do poeta John Ciardi, "o amor é a palavra usada para rotular a excitação sexual dos jovens, o processo das pessoas de meia idade se acostumarem umas às outras e a dependência mútua dos velhos".

REFLEXÕES FINAIS

Pessoas que contam com fortes laços de relacionamento geralmente têm mais saúde e menos dificuldades emocionais, demonstram menor propensão para desenvolver desvios comportamentais, e seus filhos se saem bem na escola. Afora isso, pessoas que têm relacionamentos estáveis fazem sexo mais e com melhor qualidade do que suas contrapartes.

O sexo destituído de amor pode se transformar em um exercício mecânico ou até mesmo em um ato hostil. O desafio que se coloca para a espécie humana é o de encontrar meios construtivos de dissociar o sexo da agressividade – os bonobos são um exemplo extremo disso. Mas não será fácil fazê-lo, dada a nossa herança evolucionista. Abordar essa questão é como acertar um tiro no coração da nossa sociedade patriarcal, dominada pelo machismo. Desde a história de Adão e Eva, a religião, a lei e os costumes, todos enfatizam que as mulheres estão aqui para agradar aos homens. Há muito tempo é devida uma maior reciprocidade. Jacqueline Kennedy disse certa ocasião que há dois tipos de mulheres, "aquelas que querem ter poder no mundo, e aquelas que querem ter poder na cama".

Nosso desafio é ir além dessas duas opções. Nosso desafio é trabalhar em favor de uma igualdade mais duradoura.

A revolução sexual do fim do século XIX não significou o advento da liberação orgásmica. Foi liberado, contudo, o questionamento massivo da duplicidade de padrões e das limitações sexuais que caracterizaram as épocas precedentes. Muitos dos tabus e dos rituais que contribuem para o surgimento das disfunções sexuais são relíquias do passado que persistem até hoje. O aspecto irônico, portanto, é que justamente quando a humanidade começa a querer sair de muitos séculos de repressão e perseguições sexuais, e quando o desejo sexual está finalmente conseguindo adquirir asas, o vírus mortal da AIDS imponha sobre nós a sua própria espécie de repressão. A história da sexualidade no século XXI parece ser dotada de maior autoexpressividade, mas também de sérias autorrestrições. Depende de nós fazermos escolhas mais sábias.

PARTE 2

REFLEXÕES SOBRE O DINHEIRO

O Pecado da Cobiça   7

> *E, de novo, digo-lhe que "é mais fácil um camelo passar pelo buraco de uma agulha do que um homem rico entrar no reino dos céus".*
> Mateus 19:24

> *Resulta que o dinheiro mostrou ser exatamente igual ao sexo: você não pensa em nada mais, caso não o tenha, mas pensa em outras coisas, caso o tenha.*
> James Baldwin

> *Tudo o que eu peço é a chance de provar que o dinheiro não é capaz de me trazer a felicidade.*
> Spike Milligan

> *O cachorro não tem dinheiro. Isto não é espantoso? Os cachorros são pobres durante a vida toda. Mas eles superam os obstáculos e as dificuldades. Sabe por que o cachorro não tem dinheiro? Não tem bolsos.*
> Jerry Seinfeld

O *Tesouro da Serra Madre*, um clássico cinematográfico do diretor John Huston filmado em 1948, com base em uma adaptação da obra de mesmo nome, com grande êxito de vendas, escrita pelo autor de romances de mistério B. Traven, é a história de um processo de desintegração psicológica que ocorre por influência da ganância e do dinheiro. O filme começa com o vagabundo Fred Dobbs (Humphrey Bogart) gastando, em um impulso, o restante do dinheiro que possuía para comprar um bilhete de loteria. O ano é 1925; o lugar, Tampico, no México, onde o desempregado e amargurado personagem interpretado por Bogart costuma pedir dinheiro a qualquer um que cruze seu caminho, ao mesmo tempo em que vocifera contra a sua falta de sorte. Dobbs se une a outro vagabundo, Curtin (Tim Holt), com o objetivo de trabalhar para um empregador inescrupuloso e bem conhecido entre os habitantes locais por seu hábito de "enganar os estrangeiros e os norte-americanos mais simplórios" – um dos vários primeiros olhares lançados sobre o lado mais negro e ganancioso da natureza humana. Outro olhar como esse revela-se na casa de pensão nada cara, "cheia de ratos, escorpiões e baratas", onde Dobbs e Curtin encontram um explorador à procura de ouro chamado Howard (Walter Huston), de mais idade que eles, que faz perturbadoras advertências sobre o mau que sucede à mente dos homens que sucumbem ao fascínio do dinheiro. Embora Dobbs jure que jamais se deixará corromper pela ganância, os observadores da cena percebem que Howard, observador da natureza humana há décadas, não se impressiona com tal afirmativa.

Cobrando à força o pagamento do seu chefe nada confiável, Dobbs e Curtin juntam o valor que foi pago com o valor recebido por Dobb mediante o inesperado golpe de sorte do bilhete de loteria premiado. Então, junto com Howard, eles reúnem seus recursos e organizam uma expedição em busca do ouro nas montanhas, complementando-a com burros, ferramentas e armas. Dobbs promete que qualquer coisa que encontrem será dividida entre os três, mas Howard, que já ouvira essa história antes, tem lá suas dúvidas. Não demora muito até que o trio encontre um local promissor para explorar, e, após alguns dias de escavação, o ouro começa a jorrar da montanha. Em um curto período de tempo, eles se ficam muito ricos.

A suspeita, a ganância e a paranoia se apresentam logo após a riqueza e tomam conta de Dobbs, que passa a desconfiar de todo o tipo de traição possível por parte dos seus companheiros mineradores. Passada a bonança do ouro, os homens dividem seu tesouro entre três, como haviam prometido, mas o comportamento irracional de Dobbs ameaça destruir tudo aquilo que eles haviam lutado para construir. À medida que o ouro continua a brotar, os homens gradualmente se voltam uns contra os outros, e o filme se desenvolve em direção à sua trágica e irônica conclusão.

Curtin é um jovem idealista, que não está disposto a comprometer seus valores em função do dinheiro. Sua inerente ingenuidade contrasta com a gananciosa obsessão por dinheiro demonstrada por Dobbs. O ouro escraviza Dobbs a tal ponto que ele se prepara para roubar dos seus parceiros, presumindo que eles fariam o mesmo com ele. O enredo salienta o crescente antagonismo entre Dobbs e os outros dois personagens.

Dobbs tenta assassinar Curtin e foge levando consigo todo o pó de ouro, apenas para se deparar, mais adiante, com bandidos mexicanos que acabam com ele para ficar com os alforjes carregados, que, presumem, contêm peles de animais. Quando os bandidos rasgam os alforjes e só encontram o que julgam ser sujeira, eles espalham o ouro aos quatro ventos. Na cena final, Curtin e Howard chegam a tempo de presenciar o ouro sendo espalhado ao vento pelos bandidos. Isso parece lhes propiciar um sentimento de libertação. Eles riem, como que aliviados por terem sobrevivido à provação e por poderem recomeçar, libertos daquele terrível encantamento que o ouro havia lançado sobre eles.

De muitas maneiras, *O Tesouro da Serra Madre* é uma espécie de peça teatral dotada de moralidade, que demonstra como o dinheiro é capaz de corromper a alma de uma pessoa. Igual a um herói amaldiçoado, Dobbs não consegue fugir ao seu destino. No final, as principais figuras estão de volta no mesmo ponto de início, tendo de explicitar para si mesmas as forças negras às quais haviam sido submetidas.

O filme de Huston aborda de forma excepcional o grau de corrosão que a ganância causa e os perigos inerentes à busca pela riqueza. Para muitos, o dinheiro chega a tocar o âmago do nosso ser, fazendo-nos pensar constantemente a seu respeito. Embora existam, com certeza, algumas pessoas que genuinamente não se preocupam só com dinheiro, muitas vezes suspeitamos que elas protestam demais contra o interesse por ele e que, ao dizerem que desprezam os ricos, estejam nos dizendo uma meia-verdade: aquilo que elas desprezam é a riqueza dos outros. Em outras palavras, elas estão tentando administrar o seu sentimento de inveja.

Enquanto tivermos o suficiente, é fácil dizer que dinheiro não é tudo. Infelizmente, parece que, quanto mais dinheiro se tem, mais se quer. O filósofo Arthur Schopenhauer afirmou certa vez que "a riqueza é como a água do mar; quanto mais dela bebemos, mais sede sentimos". Foi exatamente isto o que ocorreu com Dobbs no filme: a quantidade de ouro nunca era suficiente. Mesmo assim, a maioria se dá conta em algum momento da existência de que nossa verdadeira riqueza é a própria vida. A afirmação de que "você não pode levar o dinheiro consigo" talvez soe trivial, mas não há como negar sua veracidade. Quem realmente gostaria de ser a pessoa mais rica do cemitério?

O que nos resta então é um dilema: enquanto pobreza não é algo a ser recomendado, também é preciso mais que dinheiro para fazer alguém se sentir rico e satisfeito na vida. Ao escutar as histórias relatadas por muitos executivos, percebi que a riqueza acarreta os seus próprios problemas. Com demasiada frequência, o dinheiro começa a possuir a pessoa, e a pessoa deixa de ser a possuidora do dinheiro. Em vez de obterem grandes satisfações por meio da riqueza, muitas pessoas descobrem que a aquisição e a posse do dinheiro são até capazes de gerar uma maior insatisfação.

UM CASO DE SÍNDROME DE FADIGA DA RIQUEZA

Na qualidade de psicanalista e psicoterapeuta, além de consultor administrativo, me deparei com muitos indivíduos ricos que não sabem mais como fazer para se divertir. Eles estão entediados; e descobri que, quando as pessoas estão entediadas, elas não só incomodam os outros, como incomodam a si mesmas. Felizmente, elas podem encontrar conforto nas palavras sarcásticas proferidas por Henry Kissinger: "Um aspecto positivo relacionado ao fato de você ser uma celebridade é que, quando você incomoda as pessoas, elas acham que a culpa é delas."

O melhor antídoto contra o tédio é a curiosidade. Mas, apesar de terem comprado todos os brinquedos possíveis da loja, essas pessoas ainda padecem de um mal que tem sido denominado de Síndrome de Fadiga da Riqueza; não importa o quanto possuam, não interessa o que elas possam vir a adquirir, a sua visível compulsão por consumo nunca é satisfeita. A riqueza que elas possuem, e as coisas que a riqueza é capaz de proporcionar não conduzem a um maior grau de felicidade. Pelo contrário, só para citar o filósofo Francis Bacon: "As riquezas são uma ótima criada, mas são as piores amantes." O que essa obsessiva busca pela obtenção de bens materiais faz é promover o "ter" antes do "ser". Ela gera uma confusão – com a qual a indústria de propaganda conspira – entre o querer e as necessidades.

Junto a meus ricos porém insatisfeitos executivos, descobri que ter tudo aqui e agora nunca é suficiente. Casas, barcos, jatos, carros, cirurgia plástica – nada parece funcionar no sentido de afastar o espectro de infelicidade e insatisfação. As aquisições só conseguem trazer um alívio temporário. Essas pessoas definem suas vidas por meio de ganhos, posses, aparências, fama, e todas essas coisas deixam-nas mais miseráveis do que eram antes. Por sofrerem da Síndrome de Fadiga da Riqueza, fica cada vez mais difícil encontrar algo de interesse. Elas estão constantemente em busca de algo que lhes propicie maior excitação.

O bilionário russo Roman Abramovich parece apresentar vários dos sintomas da Síndrome de Fadiga da Riqueza. A vida começou sem muitas perspectivas promissoras para Abramovich. Sua mãe morreu quando ele tinha apenas 18 meses. Alguns anos mais tarde, seu pai morreu em um acidente na indústria da construção. Roman foi adotado pelo tio paterno e criado na Sibéria. A partir de um dos contatos da família, se envolveu com a indústria do petróleo. Estudou no Instituto de Gás e Petróleo Gubkin em Moscou, e começou a fazer dinheiro (de modo pouco aplausível, como parece em retrospecto) com a venda de patos de plástico em seu pequeno apartamento. Aqueles patos de plástico foram a plataforma de lançamento da sua carreira meteórica. Um negociante por natureza, Abramovich estava no lugar certo na hora certa quando houve o colapso da velha ordem soviética e a Rússia deu seus primeiros passos em direção à livre economia de mercado. Ele se tornou parte de um grupo de elite de oligarcas que acumularam grandes fortunas pessoais durante o governo do primeiro presidente da Rússia, Boris Yeltsin.

Abramovich ficou, em princípio, incrivelmente rico na década de 90, quando ele e seus colegas oligarcas tiraram vantagem da privatização dos ativos estatais da Rússia. Em 1995, ele tirou a sorte grande ao somar forças com Boris Berezovsky e adquirir participação majoritária em uma grande empresa petrolífera, a Sibneft. Na ocasião, muitos críticos reclamaram que o processo de licitação era falsificado e que a empresa valia muitos bilhões a mais do que a quantia que havia sido paga por ela. Qualquer que seja a verdade, o tratado tornou Abramovich dono de fabulosas riquezas.

Algumas pessoas acometidas pela Síndrome de Fadiga da Riqueza irão gastar mais do que possuem; outras possuem tanta riqueza que têm condições de gastar à vontade durante muitas vidas. Abramovich se enquadra na segunda categoria. Algumas pessoas que ganharam acesso ao dinheiro há pouco gostam de gastar prodigamente, permitindo-se cultivar passatempos caros, como a aquisição de clubes de futebol ou de beisebol. Tendo ficado mais rico do que jamais poderia ter sonhado, foi exatamente isso o que Abramovich fez ao comprar o Chelsea, um dos principais times da primeira divisão do campeonato inglês de futebol, investindo uma quantia maciça de dinheiro para melhorar a colocação do clube. Mas mesmo um tal tipo de entretenimento parecia não satisfazê-lo. Abramovich já havia adquirido dois Boeings, vários helicópteros (alguns deles à prova de som, de modo que ele pudesse assistir a DVDs durante os voos) e toda espécie de propriedades que poderiam constar de um portfólio internacional com o qual a maioria das pessoas mais ricas do mundo só conseguem sonhar. Agora ele começou a demonstrar mais interesse em um outro passatempo: colecionar iates. Mas quantos iates serão suficientes? Mesmo que ele já possua três dos maiores iates de propriedade privada do mundo, há ainda outros que são apenas alguns metros mais longos. No mundo rarefeito dos bilionários, o tamanho importa, e os gigaiates constituem o último símbolo de *status*. Isso foi motivo suficiente para Abramovich criar um novo referencial no bizarro jogo intitulado "o meu é maior do que o seu". Seu iate *Eclipse*, que se encontrava em construção no ano de 2007, tinha, dentre suas especificações, duas plataformas para helicóptero e um minissubmarino, e, com uma extensão de 160 m, deveria tornar-se o maior barco de propriedade privada no mundo, maior até que as fragatas. Embora Abramovich siga as pegadas dos homens mais ricos do mundo, inclusive de Bill Gates e Larry Ellison, em termos de fortuna pessoal, no mundo dos iates, ninguém bate sua crescente frota. Será interessante observar onde ele o atracará, uma vez que já possui um iate no Mediterrâneo, no Caribe, na América Central e no Pacífico.

O tamanho dos iates é uma coisa, mas as mulheres são outra coisa inteiramente diversa. Abramovich dava inicialmente a impressão de ser um verdadeiro homem de família, despendendo tempo com sua mulher e seus cinco filhos. De acordo com o jornalismo das celebridades, ele e sua segunda mulher Irina pareciam ter tudo: casas, *glamour* e dinheiro. Aparentemente, eles levavam uma vida perfeita. Era grande a diferença em relação à velha União Soviética, insípida e cinzenta, de onde ele provinha.

No entanto, o resultado da vida perfeita de Abramovich foi um conto de fadas sem maior duração. Embora ele tivesse devotado tempo àquela vida, acabou trocando sua mulher por outra bem mais jovem. Ao comentar sobre o rompimento, sua primeira mulher, Olga, entrevistada pelo jornal *Daily Mail*, comentou: "Roman pode ter o mundo na palma das suas mãos, mas é impossível comprar amor e felicidade duradouros. Receio que ele nunca seja feliz com aquilo o que tem. Ele sempre vai querer mais. Apesar do seu dinheiro, ele necessita certificar-se de que ainda é jovem e viril – e, como tantas vezes acontece, ele assim o fez, encontrando uma jovem bonita, com uma idade bem inferior à da sua esposa." Colecionar mulheres, contudo, pode ser um passatempo até mais caro do que colecionar iates. É possível classificar o "rápido" divórcio de Abramovich em Moscou dentre as separações mais dispendiosas do mundo.

Abramovich pode representar uma ilustração extrema da Síndrome de Fadiga da Riqueza, mas, mesmo sendo um exemplo de proporções épicas, o dinheiro afeta a todos, não importando o grau de riqueza ou pobreza. O dinheiro desempenha um importante papel em nossas vidas, determinando nossa visão e muitas das nossas decisões.

No mundo individualista e competitivo em que vivemos, é difícil sobreviver sem ter dinheiro. Todos precisamos de uma quantia mínima de dinheiro para nos mantermos vivos, e todos temos necessidades específicas que requerem dinheiro para serem satisfeitas. Mas, se quisermos ser fiéis a nós mesmos e manter nossa saúde mental, precisamos descobrir um meio de ganhar e de lidar com o dinheiro que seja coerente com os nossos sentimentos de bem-estar e com o nosso sistema de crenças e valores. Caso contrário, não importa quanto dinheiro tenhamos, precisamos estar preparados, pois poderemos vir a ter uma grande surpresa. É possível que o dinheiro acabe custando demais.

O Mundo do Dinheiro por Dentro

8

Quando estamos quase conseguindo cobrir as despesas, alguém aumenta as despesas.
Herbert Clark Hoover

A única vantagem de ter dinheiro é que você pode dizer a um grande figurão para onde ele deve ir.
Humphrey Bogart

Todos os dias, levanto e confiro lista das pessoas mais ricas dos Estados Unidos. Se meu nome não consta ali, vou para o trabalho.
Robert Orben

Um bilhão aqui, um bilhão ali, logo, logo, é dinheiro de verdade.
Everett Dirksen

A caixa de Pandora

O dinheiro, como demonstrou Abramovich, pode ser ostentado de maneira extravagante, mas também pode desempenhar um papel mais silencioso em nossos relacionamentos, em nosso trabalho e no modo como tomamos decisões. Contudo, há muitas pessoas que diminuem a importância do dinheiro em suas vidas. Alguns até parecem ter medo dele. Uma resposta comum, quando pergunto aos executivos por que eles trabalham tanto, é: "Quero que você saiba que a razão porque trabalho 50, 60 ou 70 horas por semana não é pelo dinheiro." Quando lhes indago qual o real motivo de tanto trabalho, obtenho respostas do tipo "é pelo desafio", ou "estou tentando mudar a natureza da indústria", ou, respondendo de forma mais dramática, "estou tentando mudar o mundo e transformá-lo em um lugar melhor". É raro o indivíduo admitir que gosta de sentir que tem dinheiro; suspeito que seja porque fazer uma declaração assim tão explícita seria como declarar que tem um interesse manifesto por sexo.

Porém, antes de prosseguir, apenas pergunte a si mesmo: De que maneira você percebe e valoriza o dinheiro? Você fala sobre isso? Ou tenta evitar o assunto? Para algumas pessoas, falar explicitamente sobre dinheiro é um dentre outros tantos tabus. Eles sentem tamanho desconforto quando são indagados sobre dinheiro como ficariam se alguém lhes pedisse para dar detalhes sobre sua vida sexual. De que modo sua família costumava falar sobre dinheiro? Em algumas famílias, toma-se o dinheiro por certo e nunca se comenta a respeito. Em outras, o dinheiro é um poderoso símbolo de controle, influência e *status*.

Nossa impressão sobre o dinheiro começa na infância e a forma como lidamos com o dinheiro sofre grande influência da forma como nossos pais costumavam lidar com ele. O que o dinheiro significava para nossos pais? Conversa-se abertamente sobre o dinheiro em família? Ou o dinheiro representava uma fonte de conflito – sobre a qual nunca se costumava falar? As preocupações relativas a dinheiro pairavam como uma sombra negra sobre a família? Elas costumavam afetar a atmosfera familiar? De que maneira o dinheiro afeta o roteiro do seu teatro interno?

Os roteiros do seu teatro interno são esboçados em resposta àquilo que está gravado nos sistemas de necessidade motivacional – aquelas partes conectadas ao nosso cérebro – que exercem importante influência no comportamento individual. Esses sistemas de necessidades se tornam operacionais na infância e continuam a desempenhar um papel no curso de todo o ciclo da vida humana (embora eles se alterem com a idade, com a aprendizagem e com o amadurecimento). Os sistemas de necessidade motivacional são as forças motrizes que nos fazem agir da maneira como agimos, o combustível que nos mantém funcionando.

A espécie humana tem necessidades motivacionais básicas – físicas, sensuais, vinculatórias e exploratórias. Segundo os psicólogos desenvolvimentistas, a busca por dinheiro não é um desses primeiros motivadores predeterminados. Isso não significa, porém, que o dinheiro não vá afetar nossas vidas. Embora o dinheiro possa se tornar uma força motivadora somente mais tarde no calendário de desenvolvimento da criança, ele pode se transformar em um dos principais motivadores à medida que a vida prossegue. Para muitos, o dinheiro chega a desempenhar um papel principalmente simbólico.

A importância do dinheiro aumenta à medida que as crianças amadurecem. É óbvio que o meio mais rápido e convincente para as crianças aprenderem sobre o dinheiro é expô-las à falta do mesmo. É grande a possibilidade de as pessoas preocupadas com o dinheiro vivenciarem uma séria falta (real ou percebida como tal) do mesmo durante o período em que estão crescendo. Grandes dificuldades econômicas devidas à enfermidades, ou à morte do pai ou da mãe, ou à separação dos pais pode imprimir uma forte e duradoura marca que acompanha as pessoas ao longo de suas vidas.

Enquanto nossas percepções sobre o sexo sofrem, com sorte, um aprimoramento à medida que vamos envelhecendo, com o dinheiro a questão é outra. Parte do processo de se tornar adulto é alinhar as velhas percepções relativas ao dinheiro com a realidade dos dias atuais. Um dos desafios ao nosso desenvolvimento é somar a linha de desenvolvimento das experiências relativas ao dinheiro às demais linhas de histórias de nossas vidas. Que desafios você experimentou ao lidar com o dinheiro? Você consegue lembrar alguns episódios embaraçosos ligados ao dinheiro? Você já se viu em uma situação na qual não dispunha de dinheiro? Você já teve de fazer de conta que o dinheiro realmente não importava? Esses questionamentos autoexploratórios podem nos auxiliar a melhor compreender o papel do dinheiro em nossas vidas.

Esse exercício pode mostrar que o dinheiro vem imerso em uma carga de conteúdo emocional como a contida na caixa de Pandora. Para algumas pessoas, a necessidade de se obter dinheiro é uma experiência traumática; ela fará com que os temperamentos se incendeiem, provocará sérios conflitos, confundirá as prioridades, contribuirá para que gastemos demais, para nos sobrecarregar de dívidas e exercerá uma influência prolongada na vida familiar. De onde vem todo esse conteúdo emocional, e por que temos de exibir uma reação tão emocional quanto ao dinheiro?

Nossos pais nos ajudam a moldar nossas crenças quanto ao dinheiro e quanto aos significados simbólicos do dinheiro. Ele se torna uma moeda emocional dentro da família. A forma como nossos pais lidam com o dinheiro dá matizes às nossas percepções. Quem ganha mesada e quem não ganha? Quem ganha mais, quem ganha menos? Quando o dinheiro é distribuído, a distribuição é feita de maneira justa ou injusta? Poderosas emoções e sentimentos são gerados a partir de tais interações baseadas em dinheiro. Sentimentos de inveja, medo, esperança, ressentimento, alegria e desgosto, entre outras, serão associados psicologicamente ao dinheiro. Isso contribui para o enorme valor simbólico que o dinheiro é capaz de adquirir.

Nossa maneira de perceber o dinheiro tem a ver com um processo intergeracional. Mensagens sobre o significado do dinheiro são comunicadas através de gerações dentro de uma família, dando origem a um legado de crenças e expectativas, um conjunto daquilo que se deve fazer e do que não se deve fazer. Esse legado sofre a influência de crenças culturais. Cada cultura possui uma forma de ver o dinheiro. Afirmações como a de que "é mais fácil um camelo passar pelo buraco de uma agulha do que um rico entrar no reino dos céus", ou de que "um centavo economizado é um centavo ganho", são indicativos das crenças nutridas por uma cultura frente ao dinheiro. Os mitos, as fábulas e os contos de fadas estão repletos de teor monetário: príncipes ricos salvam princesas bonitas e vivem felizes para sempre. O teor dessas histórias, seja ele fictício ou cultural, e o modo como elas são interpretadas e transmitidas pelos pais, irão influenciar nossa atitude para com o dinheiro.

O PAPEL SIMBÓLICO DO DINHEIRO

O dinheiro em si é quase desprovido de significado. Não há muito o que se possa fazer com o dinheiro em uma ilha deserta, por exemplo. Deve-se considerar o dinheiro dentro do contexto social, o único lugar em que ele possui um valor transacional. Mas, dentro de um contexto social, bem diferente do seu potencial de compra, o dinheiro assume um importante papel simbólico. Dependendo do histórico de desenvolvimento da criança, o dinheiro simboliza a liberação da miséria de uma existência sem cor, a libertação das limitações familiares, um caminho para a independência e a segurança, um triunfo sobre o desamparo, uma personificação de poder, uma oportunidade de escapar do trabalho pesado, uma expressão de lazer ou a obtenção da autovalorização e do amor. A maioria de nós vê no dinheiro uma combinação de tudo isso.

Uma maneira de avaliar o que o dinheiro significa para as pessoas é escutar as histórias que elas têm para contar. Que tipo de histórias elas contam em relação ao dinheiro? Tais histórias desempenham um papel central ou periférico na imaginação dessas pessoas? Uma outra maneira de descobrir o seu significado é escutar os sonhos das pessoas. Como muitas outras coisas, o significado que o dinheiro possui em nossa vida reflete-se de forma simbólica em nossos sonhos. Nos sonhos, o dinheiro muitas vezes representa as coisas que nos são mais caras; muito raramente, ele aparecerá como uma mera representação do dinheiro. Os sonhos sobre dinheiro giram em torno de poder, controle, dependência, competência, de ser amado e, até mesmo, de sexualidade.

Nos sonhos, o dinheiro pode ser perdido, ganho, dado ou gasto. Um sonho que gire em torno de encontrar dinheiro pode querer dizer algo sobre a sua busca individual por amor ou dinheiro. Sonhar com a perda de dinheiro pode significar que temos problemas nos negócios; que estamos lutando contra o fato de nos sentirmos fracos, vulneráveis e até mesmo carentes de controle; ou que nos falta ambição, poder e autoestima. Muitas pessoas que sonham com dinheiro estão, de fato, sendo estimuladas pelo desejo de tê-lo, pela falta dele, ou por sua incapacidade de controlar a maneira como lidamos com ele. Este último aspecto normalmente se revela em sonhos nos quais a pessoa que sonha está se afogando em dívidas.

Como nossos sonhos são acionados por algum tipo de resíduo do nosso dia, é importante associar a temática do sonho a um evento ou a uma preocupação específica do dia ou dos dias anteriores, se quisermos compreendê-lo de modo correto. O sentimento que fica conosco depois do sonho também nos ajudará a imprimir-lhe sentido. Por exemplo, despertar de um sonho com o sentimento de perplexidade e ansiedade pode revelar que algo está acontecendo. No entanto, devemos ter em mente que as imagens dos sonhos talvez signifiquem coisas bem diversas na vida das diferentes pessoas. As circunstâncias individuais no momento de cada um dos sonhos precisam ser levadas em consideração. Os sonhos sempre se configuram dentro da complexa rede de relacionamentos pessoais daquele que sonha. A regra básica na sua interpretação é que não é possível "interpretação sem algum tipo de associação".

Por exemplo, se você tem um sonho no qual ganha dinheiro, será interessante saber de quem e sob que circunstâncias. Que tipo de dinâmica de poder é retratada no sonho? Que temáticas se pode distinguir? Que espécie de sentimentos o sonho desperta em você?

Talvez você sonhe em distribuir dinheiro? Isso pode querer dizer uma compulsão para ajudar os outros, um desejo de receber amor e afeição ou uma necessidade de atenção. Um sonho, por sua vez, no qual você vê outros desperdiçando dinheiro pode significar que você está se sentindo ignorado ou negligenciado. Alguém pode não estar prestando suficiente atenção em você ou não estar demonstrando ter apreço suficiente por você. Sonhar que não se tem dinheiro pode indicar medo de perder o lugar no mundo; você pode pensar que não possui a capacidade necessária para alcançar os objetivos desejados; pode estar se sentindo ignorado ou negligenciado pelos outros. Sonhar sobre a perda de dinheiro pode ser um indicativo de que você não consegue ter controle sobre si mesmo. Essa falta de controle pode dizer respeito ao dinheiro, mas também pode ser uma referência simbólica da sua incapacidade de se impedir de compreter demais seus recursos, emocionais ou outros.

Sonhar que está roubando dinheiro pode significar uma ansiedade quanto ao dinheiro ou a necessidade de ser cauteloso a seu respeito. Em um contexto mais positivo, um sonho desse tipo também pode significar que você está finalmente buscando ou conseguindo alcançar coisas que têm valor para você.

Em determinada ocasião, um alto executivo me disse que, na noite anterior, ele havia sonhado que estava procurando por uma quantia de dinheiro que escondera atrás de um livro em uma prateleira. Ele tinha certeza de que o dinheiro se encontrava ali, mas não conseguia encontrá-lo. Continuou procurando por toda a parte, entrando cada vez mais em pânico. Ao acordar, o sentimento de pânico continuava com ele.

Ao fazer uma associação com o sonho, o executivo mencionou um almoço que tivera com um velho amigo no dia anterior; o tópico da conversa fora uma reunião de classe ocorrida recentemente. Eles falaram sobre como alguns dos seus colegas tinham conseguido se sair tão bem na vida. Ele perguntou ao seu amigo se, caso tivesse oportunidade, faria as mesmas coisas novamente. Ao formular a pergunta, deu-se conta de que a estava dirigindo mais para si mesmo do que para o amigo, e que se tratava de algo que o perturbava já há algum tempo. Durante o almoço, eles também tocaram no assunto de quantos dos seus colegas haviam se separado, estando agora no segundo casamento. O executivo lembrou que a conversa o havia deixado com um sentimento de inquietude quanto ao rumo que sua vida estava tomando.

Fazendo uma interpretação desse sonho, a perda do dinheiro poderia significar que o executivo estava consciente em um nível subliminar de que havia perdido – alguma coisa. Os sonhos muitas vezes nos ajudam a ver coisas que não estamos preparados para ver ou enfrentar na vida diária. Enquanto estamos sonhando, nossos mecanismos de defesa não funcionam com igual intensidade. Simbolicamente, perder algo nos sonhos – especialmente a perda de coisas de valor, como o dinheiro – pode indicar oportunidades perdidas, a dor de relacionamentos perdidos, até a perda de determinados aspectos do eu. O sonho pode conter uma advertência disfarçada de que chegou a hora de fazer algo. Conforme seu relato sobre o debate com o amigo na hora do almoço dá a entender, o executivo estava preocupado com o fator de estar perdendo algo que valorizava em si mesmo. Talvez ele estivesse sentindo que havia perdido de vista os sonhos da sua vida. Ou talvez o sonho significasse uma falta de confiança sobre o jeito como sua vida estava se apresentando.

Já era de meu conhecimento que esse executivo havia se transformado em alguém superpreocupado com os problemas do dia a dia, esquecendo do contexto maior. Além disso, em função do tópico da conversa do dia anterior, o sonho também podia conter uma advertência sobre sua vida particular. Podia significar que ele necessitava trabalhar no seu relacionamento com a esposa, ou se arriscar a perdê-la.

No caso desse executivo, os sonhos só faziam com que a realidade parecesse pior do que era. O desafio que se coloca para todos, no entanto, é restringir o número de surpresas, ingressar na vida de modo vigilante e sonhar de olhos bem abertos. Precisamos nos mostrar sensíveis às questões mais imediatas, inclusive às referentes a dinheiro. Victor Hugo afirmou em determinada ocasião que "todos os homens deveriam construir a vida de modo que, em algum futuro próximo, os fatos e os sonhos se encontrem". Um grande número dos nossos sonhos parecem ser impossíveis, em seguida, pouco prováveis, e, em determinado momento, a menos que lidemos com o teor deles, eles se tornam inevitáveis. Muito do simbolismo onírico parece ser um ensaio para o advento de coisas que aumentam nossa ansiedade. Se prestarmos atenção a tais sonhos, estaremos mais preparados e provavelmente não tenderemos a entrar em situações difíceis de modo cego. Nas questões relativas a dinheiro – como ocorre com muitos outros assuntos – vale a pena prestar atenção. Podemos ter sonhos, podemos ter pesadelos, mas, graças aos nossos sonhos, talvez sejamos capazes de vencer os pesadelos.

Em Louvor ao Dinheiro   9

O homem pobre não é aquele que tem menos, mas aquele que anseia por ter mais.
Sêneca

Quando se trata de dinheiro, todo mundo é da mesma religião.
Voltaire

O dinheiro, até hoje, jamais conseguiu fazer alguém feliz, e nem conseguirá. Quanto mais um homem possui, mais ele deseja. Em vez de preencher o vazio, ele gera um.
Benjamin Franklin

Se todas as pessoas ricas do mundo dividissem o dinheiro que possuem entre si, não haveria dinheiro suficiente para circular.
Cristina Stead

O estudo dos sonhos talvez seja a principal via de acesso para a compreensão do significado simbólico do dinheiro, mas conversas de maior profundidade mantidas com prósperos executivos também são de grande valia. Aprendi que existe um número representativo de executivos preocupados com obter aquilo que eles chamam de *"fuck you" money* – isto é, um tipo de dinheiro que não os torne devedores de favores para ninguém. Interligadas a muitos dos relatos desses executivos estão experiências de infância relativas à falta de dinheiro, sobre as quais eles detinham pouco ou nenhum controle. Quando mais jovens, essas pessoas se sentiam – e de fato eram – impotentes para fazer algo a respeito da terrível situação em que suas famílias se encontravam. Vendo como seus pais lutavam para fazer as coisas andarem, pagar as contas e pôr comida na mesa, elas perceberam a influência que o dinheiro exerce sobre o padrão de vida. À medida que as primeiras experiências foram sendo internalizadas, elas foram virando temas de grande importância no drama íntimo que determinaria o futuro comportamento dessas pessoas.

Para alguns indivíduos, a melhoria da situação financeira pode se transformar em uma obsessão contínua e permanente. Crianças que são expostas às tensões financeiras dos seus pais muitas vezes juram nunca permitir serem acometidos por dificuldades semelhantes. Elas sentem um desejo profundamente arraigado de ver seus pais sorrirem de novo, de minorar suas tensões, de retornar a um estado de bênçãos generalizadas, a benção da união com aquele que cuidou delas. Quando adultas, em vez do desamparo financeiro que experimentaram enquanto cresciam, elas querem alcançar um *status* financeiro que lhes permita dizer "foda-se" para outras pessoas. Elas querem ganhar tanto dinheiro a ponto de se tornarem invencíveis, de estarem no controle e de poderem sair de qualquer situação que não lhes agrade. Elas nunca mais querem ser vítimas de forças incontroláveis. Para tais pessoas, o dinheiro representa independência, poder e controle. Ele possui o poder de exorcizar os fantasmas da infância. Essas pessoas acreditam que o dinheiro é a cura para todos os seus males. Mas não admitem que "quem julga que o dinheiro é capaz de fazer tudo é suspeito de estar fazendo tudo por dinheiro," para citar um dizer de Benjamin Franklin. Essas pessoas percebem a falta de dinheiro como a causa de toda a miséria. Elas não reconhecem o lado negro do dinheiro.

O DINHEIRO NA SUA CARA

O dinheiro, além de ser um símbolo de poder e controle, também simboliza conseguir vencer no jogo da vida. Ele é um indicador daquilo que uma pessoa foi capaz de realizar. Se temos baixa autoestima, a riqueza é um jeito de mostrar aos outros que somos uma força a ser reconhecida. Como prova do nosso triunfo sobre adversidades e adversários, o dinheiro nos propicia o reconhecimento que tanto ansiamos receber dos outros, ajudando a fortalecer um sentimento de autoestima que estava abalado. Mas o que conta não é só vencer. É muito mais do que isso. Para muitas pessoas, a ostentação da riqueza é uma maneira de demonstrar sua superioridade. Vencer no jogo do dinheiro acrescenta charme à conquista.

Ao dialogar, ao longo dos anos, com muitos executivos movidos pelo dinheiro, me dei conta do grau em que as pessoas podem ser impulsionadas por forças obscuras e competitivas. Um executivo comentou comigo, com toda a seriedade, "para que serve o dinheiro além de inspirar inveja e terror entre os demais homens?" As pessoas que seguem essa orientação utilizam o dinheiro para se vingar, para realizar um ajuste de contas. Demonstrar que a pessoa tem dinheiro vira uma forma de lidar com as feridas reais ou imaginárias da infância. Para tais pessoas, ganhar rios de dinheiro representa não só um símbolo de sucesso, como também um esforço deliberado no sentido de deixar os outros com inveja. É claro que tal tipo de comportamento faz, muitas vezes, aflorar o que há de pior naqueles que se sentem provocados por isso; enraivecidos pela ostentação da riqueza, eles podem responder com sua própria forma de agressividade competitiva. Em tais circunstâncias, o dinheiro pode ter um valor alto demais. A ostentação de riqueza para inspirar inveja reforça a perspectiva darwiniana da vida e torna impossível uma coexistência pacífica. Como afirmou o cantor Bob Dylan: "O dinheiro não fala, ele xinga." No momento em que atiramos nos outros, é possível que terminemos ferindo a nós mesmos. Muitas pessoas, porém, preferem ser invejadas do que ser objeto de pena.

Algumas pessoas veem o dinheiro como a forma ideal de continuar a ganhar no jogo da vida. Permitir que os outros saibam quanto dinheiro possuímos possibilita comparações. Para citar a máquina de fazer dinheiro (e "estrela" televisiva) Donald Trump: "O dinheiro nunca representou uma grande motivação para mim, a não ser como forma de continuar ganhando. O mais excitante é jogar o jogo." Sempre deve-se suspeitar das pessoas que dizem que o dinheiro não é tudo; tudo pode ser exatamente aquilo que o dinheiro representa para elas. Mas, como salienta Trump, o dinheiro certamente se presta para continuar ganhando. Se a relação anual das pessoas mais ricas do mundo publicada pela revista Forbes é algo para ser levado em consideração, as grandes cifras são uma maneira de impressionar os outros. Ganhar lugar naquela lista – o destino de muitas jornadas narcisísticas – constitui um modo muito eficaz, porém não muito sofisticado, de ganhar a admiração (e/ou a inveja) de muitas pessoas.

É bem maior o número de pessoas que leem a lista Forbes com inveja do que aqueles que conseguem alcançar um lugar na grandiosa relação. E, à medida que lemos tal classificação, é provável que sintamos uma pontada de dor, se não forem pontadas de inveja. Aquela emoção – o sentimento de descontentamento e ressentimento, o desejo de ter as posses ou as qualidades que uma outra pessoa possui – é uma das respostas mais obscuras emitidas em relação ao dinheiro. Logo aprendemos o quanto isso pode ser traiçoeiro. Ésquilo escreveu que "poucos homens são detentores de um caráter capaz de louvar sem inveja a prosperidade de um amigo". Se a inveja não é uma emoção que consigamos admitir de imediato, ela desempenha um papel-chave em nosso íntimo. O tom que se impõe é mais sombrio se examinarmos o aparecimento da inveja como sintoma de uma falha em apreciar nossa própria singularidade e nosso próprio valor. A inveja resulta então da nossa ignorância ou da falta de confiança em nossos próprios dons.

Inveja e rivalidade são gêmeas simbióticas e elas se relacionam particularmente bem no que diz respeito às questões monetárias. Quando o dinheiro desempenha um papel central em nossa vida íntima, queremos não apenas ser ricos, mas obrigatoriamente mais ricos do que os outros. O jornalista e crítico social H. L. Mencken centralizou seu enfoque nesse aspecto do caráter humano ao definir a riqueza como sendo "qualquer renda que some, pelo menos, 100 dólares por ano a mais que a renda do marido da irmã da sua mulher". O escritor Gore Vidal foi outro ávido observador da natureza humana: "Sempre que um amigo obtém sucesso, algo em mim morre." Sim, algo pode morrer dentro de nós – mas pode também nos dar energia para provar mais uma vez ao mundo que ainda não somos alguém que foi e não é mais; que ainda estamos na corrida.

Para muitos dos super ricos, descobrir que o seu nome não consta na lista da Forbes das pessoas mais ricas do mundo representa uma catástrofe. Mas também significa um desafio extremo. Eles partem para o mercado visando entrar na batalha mais uma vez, dispostos a fazer qualquer coisa para se tornarem parte daquele grupo de elite. Mas, infelizmente, é possível que até mesmo aqueles que conseguem entrar na lista da Forbes não se deem por satisfeitos. Tendo se alçado a grandes alturas, eles se martirizam questionando se a classificação que obtiveram foi boa o suficiente. Afinal, para todos, a não ser para uma única pessoa no mundo, sempre existe alguém que está uma posição acima. Então, o novo desafio é: como sobrepujar a pessoa que se encontra logo acima de você? Como ascender e obter uma posição ainda melhor na classificação? E o que você é capaz de fazer para diminuir a posição alcançada pelos outros? Não importa quantos degraus você suba, a inveja continua torcendo a faca dentro do seu coração.

Considere o comentário nocivo feito por Larry Ellison, uma das pessoas mais ricas do mundo, sobre a mais rica de todas: "Bill Gates quer que as pessoas pensem que ele é Edison, quando, em verdade, ele é Rockefeller. A referência feita a Gates como o homem mais esperto dos Estados Unidos da América não está correta.... [R]iqueza não significa a mesma coisa que inteligência." Qualquer um que se disponha a sobrepujar Bill Gates vai se inquietar com uma obsessão que jamais terá fim. Em resultado, terá sua vida atrofiada. A busca pela fortuna não acarreta a espécie de segurança e paz mental que a maioria das pessoas imagina que o dinheiro trará. A exemplo do Cálice Sagrado, elas se compelem a buscá-lo, mas permanecem na ilusão.

QUANDO AS VERDINHAS O DEIXAM VERDE DE INVEJA

É possível que a competitividade destrutiva que emprega o dinheiro como uma mostra de desempenho, ou como um meio para obtenção de reconhecimento, tenha suas raízes na rivalidade entre irmãos. A rivalidade entre irmãos é capaz de gerar a ideia pervasiva (algumas vezes precisa) de que "o outro" é favorecido por um ou mesmo por ambos os genitores. Como a percepção é de que o amor não é compartilhado por igual, ele se torna uma mercadoria das mais preciosas. O sentimento de não ser valorizado o suficiente gera aquilo que os psicólogos chamam de ferimentos narcisísticos – isto é, um ferimento na autoestima da pessoa – que se expressam em sintomas como depressão e de inveja, competitividade, fúria, raiva, ressentimento, vingança e defesa. O acúmulo de dinheiro torna-se um modo de mostrar que você conta; torna-se um meio de defesa; pode até ser utilizado como um meio de vingança.

Um bom exemplo da referida necessidade de reconhecimento e defesa evidenciada pelo emprego do dinheiro é dada pelo personagem do Tio Patinhas, o tio do Pato Donald. A criação de Disney é uma excelente representação daquilo que acontece quando a busca pelo dinheiro se transforma em um fim por si só. Na série de histórias em quadrinhos, Tio Patinhas é descrito como a pessoa mais rica do mundo, que, em sua trajetória, teria deixado de ser um pobre sapateiro na Escócia para virar um bilionário avarento nos EUA. Seu nome foi extraído do mesquinho Ebenezer Scrooge, o personagem da história natalina de autoria de Charles Dickens intitulada *A Christmas Carol* (Um Conto de Natal). Outras teorias, contudo, sustentam que o industrial de naturalidade escocesa Andrew

Carnegie, que deixou seu país para ir viver nos EUA com a idade de 13 anos, é que teria servido de inspiração para a criação do Tio Patinhas.

O Tio Patinhas mantém parte da sua riqueza em uma gigantesca lata de dinheiro posicionada com vista para a cidade de Patópolis. Execrável por sua mesquinharia, ele ama o dinheiro acima de tudo. Simbolicamente, seu amor pelo dinheiro é ilustrado por seu passatempo preferido, que é mergulhar nas suas pilhas de dinheiro como se fosse um golfinho, escavando-o nos moldes de um esquilo e atirando para o ar as moedas só para senti-las cair sobre a sua cabeça.

Como empresário, o Tio Patinhas muitas vezes recorre a táticas agressivas e à fraude. A empresa é o palco onde ele interpreta seu espírito competitivo. Na busca por dinheiro, ele conseguiu acumular um montante significativo de experiências ao manipular pessoas e acontecimentos a seu próprio favor. Mas seu comportamento tem um alto custo: a falta de relacionamentos verdadeiramente afetivos. A relação que mantém com seu sobrinho Donald, e com os próprios sobrinhos de Donald, é distante. A única coisa que evoca alguma reação emocional no Tio Patinhas é o seu dinheiro, já que lhe traz de volta memórias sobre a maneira como ele foi ganho. Fora toda a diversão e os jogos, a série de histórias em quadrinho do Tio Patinhas também apresenta-se repleta de uma alta carga simbólica, como um conto negro a respeito do vazio da riqueza. Tecida de modo intrincado nesses contos encontra-se a forte mensagem de que a busca cega por dinheiro cobra o preço da falta de ligações humanas.

O complexo de Monte Cristo

O complexo de Monte Cristo recebeu esse nome em função do protagonista do romance de Alexandre Dumas intitulado *O Conde de Monte Cristo*. A temática da história escrita por Dumas é a vingança – a necessidade de ajustar as contas por dores sofridas, reais ou imaginárias. Edmond Dantés está a ponto de se casar com sua noiva e se tornar capitão de um navio quando é enquadrado como conspirador em favor de Bonaparte, pouco antes do dramático retorno do imperador francês à França, após seu exílio na ilha de Elba. Em função da maquinação invejosa de três dos seus inimigos, Dantés é aprisionado no formidável Château d'If. Instruído por um colega de cela, o idoso Abbé Faria, Dantés permanece naquela prisão francesa de segurança máxima por um período de 14 anos, antes de engendrar uma fantástica fuga da ilha. Ele se refugia então na ilha de Monte Cristo, onde localiza um tesouro escondido lá desde os tempos da Renascença, sobre o qual Faria havia lhe contado. Em sua nova identidade como Conde de Monte Cristo, Dantés emprega sua fabulosa nova riqueza para financiar uma vingança e destruir seus inimigos, em um esforço que visava reparar os danos por ele sofridos.

Como ilustrado pela história de Dumas, para as pessoas que sofrem do complexo de Monte Cristo, a vingança é mais do que uma mera tentação passageira; é a sua principal força motivadora. O acerto de contas é a única coisa que importa, e o dinheiro é o meio empregado por elas para fazê-lo. Porém, como descobre Dantés no romance de Dumas, manter equilibrado o placar de velhas dívidas e cicatrizes acaba por diminuir a pessoa. Você realmente consegue seguir em frente enquanto está efetuando um ajuste de contas? "A árvore da vingança não dá frutos", reza um provérbio holandês. Em *Paraíso Perdido*, John Milton escreveu que "a vingança, embora pareça doce a princípio, suscita um amargo retrocesso em si mesma com o passar do tempo". Aqueles que tramam a destruição dos outros muitas vezes perecem na tentativa, e a exigência de olho por olho, como exortado no Livro do Êxodo, faz, por fim, com que todos fiquem cegos. Deparei-me com muitos executivos que, por empregarem o dinheiro para fins de vingança, acabaram por se sentir bastante mortos em seu íntimo.

DINHEIRO DEMAIS

É claro que sempre se pode citar Oscar Wilde, que costumava dizer que "só há uma classe de pessoas na comunidade que pensa mais sobre o dinheiro do que os ricos, e essa classe é a dos pobres". Se crescer sem dinheiro pode significar um problema, é possível ter uma coisa boa em demasia. Um provérbio inglês afirma que "dinheiro em abundância arruina a juventude" – em outras palavras, o fato de alguém ter muito dinheiro pode provocar um efeito nocivo sobre o desenvolvimento sadio de uma criança. Talvez isso ocorra porque os pais, ocupados com a aquisição e o gerenciamento das riquezas que possuem, se aliviam da culpa de não se mostrarem psicologicamente disponíveis mediante a doação de presentes e dinheiro. Em essência, eles ofertam o dinheiro como um substituto do amor. Mas nossos filhos necessitam da nossa presença mais do que dos presentes que podemos lhes dar.

É possível substituir amor e cuidado genuínos pelo dinheiro? Não se o objetivo for uma formação sadia. O dinheiro é um substituto pobre do amor e do cuidado. As crianças que são criadas segundo esse padrão nutrem sentimentos ambivalentes em relação àqueles que as criaram: elas se sentem inseguras por não saber se quem as criou realmente as amava, e se, em verdade, elas próprias são dignas de amor. O resultado são sentimentos depressivos e um grande senso de insegurança, que começa na infância e persiste na idade adulta. Alguns desses indivíduos podem vir a sofrer de um transtorno equiparável à Síndrome de Fadiga da Riqueza: a oniomania (literalmente, a mania ou a compulsão por fazer compras). Elas evitam os persistentes sentimentos de depressão buscando vivenciar fases de euforia temporária que obtêm ao gastar dinheiro. O fato de comprar coisas para si mesmas faz com que se sintam melhor, mas essas boas sensações são apenas paleativos temporários. Quando crianças, essas pessoas sentiam uma euforia temporária e artificial quando seus pais lhes davam dinheiro para comprar coisas ou presentes, e, quando adultas, elas se sentem compelidas a repetir o mesmo padrão. Elas gastam dinheiro para se sentir melhor, gerando um círculo vicioso de depressão e euforia temporárias.

O dinheiro é simplesmente incapaz de dar às crianças uma segurança interna e um senso estável de autoestima, tão necessários na idade adulta. O mais irônico é que o dinheiro as deixa pobres. Se você quiser ver aquilo que as crianças são capazes de fazer, você precisa parar de dar coisas a elas. Quando o dinheiro flui com muita facilidade, é pouco provável que importantes desafios relativos à formação da criança sejam administrados pelos pais e pela criança de maneira adequada à idade infantil. O complexo trabalho psicológico que a criança tem de enfrentar para se transformar em um adulto saudável e responsável pode ser minado. O dinheiro corrompe, assim como o poder corrompe, porque nos torna dependentes – e uma grande quantia de dinheiro corrompe ainda mais. Pode chegar a impedir o estabelecimento de relações maduras e sadias, e resultar em problemas de contínua baixa autoestima e depressão.

Quando pessoas jovens têm dinheiro em excesso, outras pessoas acham difícil lidar com elas de maneira natural. Crianças ricas que recebem uma educação privilegiada podem não ter ideia sobre como vive o resto do mundo. As experiências que fazem parte da sua formação são extremamente diferentes daquelas vividas por outras crianças. Ambos fatores – a própria falta que as crianças ricas sentem de conhecimento sobre o mundo real e o desconforto que outras pessoas sentem ao interagir com elas – exacerbam a luta para o estabelecimento de relações. Some-se a isso o fato de que a confusão vivenciada pelos jovens das classes mais privilegiadas quanto à maneira como eles veem a si próprios e como os outros os tratam é capaz de prejudicar a sua capacidade de perceber a realidade (ou seja, diminuir a sua sintonia com as próprias condições e com as reações dos outros) e de torná-los desconfiados quanto à natureza humana.

Ter coisas em demasia cedo demais também pode exercer um impacto negativo sobre a motivação. Os jovens não entendem o valor do dinheiro se este sempre estiver disponível e se não souberem da dificuldade em obtê-lo. Se elas nunca aprenderem o que significa ganhar dinheiro, talvez nunca deem valor ao trabalho árduo. Os efeitos disso extrapolam o mero aspecto financeiro: jovens que possuem dinheiro demais não têm vontade de se esforçar, de experimentar, de se relacionar e de tentar fazer coisas novas.

A parábola do Rei Midas, que gira em torno de ganância e redenção, é muitas vezes contada às crianças com o intuito de ajudá-las a perceber o dinheiro a partir de um certo distanciamento. De acordo com a história, o Rei Midas viu certo dia um velho que dormia debaixo de uma árvore em seus jardins particulares. Ele reconheceu aquela pessoa como sendo Selênio, o instrutor e fiel companheiro de Dionísio, o deus do vinho. Com pena do velho camarada, o Rei Midas deixou-o ir embora sem que fosse castigado. Quando Dionísio ficou sabendo disso, ele recompensou Midas concedndo-lhe um desejo. O rei pensou por um segundo apenas e depois disse: "Quero que tudo aquilo em que eu toque se transforme em ouro." Dionísio tentou adverti-lo para não fazer tal tipo de pedido, mas Midas não quis ouvi-lo. Ele insistiu. E então foi-lhe concedido o desejo.

Midas seguiu seu caminho exultante por seu poder recém-adquirido, o qual ele se apressou em pôr à prova. De início, ele ficou encantado e transformava tudo aquilo que conseguia tocar em ouro, inclusive as amadas rosas do seu jardim. Sua atitude mudou, porém, quando se viu incapacitado de comer e beber: sua comida e seu vinho também foram transformados no inestimável porém não comestível ouro. Ele finalmente compreendeu a real dimensão do seu erro ao transformar sua filha em ouro. O que uma vez fora visto como um dom maravilhoso, provocou quase que o reverso: fez de Midas um homem extremamente infeliz. A benção que ele havia recebido era, em verdade, uma maldição. Ele não podia mais comer, dormir, beber e nem tocar em nada porque tudo se transformava em ouro, e ele sentia terrivelmente a falta da filha.

Por fim, Midas voltou e procurou Dionísio e disse que não queria mais o dom de transformar em ouro tudo aquilo que tocava. Dionísio riu ao ver como o rei se modificara, mas teve piedade dele e lhe disse para ir banhar-se em um rio ali perto. Midas tinha medo de entrar na água e de ela virar ouro e o matar. Em vez disso, ele pegou um jarro e derramou-o sobre si, enchendo o jarro repetidas vezes. Para seu grande alívio, pouco a pouco o ouro do seu corpo foi sendo levado embora pela água. Midas levou um jarro de água após o outro para seu palácio para lavar sua filha, seus criados, seu cavalo e todo o castelo. Ele não parou até haver restaurado tudo de volta ao seu estado normal. Depois dessa aventura, Midas ficou mais pobre do que antes, porém enriquecido com aquilo que realmente importava na vida.

A moral da história é óbvia – o "ouro" é capaz de se apresentar de muitas formas, inclusive sob a forma de felicidade, amor e relacionamentos significativos. Foi só quando as pessoas e as coisas mais caras para ele se transformaram em ouro que Midas se deu conta das limitações na sua maneira de encarar o mundo; foi apenas com trabalho duro que ele conseguiu restaurar o valor verdadeiro das coisas que mais amava.

O dinheiro precisa ser ganho. O trabalho real ensina o valor do dinheiro, e por isso é tão importante que os pais ensinem o valor do trabalho aos seus filhos e tornem o dinheiro parte dessa experiência integrada. Sem tal orientação, os filhos são incapazes de desenvolver uma ideia real sobre direito e merecimento, presumindo que é possível comprar e vender tudo mediante o uso do dinheiro. Os filhos precisam entender que os valores éticos e culturais mais importantes não possuem uma etiqueta de preço.

Como exemplifica dramaticamente a história de Midas, algumas pessoas podem possuir grandes somas de dinheiro, mas, na verdade, ser muito pobres. Infelizmente, quando o dinheiro fala, nem sempre ele faz sentido. Isso coloca uma enorme responsabilidade sobre os pais, no sentido de assegurar que o dinheiro fale com os filhos deles de maneira correta. Se você quer que seus filhos tenham os pés no chão, precisa colocar alguma responsabilidade nos ombros deles. Quanto mais você proteger seus filhos e não quiser que eles se desapontem, piores serão os desapontamentos futuros que eles terão de enfrentar.

Mais importante ainda, seus filhos verão o que você quer dizer analisando a maneira como você vive, e não aquilo que você diz. Não há nada mais influente na vida de uma criança do que o poder moral do exemplo dado em silêncio. É bem difícil, contudo, fazer com que as crianças tomem a direção certa desde o início se você não estiver trilhando o mesmo caminho. O mais estranho é que só conseguimos um melhor entendimento daquilo em que acreditamos quando começamos a instruir nossos filhos. Será que nos preocupamos tanto com nossos filhos porque receamos que eles cresçam e fiquem como nós?

10 Seu Dinheiro ou sua Vida

> I have mental joys and mental health,
> Mental friends and mental wealth,
> I've a wife that I love and that loves me;
> I've all but riches bodily.
>
> William Blake

> *A maior riqueza é a saúde.*
> Ralph Waldo Emerson

> *Se você idolatrar o dinheiro como se ele fosse um deus, ele vai lhe atormentar como se fosse o diabo.*
> Henry Fielding

> *O dinheiro é um mar que não tem fundo, onde a honra, a consciência e a verdade podem se afogar.*
> Eugene Arthur Kozlay

Já salientei a natureza paradoxal do dinheiro: em vez de propiciar liberdade, ele aprisiona aqueles que o cobiçam; em vez de ser uma posse, ele possui aqueles que o acumulam. A lição a ser extraída é de que a única riqueza que realmente importa envolve coisas que o dinheiro não pode comprar.

O DINHEIRO NÃO COMPRA FELICIDADE

Embora a maioria de nós entoe alegremente a canção dos Beatles que afirma que "o dinheiro não pode comprar amor", alguns tentam fazer essa aquisição a qualquer custo. Algumas pessoas estabelecem uma associação consciente entre o dinheiro e o amor; outras assim o fazem de maneira inconsciente. Elas acham que o dinheiro pode comprar qualquer coisa, inclusive uma mulher bonita ou um homem de boa aparência. Mas, apesar de o dinheiro poder iniciar um relacionamento, ele não pode comprar amor. Sem amor, todo o acordo mostra-se contraproducente: quanto o "comprador" realmente se importa com a pessoa que ele está "comprando"? A exibição de uma mulher como troféu é simplesmente outra maneira de demonstrar superioridade. O dinheiro está sujeito ao mesmo fetichismo que o sexo. Algumas pessoas acreditam que quanto mais sexo – ou quanto mais dinheiro – tiverem, mais realizadas elas serão; por fim, dão-se conta de que não existe uma quantia de dinheiro que seja suficiente para satisfazer os seus anseios. O problema não reside em ter demais ou de menos, mas em utilizar o dinheiro para substituir as coisas que realmente importam na vida.

O dinheiro tampouco é capaz de comprar a juventude, embora homens e mulheres preocupados com a diminuição dos seus atrativos físicos usem o dinheiro para compensar o envelhecimento, ficando com um parceiro mais jovem que os faça parecer e se sentir melhores. Para tais pessoas, a "compra" de um parceiro é uma medida paliativa para afugentar sentimentos depressivos.

Estejam essas pessoas buscando amor ou juventude, algumas delas se dispõem a fazer de tudo e a gastar fortunas a fim de adquirirem a pessoa certa. Contudo, existe uma certa conspiração nesse processo. Em geral, há mulheres que se propõem a fazer parte do jogo, atraídas por homens ricos e poderosos, e, cada vez mais hoje em dia, há homens jovens atraídos por mulheres ricas e poderosas. Como disse o Ex-secretário de Estado dos EUA, Henry Kissinger, com alguma autoridade: "O poder é o derradeiro afrodisíaco."

Mas será que essa conspiração pode dar uma base de significado para os relacionamentos? Apenas muito, muito ocasionalmente. O último magnata da navegação, Aristóteles Onassis, deve ter se debatido com essa questão, pois chegou a afirmar que "se as mulheres não existissem, todo o dinheiro do mundo perderia o sentido de existir". Ele sabia sobre o que estava falando, pois adquiriu Maria Callas e Jackie Kennedy. Assim, se o dinheiro não é capaz de comprar a felicidade, ele certamente permite que você escolha sua própria forma de miséria. E, embora o dinheiro não possa comprar o amor, ele melhora a sua posição na corrida sexual.

PERDENDO A SATISFAÇÃO

Confuso? Se tanto a pobreza quanto a riqueza não conseguem nos trazer satisfação, o que será capaz de fazê-lo? De fato, a pobreza, na maioria das vezes, se sai melhor nesse aspecto do que a riqueza. Se o contentamento pode transformar pessoas pobres em pessoas ricas, o descontentamento pode transformar pessoas ricas em pessoas pobres. Existe um provérbio turco que diz: "O bobo sonha com a riqueza; o sábio, com a felicidade". Apenas alguém que não possua dinheiro imagina que ele o fará feliz. O magnata John D. Rockefeller, um homem rico segundo todo e qualquer padrão, afirmou que "é errado presumir que os homens dotados de imensas fortunas são sempre felizes". De fato, uma grande fortuna, assim como a pobreza, pode se transformar em uma espécie de escravidão.

As pessoas possuidoras de grandes riquezas sofrem mais do que as outras com tédio, depressão e outros males de ordem psicológica. A maior parte dos estudos feitos sobre satisfação demonstraram que, se as necessidades básicas estiverem satisfeitas, o dinheiro realmente não traz a felicidade. Como salientou o dramaturgo grego Eurípides: "Quando o estômago de um homem está cheio, não faz diferença ele ser rico ou pobre." Existe um limite no número de bifes que você é capaz de comer por dia.

O que é essa felicidade elusiva que tanto lutamos para obter ao longo da nossa vida? Sigmund Freud sustentava ser a realização tardia de um desejo infantil. A evidência suprida por casos isolados parece dar sustentação a esse argumento: escute as histórias e os sonhos das pessoas e você ouvirá muitas vezes a expressão "sentir-se bem" sendo empregada no sentido da simplicidade e da unicidade vivenciadas na infância junto àqueles que as criaram. As crianças muito pequenas não querem dinheiro. Elas querem ser acariciadas, elas querem a presença dos pais e de outras pessoas amadas, elas querem brincar e explorar, e elas querem ser ouvidas. Considerando-se que, segundo o ponto de vista do desenvolvimento, a busca por dinheiro é uma necessidade adquirida e não inata, não deveria nos surpreender o fato de que o repentino ganho de um monte de dinheiro não produza uma enorme satisfação, a não ser um estado de espírito de transitória exaltação. Estudos realizados sobre a felicidade, por exemplo, mostram que as pessoas que ganham na loteria, depois de uma fase de euforia temporária, logo voltam ao seu estado normal.

As coisas que geram sentimentos duradouros de satisfação são de uma natureza bem menos tangível. As pessoas costumam falar sobre o sentimento de alegria que advém das realizações, sobre a intensificação dos esforços criativos em um trabalho em conjunto com os demais, sobre o caráter sublime das festividades religiosas, sobre um sentimento de unidade com a natureza. Elas falam sobre desfrutar a rotina da sua vida diária e sobre se sentirem úteis e felizes no trabalho (e, sim, como bônus, algumas vezes ganharem um monte de dinheiro). E, por último – e talvez mais importante – elas falam sobre o calor e a proximidade de momentos íntimos passados junto à família e aos amigos.

Perdendo a intimidade

O dinheiro permite a aquisição de um bom cachorro, mas só o amor é capaz de fazê-lo balançar o rabo. Nossa verdadeira riqueza reside nas pessoas que se importam conosco e com quem nos importamos. Como já enfatizei na Parte Um, que versa sobre o desejo sexual, o comportamento de apego é uma das necessidades mais básicas da humanidade. Lembro de ter visto uma charge retratando um executivo que estava ficando careca sentado atrás da sua mesa de trabalho e que dizia: "Tudo bem, consegui. Agora preciso de amor." O triste é que na hora em que ele se deu conta, já era tarde demais.

No contexto dos relacionamentos íntimos, quando o dinheiro fala, a verdade muitas vezes se cala. Aqueles que são muito ricos sempre correm o risco de só ouvir das pessoas à sua volta aquilo que elas pensam que eles querem ouvir. Os psicoterapeutas e os psicanalistas atribuem esse tipo de comportamento ao mecanismo de *transferência idealizada* – isto é, a tendência humana universal de admirar as pessoas poderosas. (Aqui, contudo, percebo estar dando uma explicação parcial, já que não podemos excluir os motivos egoístas conscientes.) Qualquer que seja a motivação, dinheiro e sinceridade não combinam. Quando pessoas que exibem largos sorrisos ou que trazem presentes se aproximam daqueles bem ricos, os presenteados sempre se questionam: "essas pessoas são amigas de verdade ou estão tentando tirar vantagem da minha fortuna e do meu poder?" A personalidade da TV norte-americana Oprah Winfrey fez, certa vez, a seguinte observação: "Muitas pessoas querem andar de limusine com você, mas o que se quer é alguém que ande de ônibus com você quando a limusine quebrar."

Pior ainda, os ricos, algumas vezes, fazem eles próprios o jogo da transferência idealizada e aceitam motivos egoístas. Se um número suficiente de bajuladores que estão querendo dar uma volta de limusine dizer para um homem rico que ele é a epítome da sabedoria, da beleza ou da habilidade, ele pode começar a acreditar neles, apesar das evidências em contrário. É possível que tal percepção atrofiada da realidade venha a influenciar negativamente a qualidade dos relacionamentos interpessoais que continuem existindo. Há um provérbio ídiche que resume uma boa constatação dessa realidade: "Com dinheiro no bolso, você é sábio, é bonito e canta bem." E, finalmente, para citar um dizer de Miguel de Cervantes: "As coisas bobas ditas pelo rico passam por sábios provérbios na sociedade."

PERDENDO O TEMPO

Um fator essencial não ligado ao dinheiro é o tempo. Eis aqui então um outro paradoxo: ser rico significa ter dinheiro, ter riquezas significa ter tempo. Se desperdiçarmos nosso dinheiro, talvez acabemos sem nada no bolso, mas, se desperdiçarmos nosso tempo, perdemos – de forma irrecuperável – uma significativa parte de nossas vidas. O dinheiro perdido pode ser substituído mediante a realização de novos esforços, mas o tempo perdido está perdido para sempre. Enquanto ficamos ocupados atrás de dinheiro e sucesso material, estamos, na verdade, hipotecando nossas vidas. E os pagamentos são vultuosos: abdicamos de horas, dias, meses e anos de nossas vidas para sustentar as hipotecas que fizemos. O dinheiro é capaz de comprar tudo, exceto a chance de tornar a fazer tudo de novo. E abdicamos de nossa energia também. Muitas pessoas, na hora em que dispõem de dinheiro para jogar na fogueira, descobrem que seu fogo interno se esgotou. Seu senso de brincadeira e de imaginação não é mais aquilo que já foi, e elas se tornam chatas até para elas mesmas.

A própria condição de se ocupar com os negócios oculta o fato de que, na vida, a jornada representa tudo, e o fim, nada. Infelizmente, muitos de nós só se dão conta disso quando é tarde demais. Não compreendemos, ou esquecemos o quanto é importante nos fazermos presentes nos momentos importantes da vida da nossa família ou dos nossos amigos – momentos que irão servir de combustível para as lembranças do futuro. Esses momentos não voltarão nunca mais, não importa quão ricos sejamos. O dizer "Sua vida ou seu dinheiro" contém uma verdade maior do que a conhecida ameaça feita pelo assaltante. Assim como os personagens do filme *O Tesouro da Serra Madre*, um número grande demais de pessoas equipara as notas de dólares à vida. Mas, se parássemos de tempos em tempos e déssemos uma boa olhada em nós mesmos e nas circunstâncias em que nos encontramos, logo perceberíamos que os dólares não representam aquilo que realmente importa na vida. Se é bom ter dinheiro e as coisas que o dinheiro pode comprar, também é bom avaliarmos nossas prioridades de vez em quando, a fim de garantir que não percamos as coisas que o dinheiro *não pode* comprar.

Como escreveu Ambrose Bierce em sua obra *O Dicionário do Diabo*, "Mamon é o deus da principal religião do mundo". Infelizmente, nessa dança selvagem em torno de Mamon, talvez sacrifiquemos tudo aquilo que é essencial na vida: generosidade, compaixão, empatia, bondade, equidade, honra, justiça, ética e estética. Além disso, enquanto nos ocupamos em tecer uma dança ao redor de Mamon, talvez esqueçamos que, se é possível roubar as riquezas comuns, não há como roubar as riquezas verdadeiras. Todos possuímos coisas infinitamente preciosas que não podem ser facilmente tiradas de nós. Se ignorarmos essa realidade e centrarmos nosso enfoque nas riquezas materiais e não nas coisas que são preciosas e intangíveis, como o tempo, colheremos o que plantamos – em outras palavras, se fizermos do dinheiro o nosso deus, é possível que ele nos atormente como se fosse o diabo!

PERDENDO A INTEGRIDADE

Aqueles que creem que tudo pode ser obtido por meio do dinheiro demonstram, com frequência, estar dispostos a fazer qualquer coisa por dinheiro, mesmo que comprometam sua integridade. É necessário que honestidade e riqueza material sejam mutuamente excludentes? Só se podem forjar grandes fortunas de maneira desonrosa? Quando se faz uma revisão das carreiras de muitas das pessoas mais ricas do mundo, tem-se a impressão de que prevalecem os atos imorais, se não vis. A escritora Dorothy Parker expressou bem esse padrão de comportamento ao dizer: "Se você deseja saber o que Deus pensa a respeito do dinheiro, dê só uma olhada nas pessoas para quem ele o deu." Tendemos a ter muito mais cuidado com o nosso dinheiro do que com os nossos princípios.

Um dos exemplos mais pungentes sobre a maneira como o dinheiro é capaz de afetar a integridade de um indivíduo encontra-se na história sobre Kenneth Lay e a empresa Enron. Durante muitos anos, Kenneth Lay parecia ser a própria personificação do sonho dos cidadãos estadunidenses. Ele era fruto de uma criação pobre na área rural do estado de Missouri; seu pai raramente estivera empregado, e Lay prestava sua contribuição para a renda familiar fazendo a entrega de jornais e trabalhos na lavoura. Seus pais estavam determinados a dar a seus três filhos a educação que eles não puderam ter, e Lay ganhou bolsas de estudo para a universidade estadual. Ele estudou administração, e, como era um excelente aluno, foi persuadido a fazer mestrado. Mas ele desapontou seus supervisores ao insistir em abandonar a vida acadêmica: "Preciso sair daqui e ganhar dinheiro." Lay começou sua carreira como um economista corporativo na Exxon, mas a academia ainda lhe atraía: ele tirou uma licença para fazer um doutorado em economia na Universidade de Houston e trabalhou por algum tempo como regulador de energia em nível federal. Ele voltou para o mundo dos negócios em um cargo de chefia de uma empresa petrolífera texana que, seguindo-se à fusão de duas empresas locais em fevereiro de 1986, viria a tornar-se a Enron. A nova empresa deslanchou com o *boom* no mercado de ações, impulsionado pelas empresas de Internet da década de 90. Por volta do fim daquela década, a Enron havia sido agraciada com o título de "empresa mais inovadora dos EUA" pela revista *Fortune* durante cinco anos consecutivos e constado da lista das "100 melhores empresas para se trabalhar nos EUA" publicada pela *Fortune* no ano de 2000. Quando estava no auge, a Enron valia cerca de US$ 70 bilhões, tendo suas ações negociadas por cerca de 90 dólares cada uma. Ela se tornou a sétima maior empresa dos EUA e a maior empresa de energia do mundo. Lay, na qualidade de seu presidente, tornou-se um dos executivos de corporações mais bem pagos dos EUA, ganhando mais de US$ 217 milhões em opção de compra de ações e outros US$ 19 milhões em sálario e bônus. Ele era festejado tanto no Texas quanto em nível nacional por pessoas influentes e poderosas da área da política e do mundo dos negócios (que incluíam os dois presidentes Bush) e devotou uma quantia substancial da sua fortuna pessoal em prol de vários projeos de caridade, inclusive aqueles que não eram considerados suficientemente glamurosos para atrair outros benfeitores ricos. Mas, enquanto os principais executivos da Enron contavam suas riquezas, a empresa sangrava dinheiro.

No dia 2 de dezembro de 2001, a Enrou declarou falência. Milhares de investidores – inclusive a maior parte dos funcionários da empresa – perderam bilhões de dólares ao mesmo tempo em que as ações da Enron sofriam grande queda de valor. Vinte mil pessoas ficaram sem emprego quando veio a público a gestão corrupta da empresa (o que incluía falsas projeções de lucros e o uso de empresas de fora do país para esconder as grandes perdas).

Lay continuou a alegar inocência enquanto os investigadores revelavam evidências da enorme corrupção na Enron. Ele teria ouvido mentiras e sido enganado pelas pessoas que trabalhavam para ele; estivera trabalhando de forma muito árdua para perceber o problema; ele só tivera boas intenções para com a empresa e sua equipe de pessoal; não fizera nada de errado. No dia 25 de maio de 2006, Ken Lay e o ex-*CEO* da Enron, Jeffrey Skilling, foram condenados por fraude, conspiração e outros delitos. Lay jurou limpar seu nome mas morreu de ataque cardíaco antes que pudesse ser sentenciado a uma pena que certamente implicaria um longo tempo atrás das grades. Skilling recebeu uma pena de mais 24 anos na prisão.

Em vez de ser lembrado como generoso filântropo (que foi), Ken Lay vai ter seu nome sempre vinculado a um dos maiores escândalos corporativos da história dos EUA. Sua história é a de um orgulho desmedido e de um crime de colarinho branco, e relata como uma série de homens inteligentes e poderosos ficaram cegos pela ganância e cavaram a ruína para si e para milhares de vítimas inocentes.

A volta da ganância

Existe algo como dinheiro "suficiente"? Poderíamos pensar que sim, mas os Ken Lays do mundo nos levam a crer o contrário. Uma das tragédias da vida humana é a insatisfação: rapidamente nos acomodamos às coisas que nos determinamos a atingir, e depois nos acostumamos e ficamos entendiados com elas.

Os psicólogos evolucionistas sustentam que a seleção natural nos condicionou a efetuarmos uma rápida adaptação às novas situações e então a aspirarmos ter um pouco mais. A satisfação com uma situação estável não condiz com a nossa sobrevivência enquanto espécie. Precisamos nos manter vigilantes. Seguindo essa linha de raciocínio, alguns terminam em uma esteira mecânica hedonista, infinitamente motivados pelo desejo de obter prazer e evitar dor. E essa esteira nunca para, porque os desejos humanos não conhecem saciedade.

E, mesmo assim, não conseguimos aceitar as descobertas feitas pela psicologia evolucionista e ainda admitir que, em determinado momento, basta o suficiente. Por que é tão difícil entender o conceito de "suficiente"? Quando é que somos ricos o suficiente? Quando temos sucesso suficiente? Quando somos bons o suficiente? Por que não podemos optar por um momento de conforto e satisfação e decidir saltar fora da esteira mecânica? As necessidades dos ricos parecem crescer sem parar, como vimos no caso de Roman Abramovich: primeiro o bem-sucedido executivo desejou um carro esporte, depois uma casa na Riviera, depois um iate, depois um jato particular, depois múltiplos, e epítomes dessas mesmas coisas. Não importa o que os ricos possuam, nunca é suficiente. Eles sempre querem mais; sempre há alguém que parece ter se dado melhor. Eles não conseguem sair fora da esteira, e não querem nem tentar, tamanho é o seu medo de virem a sofrer de depressão. E é justamente essa preocupação com as coisas que possuem que os impede de viver de verdade e de analisar o que estão fazendo com as suas vidas.

Se realmente acreditamos que a nossa jornada é mais importante do que o nosso destino – algo com o que a maioria das pessoas concorda em princípio, mas ignora na prática – então necessitamos centralizar o foco na execução da jornada e não nas nossas finanças. Precisamos fazer as coisas das quais gostamos e nos concentrar nos pequenos prazeres diários. Se centralizarmos o enfoque em realizações materiais finitas, iremos experimentar um senso de satisfação apenas temporário. Comprar e gastar são antidepressivos que, por só terem efeito de curto prazo, precisam ser tomados continuamente. Desse modo, ficaremos como Sísifo, empurrando grandes pedras montanha acima, muitas e muitas vezes. Em vez de nos deleitarmos com um magnífico pôr do sol ou de desfrutarmos um jantar em família, ficamos até mais tarde no gabinete fazendo coisas das quais não gostamos, a fim de podermos comprar coisas das quais não precisamos, para impressionar pessoas com as quais não nos importamos. Que tal essa ironia?

PERDENDO A SAÚDE

O dinheiro não consegue compensar o tempo perdido e a integridade perdida; e tampouco consegue resgatar a saúde perdida. É só quando os ricos adoecem que eles realmente entendem a importância da riqueza. O dinheiro pode comprar bons remédios e bons médicos, mas não garante uma boa saúde. Ele pode comprar um bom lugar para dormir mas não consegue garantir o sono. Ele pode ajudar a conquistar o conforto material mas não sentimentos de um verdadeiro bem-estar. O mais irônico é que pessoas demais consomem a sua saúde para ganhar riquezas, só para depois gastar sua fortuna tentando recuperar a saúde.

Isso não significa que o dinheiro que conseguimos acumular não seja capaz de exercer um efeito atenuante à medida que vamos envelhecendo. Quando nossa energia deixa de ser aquilo que costumava ser, e quando nossa saúde se torna precária, é bom poder contar com algum dinheiro guardado. Esse dinheiro não só nos permite desfrutar do nosso tempo de lazer e da nossa aposentadoria, como também ajuda a reforçar nosso senso de autovalia e de poder. Ele propiciará algum tipo de consolo quando a beleza fenecer. O dramaturgo Tennessee Williams foi particularmente direto nessa questão: "Você pode ser jovem e não ter dinheiro, mas você não pode ser velho sem ele." Não importa, contudo, a idade que temos; precisamos ser cautelosos para que o dinheiro não domine as demais facetas das nossas vidas.

Quando o dinheiro é visto como a solução para todos os males, ele pode se transformar em um problema por si só. Em vez de encontrarmos liberdade por meio do dinheiro, tornamo-nos prisioneiros do dinheiro, porque ele não é capaz de nos dar o controle ou o desagravo pelo qual podemos estar procurando. Em vez disso, podemos ter perdido o direito às coisas mais essenciais da vida em nossa busca pelo dinheiro.

11 O Aspecto Zen do Dinheiro

*Quando um colega diz que não se trata do dinheiro,
mas do princípio da coisa, trata-se do dinheiro.*
Artemus Ward

É preciso ser pobre para conhecer o luxo de ser caridoso!
George Eliot

*Por que as pessoas deveriam levar crédito pela caridade que praticam, se sabem que não
obterão tanto prazer com seus guinéus de nenhum outro modo?*
Arthur Conan Doyle

*Se ele tivesse uma quantia ilimitada de dinheiro à sua disposição, poderia
ir para alguma área inexplorada e caçar grandes animais. Não sei o que
os grandes animais de caça fizeram para merecê-lo, mas eles de fato ajudam
a desviar as energias destrutivas de alguns dos nossos desajustados sociais.*
Saki

Conta uma história que um famoso mestre zen havia sido convidado para um banquete. Ele chegou vestindo seus trapos de pedinte. O anfitrião, não o reconhecendo, expulsou-o dali. O mestre zen foi para casa, vestiu seu robe cerimonial de brocado púrpura e voltou lá. De forma bastante respeitosa, ele foi conduzido até o salão do banquete. Uma vez lá dentro, o mestre zen tirou o seu robe e colocou-o cuidadosamente no local onde haviam lhe pedido para sentar. "Não tenho dúvidas", disse ele, "de que esperavam pelo meu robe, já que você não me deixou entrar pela porta da primeira vez que vim" – e foi embora.

Muitas vezes reagimos à fachada, ou à maneira como uma pessoa se apresenta externamente, em vez de reagirmos à própria pessoa dentro das suas vestes ou por trás de um título extravagante. Mas ninguém é rico até possuir as coisas que o dinheiro não pode comprar.

Já que é bem pouco provável que nossa preocupação com o dinheiro simplesmente desapareça, precisamos aprender um modo de conviver com a busca por dinheiro sem nos perdermos nela. Precisamos nos dar conta de que, nos assuntos monetários, tudo é uma questão de equilíbrio. Se tanto ter dinheiro demais quanto ter de menos é capaz de nos desmoralizar, como podemos driblar nossa necessidade de obtê-lo e nosso receio dele?

É claro que o meio mais fácil de lidar com as questões monetárias é mudar nosso sistema de necessidades – isto é, modificar nossos desejos. Afinal, a riqueza é algo relativo. As pessoas que desejam menos talvez sejam muito mais ricas do que aquelas pessoas que querem sempre mais. Curiosamente, a ênfase dada a se desejar pouco, a se levar uma vida simples, é uma temática comum a várias religiões no mundo. A verdadeira liberdade, de acordo com muitas doutrinas religiosas, consiste em não alimentar desejos materiais; as pessoas são muito mais livres – e, de fato, mais ricas – quando não possuem um centavo registrado em seu nome.

Essa também tem sido uma temática comum dentro da filosofia ocidental: "O mais rico de todos é aquele que se contenta com o mínimo" (Sócrates); "A maior riqueza é saber viver com pouco" (Platão); "A riqueza não consiste em ter grandes posses, mas em ter poucos desejos" (Epicuro). Parece que nos tornamos mais ricos quando nossas mentes estão satisfeitas. Será verdade que a maior fonte de riqueza da qual dispomos se encontra entre nossos ouvidos? Henry Ford, o pioneiro na fabricação de automóveis, que presenciou o nascimento e a morte prematura de várias empresas antes de chegar ao desenho do seu modelo T, pensava o mesmo: "Se o dinheiro é a sua esperança de obter independência, você nunca terá. A única segurança real que um homem tem nesse mundo é sua reserva de conhecimentos, experiências e habilidades." São as capacitações e a sabedoria que possuímos que nos tornam ricos. De acordo com Sócrates, o melhor modo de viver para as pessoas é centrar o enfoque na aquisição da verdade e da sabedoria. A produção e o consumo material não constituem um fim verdadeiro em si mesmos; eles são, quando muito, um mero instrumento para alcançar algo de uma magnitude muito maior. Sócrates afirmou que, para se criar uma vida satisfatória, o desafio era se concentrar na construção de amizades, na geração de um sentimento de comunidade verdadeira e na busca por desenvolver atividades significativas.

É fácil testar a veracidade das afirmações de Sócrates: se alguém lhe dissesse que você só tem seis meses de vida, a sua reação seria "tenho de ganhar mais dinheiro" ou "tenho de passar esse tempo com as pessoas que me são caras"? Já foi dito que a melhor coisa que pode acontecer a alguém é ter um grau moderado de doenças cardiovasculares na meia-idade. Uma emergência médica dessa ordem oferece uma oportunidade que nos obriga a fazer um sério exame de nossa vida. A maioria das pessoas responde a essa oportunidade chegando à conclusão de que a maior riqueza é dar-se por feliz com a vida assim como ela se apresenta, valorizando os pequenos prazeres à medida que eles surgem.

ABRINDO MÃO DO DINHEIRO

Outra questão que tem preocupado os filósofos é o que deveríamos fazer com a riqueza, uma vez que a tenhamos obtido? A resposta generalizada parece ser a de colocá-la para trabalhar e deixar que ela produza algo de bom no mundo. Citando aquele que é um exemplo para os praticantes da reflexão, o filósofo e imperador Marco Aurélio: "A única riqueza que você terá para sempre é a riqueza que você foi capaz de dar." Muito mais tarde, dois conhecidos empresários expressaram opiniões semelhantes. "O dinheiro é como o esterco", observou o bilionário J. Paul Getty, "você tem de espalhá-lo, senão ele fede". Um outro magnata, Andrew Carnegie, chegou a uma conclusão análoga: "A riqueza excedente é uma confiança sagrada, cujo dono tem obrigação de administrar durante a sua existência em favor da comunidade".

Em 1888, quando o irmão de Alfred Nobel, Ludvig, morreu, um jornal francês publicou o obituário de Alfred por engano, com o seguinte título: "O mercador da morte está morto." E assim prosseguia o texto do obituário: "O Dr. Alfred Nobel, que enriqueceu ao descobrir um meio de matar as pessoas com uma rapidez nunca antes vista, faleceu ontem". A resposta de Nobel foi a de alguém que havia sido tomado de um grande choque: o inventor da dinamite não queria ser lembrado como o "mercador da morte". O incidente o motivou a viver a sua vida de maneira muito diferente.

Por ocasião da morte de Alfred Nobel em 1896, quando realizou-se a leitura do seu testamento, foi o mundo que levou um choque então. Nobel deixou praticamente toda a sua enorme fortuna para a criação de cinco prêmios (na área da física, química, fisiologia ou medicina, literatura e paz) a serem outorgados "àqueles que, durante o ano precedente, tenham conferido o máximo de benefícios para a humanidade". O Prêmio Nobel representa um grande reconhecimento de mérito para qualquer um com aspirações nos referidos campos desde o seu estabelecimento.

Um exemplo mais recente de uma maneira notável de lidar com a riqueza foi apresentado pela figura de Warren Buffett, o investidor bilionário da Berkshire Hathaway, que se comprometeu a doar 85% do seu estoque em ações da Berkshire para cinco fundações. A maior parte da sua doação irá para a maior organização filantrópica do mundo, a Fundação de Bill & Melinda Gates, no valor de 30 bilhões de dólares. Ao declarar sua intenção de doar a fortuna, *Buffett* comentou que "não sou um entusiasta da riqueza dinástica, especialmente quando seis bilhões de outras pessoas receberam cartas bem piores do que nós no jogo da vida." Além disso, ele expressou esperança de que outras pessoas ricas "venham a adotar esse modelo; acho que é um modelo com consistência".

Alfred Nobel e Warren Buffett demonstram que o maior emprego da riqueza não é no sentido de fazer mais dinheiro, mas no de levar o dinheiro a fazer mais. É claro que podemos nos indagar se alguns dos homens mencionados – dado o modo implacável como construíram suas fortunas – vestiram uma máscara altruísta para disfarçar motivações de ordem menos sublime, como um autoengrandecimento narcisístico. Certamente, é verdade que a doação de dinheiro para causas sociais meritosas angaria mais aplausos do que a compra de carros caros, luxuosos iates, aviões particulares ou mansões opulentas. Mas, mesmo que o motivo por de trás disso seja o desejo de ser reconhecido, ele é um motivador eficaz.

Infelizmente, muito poucas pessoas sabem como fazer uma doação sábia. Por mais estranho que possa parecer, a filantropia é capaz de acarretar dificuldades de ordem prática e emocional. A identificação das causas certas nem sempre é fácil – doar é um jogo bem diferente de adquirir. Há algumas pessoas inescrupulosas lá fora, só esperando para pôr as mãos no dinheiro, e há uma dimensão emocional também. A doação de uma grande quantia de dinheiro pode significar sair fora da lista dos "mais ricos do mundo". O bilionário do setor de telecomunicações Ted Turner sabe exatamente o sentimento que isso provoca: "Quando comecei a enriquecer, comecei a pensar, 'que diabos vou fazer com todo esse dinheiro?'... Você tem de aprendar a doar.... Durante um período de três anos, doei metade do que eu tinha. Para ser honesto, minhas mãos tremiam ao assinar o termo de doação. Eu sabia que estava me retirando da corrida para me tornar o homem mais rico do mundo."

No fim, contudo, todos queremos ser percebidos pela maneira como vivemos, e não pelo padrão de vida que levamos, e queremos ser avaliados pela forma como ajudamos os outros, e não pelas nossas riquezas. Como afirmei repetidas vezes, a riqueza é um estado de espírito. Qualquer um é capaz de obter riqueza mental se cultivar bons pensamentos. Se nos considerarmos prósperos, assim o seremos. Se nos visualizarmos continuamente em uma situação de dificuldades financeiras, é exatamente aí que iremos parar.

Até que fiquemos felizes com aquilo que somos, nunca seremos felizes com aquilo que temos. Nossos pensamentos e nossa imaginação são uma grande fonte de riquezas, assim como nossas amizades e laços familiares, e nossa capacidade de derivar prazer das pequenas coisas da vida. Creio sinceramente que aquelas pessoas dotadas de riqueza espiritual são as mais ricas de todas – muito mais que o mais rico dos bilionários, com um tipo de mercadoria que vale muito mais do que dinheiro. O que conta é nossa *Weltanschauung*, nossa perspectiva de vida, como ilustra a história a seguir.

Certo dia, um rico empresário levou sua filha em uma viagem para Bangladesh. O propósito da viagem era que ela tivesse uma experiência sobre como vivem as pessoas pobres e aprendesse assim a dar valor às riquezas que possuía. Eles passaram alguns dias e algumas noites viajando pelo interior, hospedados na casa de uma família pobre em um dos vilarejos. Quando regressaram à Europa, o pai perguntou à filha o que ela achara da experiência. Ela disse que tinha sido uma viagem fantástica.

"Você entende agora como vivem as pessoas pobres?" indagou o pai.

"Claro", disse a filha.

"Então, o que você aprendeu com essa viagem?"

"Percebi que só temos um cachorro, enquanto que a família com a qual ficamos tinha quatro – e gatos e vacas que eles podiam chutar. Temos uma grande piscina, mas as crianças que viviam na casa onde ficamos tinham o mar, que parecia não ter fim. Atrás da nossa casa, temos um jardim onde eu posso brincar, mas essas crianças podiam brincar em toda a floresta. Compramos nossa comida em um centro comercial, mas eles conseguem plantar a sua própria comida. Temos um carro com lugar para nós quatro, mas eles tinham um ônibus que acomodava todo o vilarejo." O pai voltou a vista surpreso e em desalento, quando a filha acrescentou: "Obrigada, pai, por me mostrar o quanto somos pobres."

Uma coisa que é considerada sem valia ou tomada como algo certo por uma pessoa pode ser uma posse de grande estima para outra pessoa. Precisamos compreender que todos os nossos problemas com dinheiro, todas as nossas preocupações e carências começam e terminam em grande parte com a pessoa que olha de volta para nós no espelho. Embora eu, de modo algum, ignore o fato de que problemas reais com dinheiro existam de verdade, para muitas pessoas, preocupar-se com dinheiro é apenas um estado de espírito. Somos verdadeiramente felizes quando estamos contentes com aquilo que temos e com aquilo que fazemos. Infinitamente mais importante que o dinheiro é sermos capazes de compartilhar nossa riqueza humana – nosso tempo, nossa energia, nossas paixões e nossa intimidade. Esses bens intangíveis são a única segurança real que possuímos em um mundo inseguro. Eles são aquilo que é mais essencial para nós na jornada da vida e tudo aquilo de que realmente necessitamos para conseguir desfrutar todos os momentos dessa jornada.

Para terminar, as palavras de autoria de uma das figuras literárias mais conhecidas da Inglaterra, Samuel Johnson, parecem ser proféticas:

> O ouro tem o poder de comprar o ingresso no céu?
> O ouro é capaz de remover a hora da morte?
> Na vida, o amor pode ser comprado com ouro?
> Os prazeres da amizade são para ser vendidos?
> Não – tudo aquilo que vale a pena desejar – pensar,
> A genuína virtude doa, sem suborno, sem compra.
> Então para de atrelar tuas esperanças a coisas inúteis,
> Deixa que visões mais nobres povoem a tua mente.

PARTE 3

REFLEXÕES SOBRE A FELICIDADE

À Procura de Morangos Silvestres

12

Ninguém é tão infeliz quanto pensa ser, nem tão feliz quanto espera ser.
François, Duc de la Rochefoucauld

Não existe cura nem para o nascimento nem para a morte, a não ser a capacidade de desfrutar do intervalo entre eles.
George Santayana

A felicidade não depende de coisas externas, mas da forma como as percebemos.
Leo Tolstoy

Se eu cultivar um ramo verde no meu coração, ele atrairá um passarinho que cante.
Provérbio chinês

"Os animais são felizes enquanto têm saúde e comida", observou Bertrand Russell em seu ensaio *The Conquest of Happiness* (A Conquista da Felicidade). "Os seres humanos, alguém pensaria, devem ser felizes, mas, no mundo moderno, eles não são, pelo menos na grande maioria dos casos." As pessoas só conseguem ser felizes quando se sentem "parte integrante do fluxo da vida", observou ele, "não uma entidade segregada à força, como uma bola de bilhar que não tem relação com as demais entidades similares a ela, a não ser na hora da colisão". Em outras palavras, pessoas necessitam de pessoas. Se almejamos a felicidade, não a encontraremos olhando no espelho; precisamos olhar pela janela.

Infelizmente, um número demasiado grande de pessoas são como as bolas de bilhar de Russell. Incapazes de se aproximar dos outros, elas se encontram ilhadas em si mesmas, retraídas e com o enfoque voltado para si próprias, elas ficam olhando para a sua própria imagem refletida no espelho em vez de olharem pela janela. Por fim, devido ao seu exacerbado individualismo, criam uma verdadeira prisão para si mesmas, impondo-se uma gaiola de infelicidade. Presas em pensamentos neuróticos, elas não só se colocam em um estado deprimente, como também fazem os outros infelizes. E elas não têm a menor ideia de como se libertar e nem de como fazer o bem para si mesmas.

Empreendendo duas jornadas

Em seu filme *Morangos Silvestres* – um conto autobiográfico disfarçado – o famoso cineasta Ingmar Bergman relata a história de um velho homem, Isak Borg, que embarca em duas jornadas, uma de Estocolmo para Lund, a fim de receber um título de doutorado *honoris causa*, e outra em direção ao seu mundo interior. No que se refere às aparências externas, Isak Borg é um homem de muito sucesso, um respeitado cientista e doutor em medicina. Sua vida pessoal revela, contudo, um quadro bastante diverso. Seu relacionamento com a mãe, uma senhora de idade, é desprovido de calor humano, e com o pai (que aparentemente não participa de nada) é inexistente; o casamento de Borg, que era adúltero e infeliz, terminou em divórcio; e ele nutre uma relação muito distante com seu único filho. Pior, o filho tem um comportamento muito parecido com o pai: uma crosta de gelo cresceu entre ambos. Não surpreende saber, no início do filme, que a perspectiva de vida de Borg foi se tornando cada vez mais gélida. Ele é pessimista no que diz respeito à raça humana. Atormentado pelo rumo que sua vida tomou, ele se isolou da maior parte das interações humanas.

Durante a jornada de Estocolmo para Lund, Borg – na companhia de sua nora (que, como a Beatrice de Dante, desempenha um papel condutor) – se confronta com várias cenas do seu passado. Muitas dessas cenas giram em torno de incidentes cruciais e recordações infelizes. Contrariamente aos sentimentos evocados por tais lembranças – e para não se deixar tomar pela ansiedade e pela dor – Borg tenta ressuscitar memórias mais felizes. Ele tenta retornar aos seus "bocados de morangos silvestres", símbolos da doçura da vida – memórias dos fugazes momentos de benção e felicidade aos quais todos nos agarramos. À medida que a jornada avança (e Borg sofre a influência de uma série de experiências que moldam seu caráter), sua perspectiva de vida começa a mudar. Ele fica mais feliz, mais brincalhão. Ele tenta se aproximar das pessoas. Infelizmente, essa transformação ocorre quando o relógio da vida já está marcando quase meia-noite.

As reflexões acerca da felicidade tendem a levar as pessoas a uma viagem de volta ao passado na pista das recordações. Ao escrever este capítulo sobre a felicidade, me vi sendo levado de volta aos meus próprios "bocados de morangos silvestres", ao mesmo tempo em que voltei a muitos arbustos espinhentos que encontrei durante a minha vida. Tanto o ensaio escrito por Bertrand Russell como o filme de Ingmar Bergman encontram eco nas minhas próprias origens. Não deve então causar espanto o fato de que escrever sobre a felicidade tenha sido um processo conflituoso para mim. Se encontrei grandes prazeres tanto no aspecto estético da escrita (a criação de algo tangível) quanto no seu aspecto pragmático (a criação de algo significativo), a satisfação foi, às vezes, encoberta pela jornada pessoal para dentro do *self*, inevitavelmente deflagrada pelas reflexões sobre a felicidade.

A felicidade é um tópico difícil de ser definido. É muito mais fácil abordar os sentimentos aflitivos do que os chamados sentimentos positivos. Eles são muito mais definidos, mais concretos. Embora, para infortúnio dos empresários teimosos, não existam quotas de felicidade no pregão da bolsa de valores. A felicidade não é algo a que se possa atribuir um valor específico. Sua natureza é muito menos tangível do que isso – é demasiado elusiva. A felicidade se aproxima em silêncio e sem fazer alarde, e escorre por entre nossos dedos com a mesma rapidez. Ela é muitas vezes um presente totalmente inesperado. Mas, mesmo que a felicidade seja algo tão fugidio, a busca pela felicidade continua sendo uma das maiores preocupações da humanidade. Tentarei lançar alguma luz sobre o tópico, examinando-o sob diversos ângulos.

Embora raramente seja feita menção da felicidade como um objetivo no contexto de um currículo ou de um relatório administrativo, o tópico não escapa ao âmbito profissional. Ao longo dos anos, em meu papel de pesquisador, professor e consultor, estudei e ministrei muitas palestras sobre o ciclo de vida humano, a construção de uma carreira, a liderança, transformações pessoais e organizacionais, e estresse individual e organizacional. Ouvi muitas apresentações feitas por executivos que estavam aflitos devido às vicissitudes nas suas carreiras. Além disso, na condição de psicoterapeuta, psicanalista, *coach* e consultor de lideranças, trabalhei com o intuito de ajudar as pessoas a dar um sentido à jornada da sua vida; tentei ser um guia na viagem que empreendiam tanto na dimensão interna quanto externa. E, em cada um desses papéis, durante muitos anos, vi o tópico da felicidade surgir repetidas vezes como um tema-chave. Pessoas de toda a parte no mundo, desde o escritório situado no último andar até a linha de montagem, indagam: O que posso fazer para ser mais feliz? O que posso fazer para melhorar minha qualidade de vida? O que deu errado no meu trabalho e nos meus relacionamentos? Há algum jeito de eu "remediar" os conflitos que gerei? Nada é mais intrigante para a imaginação de um educador do que as perguntas para as quais ele não dispõe de respostas simples e definitivas.

13 O Elusivo Conceito de Felicidade

E o que é a vida? – uma ampulheta do tempo correndo
A neblina fugindo do sol da manhã
Um sonho de frenética agitação que ainda se repete
A sua duração? – A pausa de um momento, o que se pensa em um momento
E a felicidade? Uma bolha na corrente de água
Que, quando se quer pegá-la, reduz-se a nada.

John Clare
("What is Life?" *The Englishman's Fire-side*)

Dois dias felizes raramente são irmãos.

Provérbio búlgaro

Considere o seguinte. Nós, humanos, somos seres sociais. Viemos a este mundo por ação de outros. Dependemos de outros para aqui sobreviver. Quer gostemos ou não, é raro passar um momento em nossas vidas em que não nos beneficiemos de atividades executadas por outros. Por essa razão, não é de surpreender que grande parte da nossa felicidade surja no âmbito das relações que mantemos com os outros.

Dalai Lama

O filósofo francês Jean de la Bruyère afirmou certa ocasião: "Para o homem, apenas três grandes eventos importam: nascimento, vida e morte; mas ele não tem consciência de estar nascendo, ele sofre na hora da morte e ele se esquece de viver." É evidente que de la Bruyère tinha uma grande predisposição para a infelicidade. Ele não "desfrutava do intervalo". Meu objetivo aqui, diversamente do dele, é me concentrar no intervalo, em um esforço a fim de melhor compreender em que se resume a felicidade.

O desejo de ser feliz é uma característica humana universal. Os gregos da Antiguidade clássica deram um grande impulso a esse anseio, a ponto de formularem uma teoria para a autorrealização que girava em torno da felicidade: o *eudemonismo*. Em sentido literal, o grego *eudaimonia* significa "bom espírito" (*eu* acrescido de *doemon*), um termo que normalmente se traduz por "felicidade". Em sua obra *Ética a Nicômaco*, Aristóteles examinou uma série de experiências humanas. Segundo ele, a maior experiência para a humanidade – e a sua única verdadeira paixão – é alcançar a felicidade. Pela definição de Aristóteles, a felicidade é um estado de alma que está em conformidade com a virtude. Ele via a busca do bem-estar pessoal como a mais importante aspiração da humanidade – o objetivo supremo de toda a atividade humana. Segundo ele, o *eudemonismo* é alcançado por meio de um estilo de vida bem regrado e do engajamento em atividades para as quais se tem maior aptidão. Mas ele percebeu que não era nada fácil alcançar a felicidade: "Uma andorinha não faz verão, e nem torna um dia bom; de forma similar, um único dia ou pouco tempo de felicidade não deixam a pessoa feliz por inteiro." De fato, segundo a definição dada por Aristóteles, só se poderia avaliar a felicidade depois da morte de uma pessoa.

Mas a procura da felicidade não se encerra com os gregos. Ela se mostrou persistente ao longo dos séculos. Até mesmo na Declaração de Independência dos EUA – um documento político formal – encontramos a afirmação de que um dos "direitos inalienáveis" da humanidade é "a busca da felicidade". O mais irônico é que Thomas Jefferson (o principal autor do documento) era um homem tomado de profunda melancolia e que não sabia muito sobre a busca da felicidade. (E, é claro, nos damos conta de que buscar a felicidade é algo bem diferente de conseguir alcançá-la.)

Muitos psicólogos tentaram imprimir um aspecto mais concreto ao significado da felicidade, empregando termos como *autorrealização, experiência de pico, individuação, maturidade, sentimento de fluidez* e *bem-estar subjetivo*. Para a maioria dos estudiosos do tópico em questão, tais rótulos implicam o sentimento de que a vida, como um todo, é boa, satisfatória e imbuída de significado. Infelizmente, o *eudemonismo* – não importa que rótulo lhe deem – não parece ser mais que um ideal. Muitas circunstâncias, por exemplo, enfermidades, lesões, formação educacional deficiente, ausência de demanda pela atividade que estejamos ansiosos por desempenhar, ou políticas governamentais inflexíveis, podem impedir que nos engajemos naquilo que nos é mais compatível. Mas, mesmo assim, apesar de toda a ubiquidade dos referidos impedimentos, para a maioria de nós, a busca da felicidade é o derradeiro objetivo da existência; ela nos dá esperança e uma razão para viver, motivando-nos a prosseguir apesar das adversidades da vida.

Então, por que, se a felicidade é reverenciada quase que universalmente, ela continua sendo um conceito tão repleto de mistérios? Por que se emprega essa palavra com tanta frequência, mas se fica tão perdido para descrevê-la? É porque não encontramos ainda a resposta ou porque não existe resposta? Alguns indivíduos que escreveram sobre o tema da felicidade creem que seja um assunto que nem deveria ser explorado. O escritor britânico Gilbert Chesterton, por exemplo, observou: "A felicidade é um mistério similar à religião, e jamais deveria se tentar racionalizá-la." Ele optou por não prosseguir investigando porque achava que isso não levaria a lugar algum. O escritor norte-americano Nathaniel Hawthorn disse: "A felicidade é uma borboleta que, se caçada, sempre se mostra além do nosso alcance, mas, se você se sentar tranquilamente, ela talvez pouse em você."

Em busca do "paraíso perdido"

Com mistérios ou sem mistérios, foram realizados esforços esporádicos no sentido de desconstruir tal imagem da felicidade. Algumas pessoas, por exemplo, argumentaram que a felicidade não é um lugar ou uma condição, mas um estado mental, algo que surge de dentro de nós – um produto da imaginação, se assim preferir. (Essa visão tão amplamente aceita da felicidade como sendo uma invenção do nosso mundo interno pode ter contribuído para revesti-la de tanto mistério.) Os psicoterapeutas, por outro lado, sabidamente comparam a felicidade ao "Paraíso Perdido" da primeira infância – um sentimento imenso e de difusa lembrança de uma total união com a mãe. (Eles veem indícios disso nas trocas feitas entre as mães e as crianças e no sentimento de alegria, ou de total envolvimento, que se revela no olhar das crianças quando se aninham junto à mãe.) Muitos dos meus pacientes falam em tentar resgatar o vago sentimento de união mística que uma vez conheceram – uma recordação que só pode ser recapturada por breves instantes. Essa percepção foi institucionalizada com a história bíblica sobre a expulsão da humanidade do Paraíso. Foi a expulsão de Adão e Eva do Jardim do Éden que não só trouxe o pecado para o mundo, mas que também tornou necessária a procura da felicidade.

Alguns psiquiatras e neurologistas, contudo, cultivam uma visão mais cínica sobre o assunto. Eles sustentam que a felicidade nada mais é que uma reação fisiológica, um produto da química corporal, ou o resultado de neurotransmissores colocados em ação. Tal ponto de vista incita o debate para determinar se a felicidade induzida por drogas como o Prozac é real. Se a emoção que se sente é a mesma, e se ela se deriva da mesma fonte química, trata-se realmente da mesma coisa? Isso é tudo o que se sabe sobre a felicidade? Deveríamos parar por aqui?

Independentemente de qual abordagem elas preferiram, a maioria das pessoas que estudaram a felicidade não a veem como um visitante a longo prazo; só ocasionalmente, dizem eles, é que a felicidade faz morada em nosso lar. E, mesmo assim, muitas pessoas, caso fossem questionadas a respeito, diriam que são felizes – embora às vezes mais, às vezes menos. Talvez devêssemos então comparar a felicidade ao sol que abre caminho através das nuvens em dias cinzentos. Embora só se possam ver os raios de sol de forma esporádica, sabemos que o sol está sempre lá. E, se tentarmos seguir o sol, veremos que ele se afasta de nós. Por mais frustrante que possa parecer, isso nos dá algo pelo que lutar.

Por ironia, uma das virtudes da felicidade é o fato de ela jamais ser completa, ou constante. A felicidade em condições ininterruptas seria, na melhor das hipóteses, monótona, ou um pesadelo, na pior delas (como viver em um perpétuo estado orgástico). De fato, é bem provável que as pessoas que declaram viver sempre felizes sejam diagnosticadas como hipomaníacas ou enquadradas em um estado de negação por psiquiatras, psicoterapeutas ou psicanalistas. Em outras palavras, não existe isso de alguém ser feliz demais. É preciso que existam altos e baixos para imprimir uma tonalidade às nossas experiências. A escuridão se faz necessária para ressaltar a luz. Como expressou Dante Alighieri no *Inferno*: "Não existe tristeza maior que lembrar da felicidade quando se está sofrendo." Muitos descobriram que não existe prazer sem dor, assim como não existe alegria sem tristeza. Carl Jung expressou sua concordância ao escrever: "Até mesmo uma vida feliz não pode existir sem uma determinada dose de escuridão, e a palavra *feliz* perderia o sentido se não fosse contrabalançada pela tristeza. É bem melhor enfrentar as coisas à medida que elas se apresentam, com paciência e equilíbrio." Não é possível conceber o Paraíso sem o Inferno. As polaridades se fazem necessárias; os contrastes se fazem necessários. Há uma boa razão para Dante ter se alongado tanto ao escrever sobre o *Inferno* e ter se movido com relativa rapidez quando incursionou pelo *Paraíso*.

No momento em que se estabelece que a felicidade é tanto elusiva quanto efêmera, o que mais é possível dizer a seu respeito? Quais são os elementos que a compõem? É impossível dar uma resposta definitiva à essa questão porque a felicidade significa diferentes coisas para cada um. Trata-se de uma experiência muito subjetiva; todos temos nossas próprias fantasias sobre o que é (ou deveria ser) a felicidade. Algumas pessoas empregam o rótulo *felicidade* para descrever um estado no qual não são mais atormentadas pelo desejo (embora nem todo o desejo tenha sido satisfeito). Outros se referem à felicidade como um sentimento associado a momentos especiais que ficam guardados na memória – o sorriso do pai amoroso, um momento de êxito na escola, o primeiro caso de amor, o nascimento de uma criança, uma reunião de família ou um encontro com os amigos. Aqueles dotados de uma inclinação científica descrevem a felicidade como um sentimento de satisfação com a vida como um todo, como a ausência de emoções negativas ou de aflições psicológicas, como um senso de propósito na vida e como sentimentos de crescimento pessoal. Em todas essas definições, contudo, é de fundamental importância um estado mental positivo.

PSICOLOGIA POSITIVA

Existe até mesmo um ramo relativamente novo da psicologia que estuda as forças e as virtudes que permitem que indivíduos e comunidades prosperem: a psicologia positiva, ou a ciência do bem-estar. Uma das principais figuras no movimento da psicologia positiva é o psicólogo Martin Seligman que, em seu discurso inaugural como presidente da Associação Psicológica Americana em 1998, salientou que os psicólogos deveriam mudar o seu enfoque, estudando as pessoas que estão se saindo bem em tudo, em vez de centrar o enfoque nas experiências negativas.

A psicologia positiva pode ser descrita como uma busca científica que visa um funcionamento humano em um nível ótimo. Ela se propõe a explorar como os indivíduos podem ter um sentimento positivo de bem-estar, de pertencimento, de significado e propósito na vida. Em lugar de dar atenção a vidas em que tudo deu errado, a idéia é que os psicólogos mudem o foco, atentando para pessoas com quem tudo vai bem.

Os discípulos dessa escola de pensamento argumentam que, enquantos os psicólogos sabem potencialmente tudo o que há para se saber em termos de depressão, dispendeu-se muito pouco tempo para decifrar os segredos de uma vida feliz. As emoções positivas (alegria, elação, contentamento, orgulho, afeição, felicidade) deveriam receber tanta atenção quanto os sentimentos que se contrapõem à felicidade (culpa, vergonha, tristeza, ansiedade, medo, desprezo, raiva, estresse, depressão e inveja). Eles sugerem a necessidade de mudar o enfoque, passando da doença mental para o estado mental positivo. Assim, se os psicanalistas prometeram uma vez transformar o sofrimento humano agudo em um sofrimento ordinário, a psicologia positiva promete pegar o prazer humano mediano e transformá-lo em um profundo estado de bem-estar. Além disso, segundo os defensores da psicologia positiva, o estudo do bem-estar das pessoas abre portas para o entendimento da prevenção das enfermidades e da promoção da saúde. Eles argumentam que há um conjunto de forças humanas capaz de servir como proteção contra o aparecimento das doenças mentais: coragem, otimismo, habilidade interpessoal, ética no trabalho, esperança, sabedoria, criatividade, honestidade e resiliência.

Assim como o fato de ficar se alongando em cima dos acontecimentos negativos pode levar à depressão, estender-se sobre coisas que saíram bem pode ajudar a levantar alguém. A forma como alguém vê as coisas talvez importe mais do que aquilo que realmente aconteceu. Para alguém ser realmente feliz, de acordo com os psicólogos positivos, é preciso focalizar a visão em uma vida boa e cheia de significado. Para conseguir isso, é necessário identificar a força que imprime nossa marca inconfundível – as coisas nas quais somos realmente bons – que poderia ser qualquer coisa, desde perseverança e liderança até amor pelo aprendizado.

Alguns críticos, contudo, argumentam que a psicologia positiva defende a perspectiva de uma cultura muito específica, enquadrando-se especialmente bem dentro da ênfase dada nos EUA à autossuficiência e à autoexpressividade. Outros se unem ao coro dos críticos dizendo que não se trata de nada novo, sendo apenas uma reciclagem dos velhos movimentos de pensamento positivo. Some-se a isso que os psicólogos positivos são acusados de ignorar o fato de que as pessoas depressivas, ou até aquelas simplesmente infelizes, têm problemas reais que necessitam de tratamento. Sustentou-se até que a psicologia positiva possui algumas características de seita e que não é capaz de apresentar muitas pesquisas científicas que embasem suas alegações.

Não importam as críticas que a psicologia positiva venha a suscitar, há algo que precisa ser dito sobre o estudo do funcionamento humano em um nível optimal e sobre a construção de um campo de enfoque nas forças e virtudes humanas. Vale a pena fazer um esforço e prestar mais atenção aos efeitos da autonomia e da autorregulação, ao papel do otimismo e da esperança e a sua influência sobre a saúde, e a como se pode estimular a criatividade.

A Equação da Felicidade

14

Há três tipos de mentiras: mentiras, grandes mentiras e estatísticas.
Mark Twain

A melhor ação é aquela que busca gerar mais felicidade para o maior número de pessoas.
Francis Hutcheson

A razão pela qual as pessoas acham tão difícil ser feliz é porque elas sempre enxergam o passado como sendo melhor do que era, o presente pior do que é, e o futuro menos claro do que ele será.
Marcel Pagnol

Se não puder convencê-los, confunda-os.
Harry Truman

Deixando-se as questões de definição de lado, a maioria concorda que não é fácil obter a felicidade. Quando pergunto às pessoas se elas são felizes, muitas vezes obtenho respostas evasivas e conflitantes. Porém, muitos definem suas vidas como nitidamente infelizes. Os filósofos, raramente os chefes de torcida do mundo, situam-se dentro desta coorte. Henry Thoreau acreditava que "a maioria dos homens vive em um estado de silencioso desespero", enquanto Jean de la Bruyère clamava que "a maioria dos homens passa a melhor parte das suas vidas cuidando para que os anos que lhes restam sejam infelizes". O lexicógrafo Samuel Johnson tampouco foi otimista ao observar que "a vida humana encontra-se, por toda a parte, em um estado em que há muito para se suportar e pouco para se desfrutar". O psiquiatra Thomas Szasz foi até mais sombrio ao alegar que "a felicidade é uma condição imaginária, que antes costumava ser atribuída pelos vivos aos mortos, e que agora é geralmente atribuída pelos adultos às crianças e pelas crianças aos adultos". O cineasta e escritor Woody Allen reveste sua visão sombria de tonalidades mais suaves: "Mais do que em qualquer outro período da história, a humanidade se encontra diante de uma encruzilhada. Um dos caminhos leva ao desespero e a uma total desesperança. O outro, à completa extinção. Vamos rezar para que tenhamos a sabedoria de fazer a escolha correta."

Será que eles estavam certos ao fazer afirmações tão sinistras? Ou as suas palavras refletem a negra *Weltanschauung* de alguns poucos escolhidos? Escritores, artistas e psiquiatras naturalmente têm uma perspectiva mais depressiva perante a vida? Talvez eles a tenham. Contudo, as pesquisas sobre a felicidade produzem números otimistas que dificilmente podem ser ignorados. Nas pesquisas sobre o bem-estar subjetivo (efetuadas em muitos países e subculturas diferentes), a maioria dos entrevistados fez uma pontuação bem acima do valor do ponto neutro na escala de satisfação com a vida. Em outras palavras, em geral, eles se atribuíram uma pontuação indicando serem mais felizes do que infelizes.

É claro que sempre podemos questionar os resultados de tais estudos, devido ao fato de eles se basearem em informações prestadas pelos próprios participantes das pesquisas. Há muitos processos em jogo, processos tanto em nível consciente quanto inconsciente, quando as pessoas prestam informações a seu próprio respeito e distorcem as respostas. Por exemplo, o "fator de desejabilidade social" – a urgência humana de ser aceito pelos seus pares – pode influenciar alguém a exagerar seu grau de felicidade, só para manter seu nível de aceitação social. É justo então questionar se as pessoas são realmente felizes quando dizem que são felizes. Os pesquisadores que tentaram fazer essa análise não conseguiram, de modo geral, encontrar pontos que validassem na mesma medida o alegado autorrelato de felicidade dos entrevistados, ao estender o questionamento a membros da família e amigos íntimos daqueles mesmos entrevistados. Em estudos que desenvolvi sobre diferentes estados de espírito, descobri um alto percentual de pessoas que são muito boas em enganar aqueles que estão próximos, tanto no trabalho quanto em casa.

A FELICIDADE COM O PROPÓSITO DE SOBREVIVÊNCIA

Colocadas de lado as reservas quanto aos autorrelatos, por que os resultados são tão róseos? Por que as pessoas optam pela felicidade em vez da infelicidade, mesmo quando a vida é dura com elas? Em um nível mais básico, talvez se trate de um mecanismo de sobrevivência. Se quisermos sobreviver como espécie, precisamos evitar o retraimento e a apatia provocados pelos estados de espírito negativos. Ficar remoendo as coisas ou olhando para o próprio umbigo não contribuem para uma ação efetiva; pelo contrário, tal atitude impede nossos esforços para tomar conta de nós mesmos, para dar sustento à nossa família e para servir à comunidade. Por sermos animais sociais, as redes que construímos são importantes no sentido de formar e manter a sociedade. O mundo humano funciona melhor quando as pessoas são capazes de estender a mão e de se envolver com os outros em interação social. Um homem sozinho é muito mais vulnerável do que o homem enquanto grupo. Considerando-se todas as possíveis adversidades a serem encontradas no caminho, um time, um grupo, um clã, uma tribo, uma nação são capazes de uma eficácia muito maior do que um indivíduo sozinho.

Em 1991, passei algum tempo na floresta tropical da África Central caçando junto com os pigmeus, que são uma tribo relativamente primitiva. Durante esse período de tempo, ficou claro para mim que o sucesso deles como pessoas era muito mais influenciado pela sua perspectiva positiva de vida. Os pigmeus dependiam um do outro para a sua sobrevivência. Eles caçavam juntos; coletavam frutos e raízes juntos; construíam abrigos juntos; tomavam conta dos filhos uns dos outros. Todas essas atividades eram realizadas ao ritmo de uma alegre brincadeira – fruto da sua perspectiva construtiva e otimista da vida. A partir do que pude constatar, os pigmeus eram pessoas alegres. Eles têm o dom de remodelar as experiências da vida de maneira positiva, e eles amam rir e cantar. As piadas e o riso eram métodos comuns para a solução de problemas entre os integrantes da nossa equipe de caça. A disposição dos pigmeus de expressar emoções positivas (e o claro desfrute das referidas emoções) simplifica muito a resolução de conflitos em todas as fases de vida dos pigmeus. De fato, rapidamente descobri que um acampamento de pigmeus silencioso – um que não desse vazão à felicidade – é um acampamento com problemas.

Alguns psicólogos sociais empregam a expressão "o princípio de Poliana" (princípio que recebeu esse nome inspirado na heroína de um livro infantil as que costumava sempre mostrar uma disposição alegre e radiante) para descrever a tendência demonstrada pela humanidade de processar com maior eficiência informações agradáveis do que as desagradáveis. A expressão francesa *la vie en rose* (enxergar o mundo por meio de óculos de lentes cor-de-rosa) é uma forma suscinta de descrever tal tendência. Quando indago às pessoas a respeito do seu passado, nas entrevistas iniciais que faço com elas, elas frequentemente pintam um quadro idílico da sua infância. Mas o quadro logo se quebra, quando começo a investigar cada vez mais fundo e a descobrir a verdadeira realidade. Os cínicos dizem que nada é tão responsável pelos "bons velhos tempos" quanto uma memória ruim.

CORRELATOS DA FELICIDADE

Curiosamente, de acordo com evidências supridas por estudos feitos sobre gêmeos idênticos, o estado de bem-estar subjetivo que todos chamamos de felicidade parece ser algo hereditário. Em outras palavras, parece haver um componente genético na capacidade demonstrada por alguém de ser feliz, embora estimativas quanto ao grau de influência desse componente variem muito (o grau mais alto fica em torno de 50%). Qualquer que seja o verdadeiro percentual, o pensamento corrente é de que as disposições de personalidade de fundo genético (os traços e o temperamento) predispõem as pessoas a ser mais ou menos felizes. O fator hereditário talvez explique por que a linha que serve de base para a felicidade mantém-se relativamente estável durante toda a vida para muitas pessoas (exceto variações diárias, ou até mesmo de hora em hora). O temperamento que recebemos ao nascer parece desempenhar um papel significativo na equação da felicidade.

O autor francês François de la Rochefoucauld chegou à mesma conclusão, apesar de não contar com os benefícios da pesquisa científica: "A felicidade e o sofrimento dependem tanto do temperamento quanto da fortuna." Isso significa que também podemos desistir de tentar melhorar nossos estados emocionais? Felizmente não – a vida não é tão determinística. Como não existe um gene específico da felicidade, a genética só integra uma parte desse quadro. Se temos uma programação genética permanente responsável por nos atribuir determinados traços, como sugeri antes, tal configuração cerebral não é uma condição estática. As experiências correntes e desenvolvimentistas que temos na vida transformam significativamente nosso estado de espírito. A maioria dos estudiosos que realizaram pesquisas sobre o tópico (inclusive geneticistas) concorda que as circunstâncias de vida exercem uma influência sobre o bem-estar subjetivo. Em grande escala, o que determina nossa maneira de sentir, pensar e agir é resultado da maneira como fomos criados e da influência de forças sociais e culturais. Em outras palavras, se a genética tem um papel a desempenhar, felicidade e infelicidade também são comportamentos que a pessoa aprende. Há muitos fatores contextuais que desempenham um papel no sentido de sermos felizes ou não.

Além de mostrar que as pessoas têm uma tendência para a felicidade, os estudos com base nas pesquisas feitas confirmam que o dinheiro não traz a felicidade. Como examinado na Parte Dois, as pessoas ricas não são necessariamente mais felizes que as pessoas dotadas de meios mais escassos, e não temos necessidade de ser ricos nem famosos para sermos felizes. Mesmo fazendo-se essa colocação, a felicidade só independe do nível de renda para aqueles que têm as necessidades básicas satisfeitas. Dentre os indivíduos com escassez de alimentos e recursos, parece haver uma correlação positiva entre nível de renda e felicidade. Quando aumenta o nível de renda, observa-se um leve aumento no grau de felicidade do grupo posicionado mais baixo na escala de variação de renda, mas esse grau de felicidade mantém-se inalterado nos grupos de mais alta renda. Em todos os níveis, uma coisa que parece importar mais que a riqueza absoluta é a riqueza que a pessoa percebe ter. Para nos sentirmos ricos, é preciso ter desejos que sejamos capazes de realizar. Todos somos ricos quando, em vez de buscar ter aquilo que queremos, buscamos querer aquilo que temos.

Além disso, a felicidade apresenta uma leve correlação positiva com o *status* social e com o nível de educação individual, talvez porque esses fatores muitas vezes elevem os níveis de renda. O *status* propiciado pelo trabalho e a satisfação que daí se deriva estão até em maior correlação com a felicidade. As pessoas em idade de trabalhar, porém sem emprego, são mais infelizes que as pessoas que contam com um emprego. Inúmeros estudos demonstraram que o desemprego contribui para uma série de transtornos psicológicos que variam desde a apatia e a irritabilidade até vários sintomas somáticos de estresse. Mas tais estudos também sugerem que as pessoas aposentadas são, em média, mais felizes que as pessoas que ainda trabalham (isso não inclui as pessoas aposentadas que tinham um emprego interessante, o qual lhes propiciava enorme satisfação, mas que agora sentem falta do desafio representado por suas antigas atividades).

O fato de sermos jovens ou velhos não faz diferença na equação da felicidade. Os autorrelatos de felicidade não favorecem nenhuma idade específica. A felicidade na infância não garante a felicidade mais tarde, e o mesmo pode se dizer da infelicidade, apesar de nossos componentes genéticos. A referência feita por Bertrand Russell à experiência, na abertura deste capítulo, é um indicativo para tal. Russell parece ter ficado mais feliz à medida que a vida foi seguindo o seu curso. Acontece de algumas crianças felizes se tornarem adultos neuróticos e infelizes, enquanto que muitas pessoas cuja infância foi infeliz se mostram mais felizes com o passar da vida. Além disso, a idade é capaz de alterar a intensidade da felicidade sentida. Não ficamos necessariamente menos felizes por ficarmos mais velhos, mas nossos sentimentos tendem a se abrandar; temos menos fases de grandes altos e baixos – em outras palavras, nosso sentimento de felicidade se estabiliza.

A felicidade parece não fazer diferença de gênero ou de idade. Talvez haja alguma diferença entre os picos e os vales de felicidade sentidos pelos gêneros – as mulheres mostram maior predisposição a fases de altos e baixos mais acentuadas e a serem tomadas por sentimentos e estados de ânimo positivos e negativos – mas o nível médio de felicidade é quase o mesmo. Homens e mulheres diferem, contudo, no modo como vivenciam determinadas formas de infelicidade. Por exemplo, a probabilidade de as mulheres sofrerem de depressão é duas vezes maior que os homens, enquanto que os homens apresentam mais probabilidade que as mulheres de se comportarem de maneira antissocial e de se tornarem alcoólatras.

As pessoas parecem ter uma notável elasticidade no que diz respeito à felicidade. Pesquisas na área de ciências sociais apontam que somos capazes de nos adaptar a novas situações muito rapidamente. Circunstâncias objetivas de vida desempenham um papel temporário nos estados de ânimo, mas o efeito que elas exercem a longo prazo é pequeno. Fases de intensos altos e baixos de felicidade ou infelicidade são logo neutralizadas pelo processo da formação de hábitos, e logo voltamos ao nosso estado habitual de ser.

Vamos exemplificar isso. Quando estou em minha casa no sul da França, no verão, como pêssegos brancos todos os dias, e isso me agrada, mas não me dá o mesmo prazer fugaz que me daria encontrar, por milagre, um pêssego dentro da minha mochila enquanto estivesse fazendo uma trilha na cordilheira Pamir ou na República Altai. Muitas vezes, fiquei alucinado lembrando daqueles pêssegos brancos enquanto estava sentado no topo da montanha, exausto, doído e desidratado. Mas esse tipo de prazer antecipado diminui com a satisfação contínua.

Os predecessores da economia moderna que introduziram a teoria da utilidade marginal compreenderam bem esse fenômeno. Herman Gossen expressou-o na sua "primeira lei", descrevendo por que o primeiro morango que se coloca na boca dá muito mais satisfação que os seguintes. Todos sabemos disso por experiência própria: a segunda chícara de chá ou café pela manhã nunca é tão deliciosa quanto a primeira; à medida que comemos mais e mais morangos, ficamos com uma sensação de saciedade, e não experimentamos mais o mesmo nível de satisfação à medida que continuamos comendo. O que antes fora uma experiência de pico, uma experiência memorável, nos escapa sem fazer alarde. É preciso buscar novos estímulos para chegar a ter uma sensação semelhante. Felizmente, algumas experiências – comer morangos, uma boa refeição, o sexo – se tornam novamente excitantes, após transcorrido algum tempo. O desejo é capaz de ressucitar a si mesmo.

Essa tendência humana de rápida adaptação a um novo estado de coisas, de reversão para a nossa linha emocional de costume, é chamada de "equilíbrio hedônico". Alguns cientistas sociais empregam um rótulo mais negativo, "esteira hedônica", sugerindo que somos capazes de nos adaptar à mudança de circunstâncias até chegarmos ao ponto da neutralidade emocional. Os pesquisadores reconhecem há bastante tempo que tão logo alguém melhore suas circunstâncias de vida, sua satisfação com a nova situação rapidamente diminui. As iniciais fases de alto cedem, por fim, a uma completa indiferença. Por exemplo, os ganhadores de milhões de dólares na loteria – após decorrido o estágio temporário de euforia – rapidamente caem de volta no estágio normal de felicidade de todos os momentos. Não importa o que venha a instigar a felicidade, nossa personalidade individual desempenha um importante papel no sentido de nos fazer voltar ao nosso estágio normal de equilíbrio emocional.

Já que conseguimos nos saciar com felicidade, pode-se questionar por quanto tempo uma pessoa conseguiria realmente ser feliz no céu. Enquanto os teólogos costumam descrever o inferno de forma bastante detalhada, eles têm muito pouco a dizer sobre o céu. Isso talvez porque as descrições da vida no céu soem um pouco entediantes – felicidade, felicidade e mais felicidade. Nenhuma atividade que seja realmente excitante – se pecaminosa – acontece no céu.

Embora alguns talvez achem difícil de imaginar, até mesmo as pessoas que vivenciam duros golpes de má sorte são capazes de encontrar a felicidade. Estudos mostram que pessoas que passaram por situações de sério desgaste tendem a ser muito menos infelizes do que os outros supõem que elas sejam. Muitas vítimas de infortúnio ao extremo nutrem um sentimento quase apologético pelo fato de não serem mais infelizes do que se pensa que deveriam ser. Frank Reed, que foi mantido como refém no Líbano por 44 meses no fim dos anos 80, atribuiu a forma como lidou com seu suplício e a rapidez com que conseguiu se recuperar dele ao seu "equilíbrio emocional". Indagado um mês após ter sido solto, tempo em que recuperou quase nove quilos de peso e superou a severa anemia que havia sofrido no cativeiro, Reed contou aos jornalistas. "Nunca fui uma pessoa que costumasse passar por fases de extremos altos e baixos... Talvez isso tenha me apoiado durante todo o suplício."

Muitas pessoas são capazes de reconstruir suas vidas e de encontrar de novo a felicidade após terem passado por sérios problemas físicos. O falecido ator de cinema Christopher Reeve (bem conhecido por seu papel de Super-Homem) é provavelmente um dos mais conhecidos exemplos de uma virada dessa ordem. Apesar de um acidente que o deixou paralisado do pescoço para baixo, ele superou a depressão suicida e descobriu um novo significado – e uma nova felicidade – na vida tornando-se porta-voz dos paraplégicos. "Tenho muitos anos bons pela frente", disse ele depois do seu acidente. "Os únicos limites que temos são aqueles que impomos a nós mesmos."

A pesquisa fundamentada na realização de enquetes sugere que as pessoas mais felizes se enquadram em um perfil genérico: elas são casadas, não pertencem a grupos de minoria étnica, possuem uma autoestima positiva, são extrovertidas e têm um senso de controle pessoal. Elas não insistem em ver o lado negativo das coisas (são mais otimistas), vivem em sociedades economicamente desenvolvidas (dotadas de um sistema político estável e de liberdades políticas), contam com amigos íntimos e possuem os recursos necessários para dispenderem esforços e alcançarem objetivos importantes. Talvez pratiquem alguma religião; as pessoas religiosas estabeleceram redes de relacionamento sociais e de suporte social (por meio da igreja, da sinagoga, da mesquita, do templo ou de outros agrupamentos) que é de especial valia nos períodos de crise. Talvez elas participem de atividades de lazer em grupo (clubes sociais, coros, equipes ou atividades desportivas) que sejam capazes de lhes oferecer um sistema de apoio similar, e talvez tirem férias, uma pausa da rotina diária.

A questão da causalidade começa a assumir maiores proporções à medida que consideramos os referidos fatores. O que contribui para o quê? A correlação existente entre felicidade e matrimônio se deve ao fato de o casamento trazer a felicidade ou ao fato de que pessoas felizes mostram-se mais propensas a encontrar parceiros para um casamento? Como funciona esse intercâmbio? São os eventos externos que fazem a diferença ou tudo é obra da perspectiva que temos da vida – nossa *Weltanschauung*? As pessoas que se encontram em um perpétuo estado de infelicidade percebem e interpretam as situações sob um prisma mais sombrio que outras? As descobertas feitas sobre a felicidade e a autoestima, a extroversão, o domínio pessoal e o otimismo, tudo aponta nessa direção. A felicidade talvez seja, antes de mais nada, um estado de espírito – a maneira como vemos o mundo. Em outras palavras, o modo como pensamos sobre as causas responsáveis por nossos sucessos e fracassos na vida realmente fazem diferença.

15 Nossa Weltanschauung

Só existe um caminho para alcançar a felicidade, que é não nos preocuparmos com coisas que estejam além do poder da nossa vontade.
Epiteto

Todos os homens são arquitetos do seu próprio destino.
Ápio Cláudio Cego

O romancista Anthony Powell comentou, acerca de um de seus personagens: "Ele caiu de amores por si mesmo à primeira vista, e esta é uma paixão à qual sempre se manteve fiel." Não importa quão espirituosa tal observação possa ser, o narcisismo não é questão para brincadeiras. A satisfação dada pelo narcisismo é muito transitória, porque o egocentrismo impede que o foco se volte para fora, o que é essencial para se ter bons relacionamentos. Bertrand Russell observou que devíamos "evitar cultivar a paixão por nós mesmos, mas sim cultivar um tipo de afeto e interesse que impedissem nossos pensamentos de ficar para sempre centrados em nós mesmos. Não faz parte da natureza da maioria dos homens ser feliz dentro de uma prisão, e as paixões que nos isolam em nós mesmos constituem uma das piores prisões possíveis." Dentre as referidas "paixões" capazes de nos levar à infelicidade, ele relacionou medo, inveja, competitividade, sentimento de pecado, autopiedade e autoadmiração. Ele concorda com a ideia de que a felicidade é, acima de tudo, um estado de espírito. O excesso de egocentrismo é uma maneira ilusória de ir ao encontro da felicidade. Precisamos erradicar os fantasmas que nos atormentam. A arte da felicidade é neutralizar ou minimizar as forças internas que nos assolam. Precisamos romper com a prisão que criamos para nós mesmos. Como diz o ditado: "Sorria e o mundo irá sorrir com você." A felicidade é igual a uma poção mágica que não se pode derramar sobre os outros sem respingar algumas gotas em nós mesmos.

Não só criamos uma prisão para nós mesmos por meio do egocentrismo, como também assumimos o papel de torturadores (além de muitos outros). Somos especialistas em procurar meios engenhosos de tornar nossas vidas miseráveis. Mas, por que fazemos isso se, como demonstram as pesquisas, a felicidade depende, em grande parte, do estágio cognitivo em que nos encontramos – do modo como interpretamos e respondemos às situações? De onde provêm nossos fantasmas?

Em quase todos os casos, somos prisioneiros do nosso passado. Como afirmou certa vez o filósofo dinamarquês Søren Kierkegaard: "A vida só pode ser compreendida em retrospecto, mas ela deve ser vivida voltada para o futuro." Nosso teatro interno – os temas que exercem influência sobre nosso comportamento – é muito influenciado pelo modo como fomos criados. Internalizamos e nos baseamos no comportamento das pessoas que cuidaram de nós durante os anos em que nos deixávamos impressionar.

Os psicólogos desenvolvimentistas e os teóricos cognitivos demonstraram que muito do nosso comportamento é apreendido. A prova de que isso é verdade é que, ao arrancarmos a máscara dos nossos torturadores, vemos outros rostos familiares além do nosso próprio – os rostos das pessoas que nos criaram. Suas advertências e recriminações ainda nos atormentam: *Não faça isso! Ponha o seu casaco ou você vai pegar um resfriado! Se você se comportar assim, você vai ficar igual ao seu tio, e você sabe o que aconteceu com ele! Não dê ouvidos ao que o seu amigo diz – os pais dele não são bons! Sua avó era uma santa, mas seu avô não valia nada – e você está se comportando exatamente como ele! Não brinque com aquela menina; ela vive criando casos!* Mensagens como essas são internalizadas quando ainda somos muito jovens (já que moldamos nosso comportamento com base naquilo que nossos pais expressavam), e elas têm um efeito na maneira como interpretamos os acontecimentos da vida ao longo dos anos.

Às vezes, agimos como se fôssemos representantes dos nossos pais, enviados para desempenhar uma "missão impossível". Carregamos nossos fantasmas sob a forma de vergonha, culpa, raiva, ansiedade, medo e tristeza. Tais sentimentos podem continuar a nos perseguir vida afora, as vozes críticas das primeiras figuras responsáveis por nos proteger ainda ecoando na nossa mente e influenciando nossa maneira de ver a vida.

Como diz um provérbio inglês: "Toda a felicidade reside na mente." A perspectiva que transportamos para a vida adulta é a chave da nossa felicidade, já que os acontecimentos e as situações podem ser interpretados de diferentes modos. Uma pessoa é capaz de ver como positivo o mesmo desafio que outra percebe como negativo.

Um bom exemplo é dado pela parábola do homem pobre que caminhava pelos bosques preocupado com o grande número de problemas que enfrentava. Ele parou para descansar e se escorou, sem refletir, em uma árvore mágica capaz de garantir a realização instantânea dos desejos de qualquer um que entrasse em contato com ela. O homem estava com sede e pensou consigo mesmo: "Oh, como eu gostaria de beber algo." Instantaneamente, um copo de água fresca surgiu em suas mãos. Chocado, olhou para a água, decidiu que não havia perigo e a tomou. Então, ele se deu conta de que estava com fome. "Gostaria de ter algo para comer", pensou ele. Apareceu uma refeição à sua frente. "Estou tendo meus desejos realizados", pensou ele incrédulo. "Bem, então – quero um lar bem bonito que me pertença", falou em voz alta. A casa surgiu no campo à sua frente. Um enorme sorriso tomou conta do seu rosto quando ele desejou ter criados para tomarem conta da casa. Eles apareceram e o homem se deu conta de que, de alguma forma, ele tinha sido abençoado com enorme poder. Ele desejou ter uma mulher bonita, amorosa e inteligente, com quem pudesse compartilhar a sua boa sorte – e lá estava ela. "Espere um minuto, isso é ridículo", o homem disse para a mulher. "Não sou tão sortudo. Isso não pode estar acontecendo comigo." À medida que ele dizia essas palavras, tudo foi desaparecendo. Ele balançou a cabeça dizendo "eu sabia", e foi embora dali, ainda preocupado com o grande número de problemas que tinha.

Esse conto torna a enfatizar a importância da nossa *Weltanschauung* na equação da felicidade. Se dependermos de outras pessoas para sermos felizes, então viveremos eternamente desapontados. Precisamos tomar a iniciativa. A autocomiseração não traz a felicidade, e a desistência também não. A maioria das pessoas é tão feliz quanto afirmam para si mesmas que são. É o modo como encaramos nossos sucessos e nossos fracassos que faz a diferença. Por acaso ficamos presos a uma incapacidade de fazer as coisas? Culpamos outras pessoas pela nossa dificuldade de resolver problemas? Ou dizemos para nós mesmos que podemos fazer a diferença? Agora vamos examinar várias formas mais específicas de inter-relacionamento entre perspectivas de vida e felicidade.

O LÓCUS DE CONTROLE INTERNO *VERSUS* O EXTERNO

Os psicólogos algumas vezes distinguem duas formas de ver o mundo. Eles classificam as pessoas em duas categorias, internas ou externas, dependendo do que orienta as suas ações. Uma pessoa interna ao extremo é alguém que pensa ser capaz de fazer qualquer coisa; nada é impossível. Tais pessoas imaginam ter domínio sobre suas vidas. As pessoas internas atribuem a razão dos acontecimentos a si próprias; elas se consideram mestras do seu destino. Elas tendem a ser proativas e empreendedoras. Em contraposição, as pessoas externas ao extremo têm a percepção de serem vítimas do meio; tudo aquilo que acontece é uma questão de destino ou do acaso. As pessoas externas são capazes de desistir até mesmo antes de começar; elas não acreditam que podem realizar coisa alguma. Mais reativas que proativas, elas carecem de um senso de eficácia pessoal. E, mesmo assim, desistir é a última tragédia, porque a perspectiva derrotista resulta em total passividade – uma estrada que passa ao lado da felicidade.

Nos experimentos de laboratório em que são dados choques elétricos a cachorros ou ratos, esses animais, que não tinham como evitar os choques, acabavam sofrendo de uma paralisia da vontade e se tornavam apáticos. Em suma, eles desistiam. Mesmo em meio a situações novas, eles não tentavam se ajudar. Essa crença sobre a incapacidade de fazer diferença é conhecida pela expressão desamparo aprendido. Analogamente aos animais das pesquisas, os seres humanos que enfrentam situações extremas – um campo de concentração, por exemplo – muitas vezes, perdem a esperança. A experiência ensina-os que nada será capaz de fazer diferença. Os experimentos realizados com animais nos levam a crer que é importante a perspectiva cognitiva, que aprendemos com os problemas.

Pude ver muitas situações de desamparo aprendido nas organizações. Tomemos o caso, por exemplo, de uma empresa que foi comandada durante muitos anos por um líder conservador e autocrático. Ele favoreceu a centralização do poder e se encarregou da maior parte das decisões tomadas. Não se permitia nenhuma iniciativa sem sua expressa autorização; todas as decisões tinham de passar por ele. A empresa acabou sendo adquirida por uma empresa global que nutria uma perspectiva comercial diferente. Quando os novos executivos assumiram a direção, eles tentaram disseminar sua filosofia entre os empregados por meio de termos como empoderamento, empreendedorismo e responsabilização. Porém, apesar do encorajamento dado pelos executivos para que as coisas fossem feitas de modo diferente – para que se introduzissem práticas de gestão mais contemporâneas – nada aconteceu. Os empregados continuaram agindo da maneira usual, privando-se de tomar iniciativas e delegando todas as decisões para seus supervisores. Não obstante as novas condições em que se encontravam, os empregados tinham ficado paralisados no modo dependente. Eles não sabiam como adotar um novo olhar na gestão empresarial. Alguns empregados ficaram tão desnorteados com as novas expectativas administrativas que saíram da empresa. Outros, em função da sua falta de eficácia, foram solicitados a se desligar. O que se seguiu foram sérios problemas de moral.

O período de confusão perdurou por algum tempo. Gradualmente, porém, com o auxílio de uma série de recém-chegados, a maioria dos empregados que ficara na empresa conseguiu modificar sua perspectiva. Eles descobriram que tomar decisões por conta própria não acarretava uma penalidade – as novas lideranças haviam usado de seriedade ao dizer que os empregados estavam dotados de poder para tomar uma atitude. Eles descobriram que as pessoas que mostravam a cara e se envolviam nas atividades empresariais recebiam uma recompensa, e não uma punição – mesmo que seus experimentos não tivessem sucesso. Mas demorou algum tempo até que a incapacidade treinada dos empregados sumisse. O antigo *CEO* havia dado muitos "choques elétricos", e isso impedira os empregados de acreditar que tivessem algum domínio sobre suas vidas. Como os cachorros e ratos no laboratório de pesquisas, os empregados haviam se sentido incapacitados de ir em frente.

Dessa maneira, as pessoas internas, que adotam uma perspectiva mais positiva e ativa na vida, demonstram uma maior propensão para vivenciar momentos de felicidade do que as externas. A percepção de estar no domínio – e mesmo a ilusão do controle – tem, em geral, um efeito positivo sobre o senso de bem-estar pessoal e serve como proteção contra o estresse. A percepção da perda de domínio ou o desamparo aprendido – a percepção de que todas as nossas ações são inúteis – conduzem a um senso de desespero e é vista amplamente como uma receita para a depressão e outros transtornos psiquiátricos.

O significado moral que se pode extrair de tais experiências é o seguinte: se quisermos abocanhar um pouco de felicidade, precisamos ser proativos. Para conseguirmos copiar os internos, precisamos crer que somos capazes de fazer diferença. Quando outra pessoa escreve o roteiro – que é como a vida se apresenta no mundo dos externos – não estamos realmente vivendo, mas só desempenhando um papel. Sentar e ficar esperando que os milagres aconteçam não nos levará à parte alguma, mas articular e fazer aquilo que queremos na vida é bem capaz de levar ao significado e à satisfação. Precisamos seguir nossas convicções. Precisamos dizer a nós mesmos que não somos meras criaturas dependentes das circunstâncias; somos agentes livres.

OTIMISMO *VERSUS* PESSIMISMO

O elo entre a felicidade e as disposições de personalidade também se evidencia no grau de otismismo da pessoa. Enxergamos um copo quase cheio ou quase vazio? Os psicólogos já sabem que o otimismo é uma boa defesa contra a infelicidade. Somos defensores da psicologia positiva ou temos uma mentalidade mais cética? Somos otimistas ou pessimistas?

Os otimistas argumentam que vivemos no melhor de todos os mundos, enquanto que os pessimistas *se preocupam* que este seja o caso. Os otimistas olham para o lado bom das coisas, percebendo cada derrota como uma dificuldade transitória. Ao se confrontarem com uma má situação, eles a percebem como um desafio, e trabalham arduamente para contorná-la. Eles têm esperanças de um futuro melhor e acreditam que podem ter sucesso naquilo que se dispõem a fazer. Fora isso, eles presumem que os outros tenham uma imagem positiva deles. Os profissionais da psicologia positiva chegam a afirmar que se pode aprender a ser otimista, que é possível ensinar a nós mesmos que aquele copo meio vazio está meio cheio.

O fato de adotarem uma atitude positiva perante a vida faz dos otimistas, por definição, pessoas mais felizes que os pessimistas. E – um ponto que a psicologia positiva enfatiza – o otimismo dá frutos: é mais provável que coisas positivas aconteçam às pessoas que pensam de forma positiva. Elas lidam melhor com acontecimentos que provocam estresse, gozam de melhor saúde e são mais bem-sucedidas. Mais ainda, seu otimisto é contagiante. Os pensamentos positivos de uma pessoa acionam pensamentos positivos por parte dos demais.

Em contrapartida, os pessimistas veem tudo através de um filtro negativo. E, o que é mais lamentável, o pessimismo muitas vezes se torna uma profecia autorrealizadora. Os pessimistas são capazes de cansar os outros com sua atitude negativa, reforçando o seu próprio estado de espírito negativo. Enquanto os otimistas criam seu próprio firmamento e desfrutam da viagem, os pessimistas são arquitetos do seu próprio inferno, assumindo o papel de torturadores. Acreditando que os maus acontecimentos são inevitáveis e duradouros, eles facilmente desistem de ter esperanças. Sentem-se incapazes de alterar o curso dos acontecimentos em suas vidas.

É claro que qualquer perspectiva de vida precisa ser equilibrada. O excesso de otimismo – e isso pode existir – conduz à autodesilusão e a uma ação derrotista, enquanto que o excesso de pessimismo conduz à paralisia. Se quisermos nos engajar em um processo eficaz de tomada de decisões, precisamos ser capazes de discernir entre aquilo que podemos ou não controlar – uma distinção que aumenta o grau de otimismo saudável.

Se carecermos de tal habilidade – se formos externos com uma orientação pessimista – ficaremos suscetíveis a distorções cognitivas. Como visto anteriormente, esse tipo de distorção é, em geral, algo que se aprende: eles são remanescentes das injunções que nos foram transmitidas pelas primeiras figuras responsáveis por nos proteger quando éramos muitos jovens. Exemplos de distorções cognitivas são a tendência de ver tudo em preto e branco, exagerando ou diminuindo a importância dos acontecimentos, tirando conclusões precipitadas e "colocando rótulos" (uma tendência de "encaixar" as pessoas em determinados moldes específicos).

Quando trabalho com executivos pessimistas, tento auxiliá-los a reestruturar a sua maneira de encarar a vida e determinadas situações, encorajando-os a darem pequenos passos que podem favorecer a mudança, mesmo quando os acontecimentos parecem estar fora de controle. Encorajo-os a encarar as dificuldades como desafios e a se esforçarem com mais afinco em vez de desistirem. Minha crença – sustentada por evidências – é de que somos capazes de *pensar* sobre como temos de agir para conseguir alcançar o sucesso e a felicidade, do mesmo modo que somos capazes de pensar sobre como temos de agir para renunciar ao fracasso e ao desespero. O otimismo é o melhor antídoto contra o desamparo, porque permite que nos recuperemos de uma derrota.

EXTROVERSÃO *VERSUS* INTROVERSÃO

Junto ao otimismo e ao pessimismo, e ao lócus de controle interno *versus* o externo, a extroversão desempenha um papel na felicidade. Os extrovertidos tendem a ser mais sensíveis ao ambiente externo que os introvertidos. Como eles esboçam uma reação mais forte e afirmativa frente às emoções positivas no ambiente externo, eles parecem ter mais facilidade para serem felizes.

Um mecanismo indireto aprofunda o elo entre extroversão e felicidade. Os extrovertidos demonstram possuir mais facilidade que os introvertidos para se aproximar das pessoas e para construir um envolvimento positivo com elas. Como a sociedade impõe exigências em favor de um envolvimento social, essa característica permite que os extrovertidos se adaptem melhor ao mundo. E, como as pessoas com personalidades expansivas se sentem mais à vontade em ocasiões sociais, elas tendem a se envolver em um maior número de atividades sociais. Isso explica porque, em geral, as pessoas mais expansivas e sociáveis conseguem sentir mais satisfação com a vida. Como o escritor Aldous Huxley afirmou certa vez: "Não se obtém a felicidade mediante uma procura consciente; em geral, ela surge como resultado de outras atividades."

Autoestima

Outro elemento da nossa *Weltanschauung* é o sentimento de autoestima. Para que a felicidade possa nos visitar, necessitamos de uma autoestima que integre características de qualidade como autoaceitação e autorrespeito. De fato, um dos melhores indicadores da felicidade parece ser o quanto nos sentimos confortáveis a nosso respeito. As pessoas que gostam de si mesmas acham mais fácil abrir-se para os outros. A autoexposição e a comunicação de duas vias resultante ajuda na criação de elos com os outros. As pessoas que conseguem se engajar em uma comunicação aberta possuem uma rede social mais ampla e contam com maior suporte, envolvendo-se com mais frequência na execução de empreendimentos sociais.

Pessoas dotadas de uma autoestima baixa, por outro lado, mostram-se mais suscetíveis a um distanciamento social, a um maior centramento em si mesmas, a um maior antagonismo ou a um comportamento mais taciturno. Enquanto as pessoas com autoestima elevada veem a si mesmas como hábeis em seus domínios, acreditando serem capazes de fazer uma diferença, aquelas com autoestima baixa tendem a procurar um bode expiatório e a adotarem outros padrões de conduta defensivos. Existe forte correlação entre a baixa autoestima e os transtornos psicológicos, em especial, a depressão.

Isso nos conduz de volta à questão da natureza *versus* a forma como fomos criados. Seriam a autoestima positiva, a extroversão, o otimismo e o lócus interno de controle resultado de uma larga predisposição genética – isto é, inteiramente predeterminados – ou temos poder para interferir no nosso destino? Felizmente, como já visto, a influência genética sobre os traços de personalidade não é algo totalmente programado. Isso nos deixa um espaço considerável para manobras. Deveríamos entender as disposições de personalidade que demonstramos ter na fase adulta como um intrincado jogo entre a natureza e a criação. Ao mesmo tempo que o componente natureza é forte, há muito espaço para influências na formação que incluam – como demonstrado pelas pesquisas neurológicas – mudanças posteriores de desenvolvimento na vida. Nós temos poder de interferir no nosso destino, mas precisamos ter vontade de fazê-lo. Se nos lembrarmos daquilo que deu certo na vida em vez daquilo que deu errado, talvez consigamos nos proteger da infelicidade, tornando-nos mais capazes de enfrentar os golpes da vida à medida que eles se apresentam.

DESCONSTRUINDO A FELICIDADE   16

> Não na Utopia – campos subterrâneos, –
> Nem em alguma ilha secreta, Deus sabe onde!
> Mas no mundo mesmo, que é o mundo
> De todos nós, – o lugar onde, por fim,
> Havemos de encontrar a nossa felicidade,
> ou absolutamente nada!
>
> William Wordsworth
>
> *Divirta-se; é mais tarde do que você pensa.*
> Provérbio chinês
>
> *Alguns geram felicidade onde quer que vão; outros, sempre que se vão.*
> Oscar Wilde

Consta em um velho provérbio chinês que a felicidade consiste de três coisas: alguém a quem amar, algo para fazer e algo em que depositar esperança. Existe muito de verdade nesse pensamento. Necessitamos de amor e esperança em nossa vida, e necessitamos de atividade. Sigmund Freud pensava de maneira parecida: em seu modo de ver, os dois pilares da saúde mental são a capacidade de amar e a capacidade de trabalhar. Infelizmente, por ser um fanático por trabalho, Freud não se deu conta de que brincar também é parte essencial da natureza humana. Todos temos um lado exploratório, motivacional – um lado que vemos nas crianças à medida que elas experimentam coisas novas. As pessoas para quem o trabalho parece uma brincadeira são realmente afortunadas.

Examinemos mais de perto os três elementos daquele provérbio chinês: alguém a quem amar, algo para fazer e algo em que depositar esperança.

ALGUÉM A QUEM AMAR

Todos precisamos de amor, de alguém de quem nos sintamos próximos e em quem possamos confiar. O primeiro relacionamento de amor que vivenciamos (se estivermos dentre os felizardos) é com nossos pais. Mais tarde, outros membros da família passam a integrar o quadro: avós, irmãos, talvez tios e primos. Quando ficamos mais velhos, há os amigos, um cônjuge e os filhos.

Compartilhar experiências com essas pessoas é um componente essencial na equação da felicidade.

A felicidade pede para ser compartilhada. É como um abraço: para muitos de nós, o melhor meio de desfrutá-lo é compartilhando-o. De fato, a felicidade compartilhada é felicidade dobrada, enquanto que a felicidade guardada para si mesmo é um vazio. O segredo da felicidade está na capacidade de descobrir alegria na alegria do outro, no desejo de fazer *outras* pessoas felizes. Para vivenciar a verdadeira felicidade, precisamos aprender a esquecer de nós mesmos, porque o egocentrismo e a felicidade excluem um ao outro. Em vez disso, precisamos ser geradores; precisamos nos importar com os outros. Muitos de nós já viram este fenômeno: quando levamos a luz do sol para a vida de outras pessoas, ganhamos alguns raios de sol em troca. Mesmo as menores coisas são capazes de produzir momentos de felicidade – um sorriso, um abraço e um agradecimento sincero. Tais pequenos gestos são capazes de produzir grandes sentimentos, tanto para aquele que dá, como para aquele que recebe.

A razão pela qual a verdadeira felicidade muitas vezes só vem se a compartilharmos é que (como explorado nos capítulos sobre o desejo sexual) o ser humano tem uma necessidade muito grande de se sentir vinculado a alguém. Desde que nascemos, há muitos filamentos que nos ligam à comunidade humana. Como já mencionado, as redes sociais exercem um papel crucial para o bem-estar da pessoa. O comportamento de apego é uma necessidade humana com motivações profundamente arraigadas. Mostramos muita propensão para estabelecer laços afetivos com nossa mãe e com as demais figuras responsáveis por nos proteger como forma de gerar segurança. Como antes sugeri ao debater o comportamento de apego, muitos tipos de estresse e outros distúrbios como a ansiedade, a raiva e a depressão, são resultado de separação e perda involuntárias.

Entre os homens, desdobra-se a experiência inata das relações humanas. Na essência da natureza humana está a busca de se relacionar com outras pessoas, de ser parte de algo. Ninguém consegue se manter como se fosse uma ilha, não obstante a fantástica figura de Robinson Crusoé. A necessidade de vinculação diz respeito ao processo de envolvimento com um outro ser humano, à experiência universal de querer estar próximo dos outros. Também diz respeito ao prazer de compartilhar e ao reconhecimento do indivíduo. Quando essa necessidade de envolvimento íntimo se extrapola para os grupos, o desejo de desfrutar da intimidade pode ser descrito como uma necessidade de afiliação. Tanto o apego quanto a afiliação se prestam a desempenhar um papel para o equilíbrio emocional, pois confirmam o mérito próprio de um indivíduo e contribuem para seu sentimento de autoestima. O fato de alguém ter fortes laços com os amigos e com aqueles a quem ama, e o fato de alguém integrar uma comunidade de pessoas são aspectos essenciais no processo de se tornar alguém. Eles são cruciais não só para a saúde mental como também para a felicidade do indivíduo.

Lembre, porém, que sentir-se sozinho não é o mesmo que estar sozinho. Estar sozinho é isolamento; sentir-se só é solidão. Este último é um indicador de pobreza do ser. Ele sinaliza uma inabilidade para se aproximar das outras pessoas, para transcender sua própria esfera pessoal e indica habilidades sociais pouco desenvolvidas. Pior ainda, o sentimento de solidão é algo que se autoperpetua: pessoas inaptas para se aproximar das demais têm poucas esperanças de quebrar com o seu padrão de solidão. Há também um provérbio mouro dizendo que "é melhor morrer com os outros do que viver só".

Uma das experiências de amor de maior intensidade que as pessoas podem vivenciar ocorre por meio da formação de uma parceria mais próxima. Como antes debatido, os relacionamentos de maior significado em que as pessoas se envolvem são também aqueles verdadeiramente mais íntimos. Uma relação matrimonial faz aflorar sentimentos extremamente intensos – inclusive a felicidade. Para muitas pessoas, a intimidade inerente a um verdadeiro caso de amor resulta em muitas recordações felizes – capazes de um efeito revigorador nos períodos de baixa.

Pesquisadores da dinâmica familiar demonstraram que o total de horas que o casal passa junto – seu nível de companheirismo – determina a felicidade marital, e também sua felicidade em geral. Conforme comentou certa ocasião Friedrich Nietzsche: "É provável que o melhor amigo consiga a melhor esposa, porque um bom casamento se baseia no dom da amizade." Quando vivenciamos uma genuína intimidade física *e* psicológica, tudo corre às mil maravilhas. Um relacionamento de tal intensidade favorece nosso desenvolvimento e nosso crescimento; ele serve de base tanto para um melhor entendimento de si quanto dos outros. Dar à luz e criar filhos faz, muitas vezes, parte desse processo de aprendizagem. Os filhos são importantes na construção da felicidade porque são catalisadores, ajudando os pais a mudar, passando de uma visão autocentrada para uma perspectiva mais madura e exocêntrica de vida. Não há ninguém tão narcisista no mundo como os filhos pequenos; eles "ensinam" que a felicidade que está em dar, e não em receber, é muitas vezes bem maior. Assim, ter filhos é uma experiência de desenvolvimento que contribui para a felicidade.

Além das boas recordações que se formam em uma parceria duradoura servirem de proteção contra os estresses da vida, os cônjuges também podem desempenhar uma importante função no sentido de contenção, em que um ajuda o outro a superar os conflitos e as ansiedades. Se a afeição e a confiança forem mútuas no casamento, o cônjuge assume o papel de confidente. Embora o fato de se ter um cônjuge amoroso seja talvez a melhor opção, esse papel também pode ser desempenhado pelos amigos mais íntimos. Para muitos, sente-se a verdadeira felicidade na presença dos bons amigos.

Experienciamos grande conforto com a companhia dos nossos amigos em tempos de maiores atribulações. Como os amigos nos ajudam a progredir em meio às dificuldades da vida, sua presença em nossas vidas é providencial na criação de momentos felizes. Eles também servem como uma espécie de banco de memória suplementar, ajudando-nos a relembrar experiências e outras coisas sobre nós mesmos, inclusive memórias felizes que possamos ter esquecido. Eles também afetam nosso bem-estar físico: pesquisas mostram que o fato de se ter alguém em quem confiar reduz o estresse, parece fortalecer o sistema imunológico, como aumenta a longevidade. Poder falar sobre questões mais íntimas – envolvendo-se em um tipo de autoexposição – é de grande valor profilático. Sigmund Freud, quando começou a fazer experimentos com a psicanálise, referiu-se ao processo de encorajar as pessoas a falar sobre o que quer que lhes viesse à cabeça (sem que isso passasse pelo crivo das convenções normais da vida diária) como uma espécie de "cura pela fala".

Infelizmente, a amizade não é algo particularmente fácil. Não é algo que possa ser adquirido em uma loja ou criado por um desejo ou um estalar de dedos. A construção da amizade – e isso inclui o relacionamento com um parceiro afetivo – requer trabalho árduo e muita determinação. Temos de fazer um esforço para conseguir compreender e ajudar o outro, entregando parte de nós no processo. Mas, se pensamos apenas em nós mesmos – se nos atermos demais a um comportamento do tipo narcisista – fica muito difícil de se estabelecer amizades verdadeiras.

A maioria das amizades tem suas bases lançadas cedo na vida, durante a infância, no ensino médio e na faculdade. As amizades se desenvolvem com tanta facilidade na nossa juventude que tomamos por certo todo o processo. Mas conseguir manter os amigos – isso é outra história; isso não acontece de maneira nem um pouco automática. Manter viva uma amizade, ajudando na sua construção e maturação, e não permitir que ela fique estagnada, é um processo bastante delicado. As amizades são entes frágeis que exigem cuidado, nutrientes e até mesmo sacrifícios. A manutenção das amizades requer lealdade, afetividade, receptividade e estar pronto para ajudar quando a necessidade se apresenta. Mas somos amplamente recompensados por nossos esforços: ter um amigo significa ter pronto acesso a um ouvido disposto a escutar, a um coração compreensivo e a uma mão amiga. A título de advertência, pode-se dizer que o caráter de uma pessoa pode ser avaliado pela seleção dos seus amigos.

O que será que acontece com nossos amigos à medida que envelhecemos? Mantêm-se intactos os principais vínculos estabelecidos cedo na vida ou perdemos de vista aquelas pessoas que uma vez foram nossos amigos? Para muitos, a resposta para a segunda pergunta é afirmativa. E, mesmo assim, apesar do fato de nossas amizades serem, às vezes, tão passageiras, elas crescem em importância à medida que envelhecemos. Na meia-idade e a partir de então, as amizades se tornam mais necessárias do que nunca. Contudo, para muitos, a oportunidade de fazer novos amigos parece diminuir depois dos primeiros estágios de vida. Como resultado, não há como se substituir os amigos perdidos.

E nós realmente podemos perdê-los. Algumas vezes, é a distância quem nos separa; algumas vezes, são os nossos interesses que divergem; algumas vezes, um de nós se desenvolve mais rápido que o outro; outras vezes, nos distanciamos por falta da realização de esforços. Até mesmo o casamento pode ser um fator que corrobore para a dissolução de outras amizades. Se o vínculo matrimonial for particularmente forte, todos os demais, se comparados, podem vir a sofrer um eclipse. Fora isso, a exclusividade do relacionamento é capaz de fazer aflorar sentimentos negativos como o ciúme. O cônjuge pode ver o amigo como se ele fosse uma má influência ou pode querer encontrar um distúrbio de comportamento no amigo. Quando a química não é a ideal entre o casal de cônjuges e um amigo em particular, é necessário fazer uma difícil escolha. Ter filhos pequenos – com todos os cuidados que isso implica – também é um fator capaz de prejudicar as amizades. Quando se toma conta de crianças, isso pode acionar um padrão de olhar interno que não deixa muito tempo livre para a formação de novas amizades ou para o cultivo das velhas.

Mas nem todas as amizades terminam de modo deliberado. À medida que vamos envelhecendo, a morte se torna uma visita mais assídua, diminuindo nosso círculo de amizades contra a nossa vontade. Todas essas transformações apontam para a necessidade de cultivarmos um posicionamento ativo, que favoreça a manutenção das amizades. Samuel Johnson expressou-se de maneira sucinta e particular a esse respeito: "Se o homem não fizer novos conhecidos à medida que sua vida avança, ele logo se descobrirá sozinho. O homem precisa fazer constantes reparos nas suas amizades." Como a vida não para, precisamos olhar para a frente, e não só para trás. Temos de ser proativos, buscando pessoas com quem tenhamos afinidade, demonstrando interesse por elas em vez de esperar que elas demonstrem interesse por nós. Se não realizarmos um esforço para estabelecer novas amizades, talvez nos encontremos totalmente sós em uma idade mais avançada – uma situação capaz de desequilibrar a equação da felicidade.

É importante agradar as pessoas que nos são próximas – parceiros, amigos, vizinhos e colegas – assim como gostaríamos que elas nos agradassem. O excelente conselho dado por Confúcio foi: "Comporte-se para com todos como se estivesse recebendo um grande hóspede." Ser justo com os outros é importante à medida que transitamos pela vida, em parte porque inspiramos a lealdade em troca. Se tratarmos bem as pessoas, possivelmente seremos bem tratados por elas; por outro lado, se nos sentirmos no direito e exigirmos um tratamento especial por parte daqueles que nos cercam, é provável que afastemos aqueles que amamos, azedando relações essenciais em nossas vidas.

Para conseguir ministrar um tratamento justo – isto é, assegurando a reciprocidade nos nossos relacionamentos – é necessária a capacidade de nos colocarmos no lugar da outra pessoa. É por causa de sua perspectiva não solidária que os verdadeiros narcisistas passam por maus bocados para estabelecer amizades verdadeiras. Eles simplesmente não conseguem imaginar como seria se colocar no lugar da outra pessoa. As pessoas que sofrem de determinados transtornos de personalidade – as que são narcisistas, paranoicas ou esquizóides, por exemplo – tampouco deveriam se candidatar a ter amigos, em função de terem problemas similares com a empatia.

O motivo pelo qual a empatia é um elemento tão crucial nos relacionamentos interpessoais é que a vida é um processo de intercâmbio social. As pessoas realizam cálculos – embora não necessariamente de maneira consciente – sobre o que obtêm em todos os relacionamentos. Considerando-se o princípio de justiça e equidade que estão em jogo em todas as interações humanas, é preciso manter um equilíbrio entre o que se investe um relacionamento e o que se extrai dele.

ALGO PARA FAZER

Há uma charge no jornal *The New Yorker* que mostra um executivo voltando do trabalho e entrando em casa com a pasta na mão. Sua esposa, que o esperava ansiosamente, olha para ele e pergunta como foi o seu dia. Os dizeres do balão são: "Que tipo de dia foi? Bem, foi um dia como qualquer outro dia. Amei, odiei. Ri. Chorei. Senti dor, infligi dor. Fiz amigos, fiz inimigos."

Como a charge sugere, o trabalho, o segundo pilar da felicidade, vincula a pessoa à comunidade humana. Ele acrescenta um propósito à nossa vida. Estimula os sentidos. É por isso que o trabalho é tão necessário para a nossa saúde mental. As pessoas que não têm nada para fazer tendem a ser infelizes. Paradoxalmente, o mais árduo de todos os trabalhos talvez seja o de não fazer nada.

Tomemos Oblomov, excelente exemplo de um desempenho que deixa a desejar no trabalho. O herói epônimo desse dramático conto que versa sobre passividade, apatia e indolência, da forma como nos é relatado pelo romancista russo do século XIX Ivan Goncharov, retém a força da sua imagem até os dias atuais. Oblomov exemplifica o desenvolvimento de um personagem que se encontra paralisado, um indivíduo incapacitado de transpor o estado vegetativo funcional. Exaurido pela passividade e pela apatia, para ele, tanto a vida quanto o suicídio representavam um desafio excessivo. Oblomov nunca chegou a realmente gostar de nada em sua vida (ou daquilo que supomos ser a sua vida). Ele simplesmente fica na cama. (É claro que alguém pode argumentar que não há lugar melhor para se ficar, quando não se deseja correr riscos. Por outro lado, a maioria das mortes ocorre na cama.) Oblomov substitui a ação concreta por devaneios e fantasias, transferindo para o leitor o seu próprio senso de iminente perdição e inutilidade. Apesar de Oblomov representar um caso extremo, ele nos alerta sobre as possíveis consequências causadas pela passividade e pela inércia que tanto podemos temer em nós. Mas o trabalho em si e de si mesmo não são a resposta. Realizar um trabalho que não acarrete satisfação representa um igual consumo de energia. Como afirmou certa vez o escritor Maxim Gorky: "Quando o trabalho é prazeroso, a vida é uma beleza. Quando o trabalho é só um dever, a vida é escravidão."

Um dos melhores prêmios que se pode ganhar na vida é a oportunidade de trabalhar em algo de que gostemos e pelo que nos sintamos desafiados. Infelizmente, e com demasiada frequência para a grande maioria de nós, o trabalho significa labuta. Os locais de trabalho tem a mesma atratividade que os campos de concentração. Se a necessidade econômica força algumas pessoas a realizar um trabalho que elas consideram destituído de significado, muitos podem se dar ao luxo de serem seletivos. A menos que nos descubramos incapazes de sair daquela primeira categoria, precisamos arcar com o que é bom e cortar o desnecessário, centralizando nosso enfoque em um trabalho que consigamos desempenhar bem e que realmente nos faça sentir vivos.

Se o objetivo é a felicidade, devíamos também examinar um tipo de trabalho capaz de nos dar um senso de propósito. Quando sentimos que o nosso trabalho pode fazer diferença, nossa vida adquire maior significado. O trabalho que nos faz sentir que estamos contribuindo, que realmente nos absorve, que exige nossa total concentração – é o tipo de trabalho que gera momentos e recordações felizes, que nos sustentam nos períodos de dificuldades. Se perdermos completamente o senso temporal durante a execução do nosso trabalho e se não ficarmos esgotados no fim do dia, esses são bons indícios de que estamos realizando tal tipo de trabalho. Há um provérbio alemão que diz: "Quando um homem está feliz, ele não ouve o bater das horas." Contudo, não importa quão importante e significativo o trabalho possa ser, ele não é tão essencial quanto os relacionamentos íntimos. Mesmo a pessoa que passa todos os dias esperando para ouvir soar o apito das seis horas pode se considerar feliz se contar com uma família amorosa e bons amigos com quem partilhar seu tempo vago.

Algo em que depositar esperança

Por fim, todos necessitamos de esperança em nossas vidas; necessitamos de alguma coisa pela qual lutar. Um trabalho repleto de significado é uma das formas de se criar esperança, mas há muitos outros caminhos que podem ser trilhados para tal. A esperança é um componente vital da condição humana, é algo que nos impele e encoraja a explorar e a crescer. À medida que passamos pelo processo de descoberta que a vida representa, a estruturação dos nossos desejos – o perfil da nossa esperança – é a única limitação real que enfrentamos. Assim, o modo como cultivamos ou abandonamos a esperança constitui parte importante do nosso teatro interno e um elemento-chave no roteiro existencial.

Embora tendamos a pensar na esperança como algo efêmero, ela também pode ser tangível. É possível que ela assuma muitas formas – um novo caso de amor, uma grande oportunidade de trabalho, a construção da casa dos sonhos, uma viagem especial. Há de tudo para todos. As imagens associadas à esperança são registradas ao lado de outras boas recordações que nos dão suporte quando atravessamos períodos mais difíceis.

A esperança dá um senso de direção à jornada que empreendemos na vida – o senso de para onde queremos ir. Afinal, sem a esperança, por que empreender a jornada? Se o desespero assumir o timão, podemos acabar em um lugar onde não queiramos estar. A esperança remove as arestas da melancolia e do desalento, e nos auxilia a lembrar que o sol está sempre lá atrás das nuvens, mesmo que não consigamos enxergá-lo.

As pessoas que tem esperança conseguem lidar melhor com os infortúnios inevitáveis na jornada da vida. Elas veem as dificuldades como estados passageiros, e não como condições permanentes. Obtêm novas forças em função de encararem cada adversidade como algo limitado em termos de duração. Elas não se desesperam. São persistentes; não desistem facilmente.

Podemos reestruturar o conceito de esperança fazendo referência aos sonhos. Como os sonhos imprimem significado à vida, o vazio e o desespero florescem na ausência dos mesmos. Uma vida desprovida de sonhos não é muito melhor que a morte. E, mesmo assim, nossos sonhos muitas vezes parecem estar distantes; eles pairam no ar com os raios de sol, tentadores e elusivos. Muitas vezes, eles se encontram muito além do nosso alcance. Mas, mesmo que não sejamos capazes de tocar nossos sonhos, podemos respeitá-los e acreditar neles, e tentar viver nossas vidas de acordo com eles. Nossos sonhos têm o poder de nos estimular a fazer coisas maiores e melhores. Sem os sonhos, talvez operássemos no piloto automático, levando uma vida sem poesia nem alegria.

Os feitos mais impressionantes do mundo foram realizados por pessoas que nutriam grandes sonhos. Mas, a fim de conseguirmos sonhar, temos que acreditar em nós mesmos. Temos de ter fé que podemos ser aquilo que queremos ser. Quando examinamos indivíduos que conseguiram fazer diferença no mundo – sonhadores famosos como Mahatma Gandhi, Martin Luther King Jr., Madre Teresa e Nelson Mandela – temos provas de sonhos que foram se cristalizando com o tempo, resistindo, apesar dos obstáculos no caminho. Esses sonhadores visualizaram formas sublimes de criar um mundo melhor e depois começaram a realizar seus sonhos, dando um passo de cada vez.

O exemplo deixado por esses indivíduos nos diz que deveríamos nos agarrar aos nossos sonhos de mocidade ou, pelo menos, reter a disposição de sonhar do modo como o fazíamos então – almejando alcançar as estrelas, transcendendo aquilo que os outros julgam ser possível. "Estamos todos na sarjeta", assegurou Oscar Wilde, "mas alguns de nós ficam olhando para as estrelas".

Os sonhos são flores de muita delicadeza, que podem ser facilmente esmagadas. Por essa razão, muitos acham difícil falar sobre sonhos e compartilhá-los com os outros. Temos receio de que as pessoas riam de nós, nos ridicularizem e nos considerem tolos. Mesmo assim, esse é um risco que precisamos correr. Se tivermos coragem de compartilhar nossos sonhos com um grupo seleto de pessoas nas quais confiemos, essas pessoas amadas podem nos ajudar a nos agarrarmos aos nossos sonhos. Mesmo que os piores receios se tornem verdade e que nossos sonhos sejam descartados por serem uma tolice, precisamos buscar a sua concretização sem tréguas, porque nossa chance de realização reside em tal busca. Somos os arquitetos das nossas próprias ambições. Somos felizes em função dos nossos esforços, desde que saibamos que rumo tomar. Os sonhos representam possibilidades. Devemos empregar todos os nossos dons e toda a nossa energia e coragem para realizar os sonhos.

Infelizmente, os sonhos também possuem um lado negro. Aspirações grandiosas demais, como as simbolizadas nos sonhos de grandeza, podem representar uma ameaça à felicidade tanto quanto a ausência de sonhos. Quando os desafios constantemente excedem nossas capacidades, ficamos estressados. Se houver uma discrepância excessiva entre onde nos encontramos e onde gostaríamos de estar ou onde achamos que deveríamos estar, isso nos deprime e nos deixa infelizes. Porém, se pararmos de nos preocupar com as coisas que estão além do poder da nossa vontade, nos sentiremos muito melhor. Muitas vezes, é melhor decompor os grandes sonhos em porções de mais fácil administração. Pense grande, mas desfrute dos pequenos prazeres. Tal tipo de atitude nos dá uma sensação de domínio e nos permite celebrar os feitos importantes ao longo da trajetória.

Por exemplo, se um editor me pede para escrever um livro e sugere que ele deveria ficar em torno de 300 páginas, isso parece ser uma tarefa desencorajadora. Mas, se eu fragmentar essa tarefa em porções de mais fácil administração e me decidir a escrever três páginas por dia, isso facilita o gerenciamento da tarefa. Tenho um bom sentimento sobre mim mesmo todos os dias em que consigo cumprir com esse comprometimento específico. E antes mesmo do esperado, o livro estará pronto para ser entregue ao editor. Nada é impossível se dividirmos uma grande tarefa em tarefas menores. De qualquer modo, o processo de seguir em direção aos nossos sonhos talvez seja mais importante por gerar uma sensação de maior felicidade que o próprio alcance de determinado objetivo.

As pessoas desprovidas de sonhos se sentem desorientadas, sendo carregadas pela corrente da vida sem descanso. Algumas vezes, só por intermédio de um desafio, como um acidente capaz de ameaçar a própria vida, uma doença séria ou um drástico acontecimento externo, à semelhança de uma guerra, tais pessoas podem ser salvas. Embora soe paradoxal, esse tipo de acontecimento dá às pessoas uma nova perspectiva da realidade, porque força um exame profundo da realidade. As pessoas que conseguem encontrar uma boa saída de tais circunstâncias acabam muitas vezes por modificar suas prioridades, retomar relacionamentos antes difíceis e identificar e buscar tarefas e compromissos de maior significado. Aqueles que se encontravam à deriva recebem a possibilidade de recomeçar, e a felicidade talvez se siga a isso.

Um dos meus alunos fez uma vívida descrição de como ele foi quase esmagado pelos destroços que caíram em função da explosão de uma bomba em um hotel no Líbano durante uma guerra. Ele tinha sido uma pessoa à deriva, despreocupada e um tanto confusa até aquele acontecimento, que serviu para transformá-lo. O fato de ter conseguido sair debaixo dos escombros relativamente ileso fez com que ele realmente valorizasse a vida. Para ele, foi como se tivesse renascido. Ao "nascer de novo" (para citar o psicólogo William James), ele mudou suas prioridades. Ele sentiu como se lhe tivesse sido dada uma segunda chance na vida, e não queria desperdiçar nenhum momento. Ele retomou seus estudos de medicina, formou-se médico e tornou-se um dos maiores ativistas contra a AIDS, passando a maior parte do seu tempo na África implementando programas para prevenção da doença.

Mesmo que acreditemos piamente na nossa própria eficácia, perseguir nossos sonhos pode ser algo desencorajador. Os sonhos talvez sejam muito formidáveis, e nossos poderes, mínimos. Mas a vida é feita de pequenas coisas. Quando cuidamos passo a passo dos nossos sonhos, eles se tornam possíveis de serem alcançados. O lendário Lao-Tzu disse: "Uma jornada de mil milhas se inicia com o primeiro passo." As maiores coisas feitas na vida foram realizadas pouco a pouco. Nossos esforços iniciais, não importa quão ínfimos possam parecer, têm o potencial de se transformar em grandes avanços depois. Aqueles tentadores primeiros passos nos apontam a direção correta e dão vivacidade ao restante da jornada.

Atingindo o Equilíbrio Perfeito 17

Colheres de café deram a medida da minha vida.
T. S. Eliot

Aquilo com que sonho é uma espécie de equilíbrio, de pureza e de serenidade isentas de questões deprimentes e problemáticas... uma influência que propague alívio e tranquilidade na mente, algo parecido com uma boa poltrona, que dá relaxamento para a fadiga física.
Henri Matisse

O homem gosta de levar em conta seus problemas, mas não costuma levar em conta suas alegrias. Se as levasse em conta como deveria, ele perceberia que todos os lotes vêm com felicidade suficiente.
Fyodor Dostoyevsky

A felicidade não é uma questão para brincadeiras.
Richard Whately

Mesmo quando temos pessoas a quem amamos, um trabalho significativo e esperança para nos sustentar, a felicidade pode ser algo fugaz, caso não consigamos manter um equilíbrio entre nossa vida pública e privada. Atingir o equilíbrio parece ser uma meta simples, mas é mais fácil falar do que fazer. Talvez nos sejam impostas tremendas pressões no local de trabalho. Como a cultura corporativa de muitas organizações nega os valores de família, tais pressões acabam por afetar não só os empregados, mas também a própria família. E, como se não bastassem as pressões do trabalho, conseguimos incluir, de bônus, algumas outras que nós mesmos nos impomos. É possível, por exemplo, que estejamos presos em um labirinto carreirista, obcecados por vencer nossos rivais de escritório a fim de conseguirmos galgar mais um degrau na trajetória profissional. E, apesar disso, quando confundimos felicidade com sucesso – pelo menos sucesso em sua versão externa, representada por riqueza, posição, poder ou fama – tudo o que fazemos é apenas garantir que vários elementos da nossa vida sejam tirados fora do seu eixo (embora o processo de desestabilização possa ser tão traiçoeiro que nem percebamos o que está acontecendo).

Viver a vida integralmente ou uma vida adiada

O fato de muitos de nós sermos mestres na arte de nos iludirmos e de termos grande capacidade de racionalização e intelectualização soma-se ao desequilíbrio existente entre a vida pública e a privada. Tentamos nos iludir e acreditar que somos todos bem-equilibrados. A maioria das pessoas, por exemplo, quando indagadas sobre quanto tempo passam em casa, dão uma resposta bem distante da verdade (embora não distorçam os fatos de forma consciente). E, mesmo aqueles que estão cientes da desproporção do tempo que passam no escritório, podem se consolar denominando o tempo em que não trabalham de tempo "de qualidade". Talvez eles estejam tentando convencer a si próprios que o que conta não é a quantidade de tempo que passam em casa com a família, e sim a qualidade. Mas será que eles realmente acreditam no que dizem? E os demais membros da sua família, será que acreditam em tais conclusões?

Ouço muitas vezes os executivos dizerem que estão trabalhando muito para que a esposa e os filhos possam ter uma vida melhor mais tarde. (São geralmente homens que tecem esse tipo de comentário.) Porém, com demasiada frequência, quando chega o afamado "mais tarde", não há mais uma esposa. Ela agora mora com outra pessoa, e os filhos viraram estranhos. Eles chamam um outro homem de "papai" e, em verdade, nem conhecem mais seu pai biológico. Tudo o que o trabalhador dedicado ganha por seguir a estratégia de postergar a vida, construindo para o futuro, é isolamento e solidão. Aparentemente, é muito mais fácil nos transformarmos em um sucesso do que transformar nossa vida em um sucesso. Podemos tirar 'A' em todas as disciplinas, mas sermos reprovados no curso da vida.

Precisamos nos lembrar, à medida que lutamos para concretizar o primeiro tipo de sucesso – o tipo que, como diz um provérbio ídiche, "lhe embriaga sem precisar de vinho" – de que alguns momentos jamais voltam. Precisamos valorizar os momentos passageiros; temos de aproveitar os dias. A vida não é um ensaio; ela é real, é a própria vida em si. Se quisermos aproveitar a vida, temos de fazê-lo hoje, não amanhã, nem tampouco em algum momento de um futuro distante. Temos de perguntar a nós mesmos o que realmente queremos. Queremos viver a vida integralmente ou uma vida adiada?

Muitos banqueiros e consultores de investimento de potentes companhias com quem trabalhei se debateram com essa opção. Alguns deles, em função de durezas que vivenciaram durante um longo período de suas vidas, se determinaram muito cedo a seguir uma carreira que excluísse a possibilidade de voltarem a ser pobres. Seu principal objetivo na vida foi conquistar a independência financeira. Mediante um trabalho extremamente árduo, eles obtiveram sucesso nessa meta, muitas vezes ganhando mais dinheiro do que jamais teriam podido imaginar. Citando as palavras de um deles: "Ganhei mais dinheiro em um ano do que meu pai ganhou em toda a sua vida."

As pessoas apanhadas nesse dilema são como ratos em uma esteira, incapazes de saltar fora dela. Quando satisfazem a necessidade inicial de segurança financeira, novas necessidades – a maioria imaginária, como já foi debatido na Parte Dois, que versa sobre o dinheiro – começam a surgir. Elas querem uma casa maior, um modelo de carro esportivo mais exclusivo e uma casa de veraneio especial. Seus "brinquedos" também encarecem. Quanto mais possuem, mais desejam ter, sem se dar conta de que a felicidade não custa nada. Elas dizem, hesitantes, que logo vão parar de trabalhar; que logo vão fazer aquilo que sempre quiseram fazer. Em algum momento no futuro, quando dispuserem de mais tempo, vão recomeçar com as aulas de piano; em algum momento no futuro, vão voltar para a universidade a fim de estudar história da arte; vão começar a pintar. Mas esse "algum momento" parece nunca chegar. Enquanto isso, a vida vai passando por elas. Mesmo que sejam entusiasmadas com seu trabalho, elas levam uma vida unidimensional. Não há tempo para fazer mais nada, a não ser trabalhar. Tais pessoas hipotecaram o presente pelo futuro (ou é nisso que elas querem acreditar).

Algumas vezes, queremos viver a vida hoje, mas não achamos que podemos nos dar ao luxo de fazer essa opção. Talvez surja uma viagem para o exterior que não podemos perder se quisermos ser promovidos, mesmo que isso signifique perder o aniversário do filho. Ou talvez haja uma apresentação que precisa ser feita (e bem feita), se quisermos aumentar os números de vendas, que estão decrescentes no momento, mas isso entra em conflito com a competição de tênis da filha. Essas são escolhas difíceis de serem feitas, com certeza, especialmente quando o emprego ou a carreira estão em jogo. Mas a família também está em jogo. As crianças crescem e saem de casa bem rápido. Quando percebemos, já não temos mais influência sobre suas vidas; eles tomam suas próprias decisões sem nos consultar. E, se ficamos pouco tempo com eles nos seus primeiros anos de vida, qual será o legado que deixaremos? Como eles se lembrarão de nós? O que dirão no nosso funeral (e o que teríamos gostado que eles dissessem)?

Uma vida satisfatória não faz o menor sentido, a não ser que ela seja vivida no presente. Muitas pessoas dentre nós não vivem o presente. Mas, se colocarmos toda nossa energia em anseios para o futuro, perderemos aquilo que agora está ao nosso alcance. Nada se compara à dor de só compreender a importância do tempo quando nos resta bem pouco.

A influência mais importante na vida de uma criança são os pais, que moldam o seu caráter e os seus valores por meio da orientação pessoal que dão e das alegações inconscientes que fazem para as crianças. De que modo podemos ajudar nossos filhos a crescerem e a se tornarem adultos bem resolvidos se nós ainda não conseguimos chegar lá? De que modo podemos ensinar valores a eles, se estamos sempre no escritório? De que modo podemos dar aos nossos filhos recordações valiosas se estamos ocupados demais para passar tempo com eles? O problema é que, apesar de todas as fantasias sobre um tempo de qualidade, relacionamentos significativos implicam a manutenção de tais relacionamentos.

Considerando-se quão exigentes são as organizações de hoje, temos de ser firmes na imposição de limites, a fim de conseguir preservar os aspectos da vida que realmente importam. Talvez se um número suficiente de pessoas tomassem uma posição a respeito, nessa era de profissionais do conhecimento em que vivemos, os empregadores não teriam outra opção a não ser realizar os devidos ajustes. E, mesmo que tenhamos de adotar uma posição solitária nessa questão, nossos esforços para equilibrar a vida são um investimento no futuro. Nunca se ouviu ninguém dizer em seu leito de morte que "eu deveria ter passado mais tempo no escritório". Passar momentos especiais com os membros da família é crucial para se alcançar a felicidade. Além disso, ser capaz de parar e relembrar momentos de felicidade no passado é como desfrutar duas vezes a vida.

O SUCESSO EXTERNO *VERSUS* O SUCESSO INTERNO

Albert Einstein tinha uma fórmula para o sucesso que revela muito sobre o equilíbrio: $A = X + Y + Z$, onde A significa sucesso, X significa trabalho, Y significa diversão e Z significa manter a boca fechada. Analogamente a Freud com sua fórmula de amor e trabalho, Einstein assinalou alguns pontos essenciais que interferem na felicidade.

Ninguém jamais conhecerá a verdadeira felicidade sem ter conseguido obter crédito por alguns êxitos. O sucesso gera um senso de competência, o sentimento de ser capaz de abordar com criatividade aquilo que qualquer situação possa vir a exigir. Para uma autoavaliação satisfatória, a pessoa precisa atingir padrões que ela própria ou o grupo determinam. Em outras palavras, a autoavaliação depende da comparação feita entre uma meta explícita e outra implícita. Mas obter êxito no alcance de uma meta específica ou de um sonho grandioso não garante a felicidade. Nosso destino, após transcorridos meses ou anos de luta, talvez prove ser uma desilusão. Tal descoberta é capaz de nos fazer mergulhar no desespero, se o permitirmos, ou é capaz de nos fazer embarcar em uma nova jornada – a que irá forjar sentido e felicidade.

A verdadeira felicidade está em se conseguir chegar a termos com os sentimentos íntimos de inquietação e ansiedade, que são resultado de nos impormos a percepção de uma discrepância entre o ponto onde nos encontramos e onde gostaríamos de estar – isto é, uma comparação entre aquilo a que aspiramos e aquilo que realmente conseguimos alcançar. E, para muitos, essa discrepância dá muito o que pensar. O fato é que nem todos seremos CEOs; nem todos descobriremos a cura para o câncer – e precisamos aceitar isso. Precisamos avaliar nosso sucesso não a partir do que alcançamos, mas a partir dos obstáculos que superamos. Precisamos celebrar as pequenas vitórias obtidas ao longo do caminho.

Conforme já enfatizado na Parte Dois, que versa sobre o dinheiro, muitos de nós tendem a centralizar o enfoque no sucesso externo – o qual equiparamos à riqueza, posição, poder e fama; achamos que a felicidade consiste em ter e em obter. Mas tentar atingir tais metas é como correr atrás de um arco-íris. Tudo o que conseguimos ver ao chegar lá é uma névoa acinzentada. O que contribui para a felicidade é o sucesso interior – um tipo de sucesso que é resultado de se viver a vida plenamente. Divertir-se e escutar – na equação de Einstein, ficar de boca fechada – são essenciais para o sucesso interior, porque nos ajudam a fazer preciosas aquisições como amizade, amor, bondade, consideração, gentileza e sabedoria. O sucesso que realmente satisfaz e contribui para a criação de momentos de felicidade muitas vezes vem para pessoas que não o estão buscando. Porque a rota para o verdadeiro sucesso fica fora da via principal.

O sucesso externo obtido na via principal não só é efêmero, como é altamente perigoso. Acredito piamente que a incessante busca pelo sucesso externo é uma das principais fontes de infelicidade hoje em dia. A obsessão pelo sucesso pode ter sérias consequências disfuncionais, porque ela cresce como se fosse uma bola de neve descendo a montanha: as pessoas movidas pela busca do sucesso raramente ficam satisfeitas, não importa o quanto subam – nenhuma realização lhes oferece satisfação duradoura. Sempre que alcançam um determinado patamar de sucesso, imaginam um outro, situado ainda mais alto. A renda com a qual sonharam uma vez agora parece ser um salário de fome. No fundo, o que realmente importa é que as pessoas que equiparam a felicidade ao êxito jamais terão sucesso suficiente para deixá-las felizes. Elas são como Sísifo, que fica empurrando uma grande pedra até o topo da montanha incansavelmente. O mais irônico é que o único período de felicidade vivenciado por Sísifo foi provavelmente aquele breve instante em que a pedra estava rolando montanha abaixo – quando ele não estava empurrando, quando ele tinha tempo para fazer uma reflexão sobre si mesmo. Mas é bem provável que tal autorreflexão fosse a última coisa que ele tivesse querido fazer. Suas conclusões teriam sido realmente deprimentes.

O desassossego e o descontentamento internos que acompanham a busca do sucesso externo já causaram a ruína de muitas pessoas. O mais paradoxal é que a felicidade está em nos satisfazermos tanto com aquilo que temos quanto com aquilo que não temos. Essa dupla satisfação é um sólido fundamento para o sentimento de bem-estar. As pessoas mais felizes são aquelas que estão satisfeitas com a sua atual situação e que não almejam coisas que não sejam capazes de obter.

18 COLOCANDO AS COISAS EM PERSPECTIVA

Será amado, por ocasião da sua morte, aquele que, em vida, foi alvo de inveja.
Horácio

A inveja nunca tira férias.
Francis Bacon

Os bobos talvez suscitem o nosso desdém, não a nossa inveja, Pois a inveja é uma espécie de louvor.
John Gay

O cheiro da comida do vizinho é sempre melhor.
Provérbio maltês

Um importante ingrediente na receita da felicidade é a comparação, embora esse ingrediente essencial, se utilizado demais, possa vir a estragar o cozido. Vamos examinar de que modo a comparação é capaz de favorecer ou obstruir a nossa felicidade, na qual a inveja mais uma vez desempenha um papel proeminente.

Colocar as coias em perspectiva, lembrando regularmente que a vida não é tão ruim, ajuda a manter a infelicidade longe. É possível que esse processo sadio englobe tanto a comparação intrapsíquica (quando comparamos nossas condições atuais com condições passadas não tão desejáveis) quanto a comparação interpessoal. Podemos, por exemplo, ser agradecidos pelo fato de, quando nosso carro quebra, termos dinheiro para pagar o conserto (quando, há dez anos, teríamos tido que aposentar a lata velha). Ou podemos, ao encarar uma cirurgia, ser agradecidos pelo fato de ter alguém que segure a nossa mão (diferentemente do nosso vizinho mais idoso e solitário). Em outras palavras, quando nos sentimos para baixo, podemos visualizar situações estressantes do passado ou situações estressantes vividas por outros, a fim de nos sentirmos melhor aqui e agora. Lembrar-nos de que as coisas podiam ser bem piores em relação ao nosso dia a dia, que é comparativamente mais confortável – um modo universal e construtivo para fortalecer o moral – ajuda, em geral, a levantar o espírito.

COMPARAÇÕES SOCIAIS

É claro que as comparações são feitas tanto com pessoas que se encontram em uma posição acima quanto abaixo da nossa. As coisas não estão sempre melhores do que costumavam estar, e nem sempre somos mais saudáveis, mais bem pagos ou mais espertos que o nosso vizinho. Mas, em geral, as pessoas felizes tendem a se comparar mais com quem está em situações piores, e não melhores. Não importa qual seja a sua situação, elas conseguem identificar outros que se encontram em uma situação ainda pior, o que as ajuda a perceber quanta sorte elas têm. Elas aprenderam a dar valor àquilo que possuem, em vez de ficar cismando sobre aquilo que outros possuem – uma lição que provavelmente aprenderam na mesma hora em que aprenderam o ABC. Talvez, quando crianças, ao reclamarem por se sentir em uma situação desvantajosa, seus pais tenham lhes dado exemplos de outras pessoas que se encontravam em condições piores que elas.

Apesar de as pessoas infelizes inevitavelmente se comparem tanto a quem está em uma melhor a quem está pior, elas se fixam nas comparações feitas com quem ocupa uma posição superior à delas. Tomadas por um profundo sentimento de terem sido injustiçadas, passam os dias procurando confirmar que a vida lhes deu péssimas cartas. Como resultado, o conjunto de metas que usam para se comparar aos outros é enviesado. Em função de basicamente fazerem comparações com quem se encontra em melhores condições, elas centram o enfoque no fato de que os outros receberam melhores cartas na vida. "Por que meu vizinho tem um carro melhor que o meu?", elas se perguntam. "Como minha irmã consegue tirar férias tão caras?" Quando ocasionalmente enfocam em alguém que se encontra em piores condições que elas, degustam essa sensação, mas o prazer que sentem é logo obscurecido pela inveja de tantos outros que, na percepção delas, foram favorecidos ao receber cartas muito melhores no jogo da vida.

As pessoas fixadas na ideia de que receberam cartas ruins percebem o ganho de uma pessoa como a perda de outra. Segundo a sua percepção, tudo é um jogo de soma zero. Independentemente daquilo que elas buscam – seja amor, poder ou dinheiro – sempre conseguem achar alguém que pareça estar em melhores condições que elas e veem essa outra pessoa como se detivesse aquilo que, por direito, deveria ser delas.

Todos nós nos sentimos em desvantagem às vezes, especialmente se nos compararmos a outros situados alguns degraus acima na escada do *status*, da aparência, da renda ou do poder. Nosso desafio é trabalhar com a mescla de emoções que sentimos. Para manter a saúde mental, é importante não ficar fazendo comparações negativas, nem se deixar obcecar pelo sentimento de ter sido injustiçado. Senão a inveja ergue sua cara feia mais uma vez e ameaça nos devorar.

A comparação social e a inveja integram um mesmo *continuum*. A primeira adquire pouco a pouco os matizes da segunda, o que faz aflorar o pior nas pessoas. Bertrand Russell reconheceu isso ao dizer: "Poucas pessoas conseguem ser felizes, a não ser que odeiem alguma outra pessoa, nação ou credo." Deveríamos nos indagar, porém, se feliz é o adjetivo correto a ser empregado em tal situação. Russell prosseguiu: "Se você deseja glórias, pode sentir inveja de Napoleão. Mas Napoleão invejava César, César invejava Alexandre, e Alexandre, ouso dizer, invejava Hércules, que nunca existiu."

Como já indicado, algumas pessoas sentem uma espécie de prazer com a miséria dos outros. Elas favorecem a realização de comparações com aqueles situados em melhores condições, o que, em geral, detona uma reação hostil e invejosa. Mas tal tipo de reação não se volta totalmente para o outro. Como observou o escritor Hermann Hesse: "Se odiamos alguém, odiamos algo na imagem que fazemos desse alguém e que habita dentro de nós. Aquilo que não se encontra dentro de nós não nos perturba." Como Hesse foi capaz de compreender com tanta clareza, as pessoas invejosas sofrem de sérios problemas relacionados à sua autoestima. Elas estão mais infelizes com elas mesmas do que com aqueles a quem ridicularizam. Mas elas também são mestras na dissociação e têm dificuldade em lidar com partes que não aceitam em si mesmas.

Duvido que exista uma pessoa viva que, em um momento ou outro, não tenha se inquietado em função da inveja – isto é, de uma consciência dolorosa ou ressentida devido a vantagens desfrutadas por outra pessoa (como riqueza, poder, *status*, amor ou beleza) associada ao desejo de possuir tais vantagens. Como já sugerido no ensaio que escrevi sobre o dinheiro, a inveja é uma emoção de caráter universal e ela semeia uma série de sentimentos igualmente dolorosos: frustração, raiva, pena de si mesmo, ganância, rancor e desejo de vingança. Se o fato de alguém agir com base na inveja é capaz de propiciar alívio temporário, qualquer uma das referidas emoções negativas é capaz de provocar substancial sofrimento subjetivo. A inveja e todos os seus desdobramentos representam um perigo para o ego de alguém e para os demais, e elas aprisionam aqueles que se entregam a tais sentimentos.

Não que as pessoas revelem ou verbalizem deliberadamente esses sentimentos. A inveja não foi feita para consumo público. Preferimos escondê-la ou, pelo menos, melhorar seu aspecto a partir de imagens grandiosas. Embora a inveja tenha um lado positivo – ela pode ser um grande equalizador, reduzindo diferenças e reforçando o senso de igualdade nos relacionamentos – ela leva as pessoas com demasiada frequência a exigir olho por olho. Resultado? Mais uma pessoa cega em um mundo já tão repleto de sofrimento.

Como se sabe, a inveja é também um dos sete pecados capitais. A Bíblia está repleta de histórias sobre a inveja. O último dos Dez Mandamentos relatados no Velho Testamento é "Não cobiçarás..." A literatura nos oferece inúmeros exemplos de inveja, e um dos mais conhecidos dentre eles é o retrato de Satã pintado por John Milton na obra intitulada *Paraíso Perdido*. No poema de Milton, Satã é um anjo caído que, fervilhando de raiva e desejoso de revanche, fabrica a expulsão do homem do Paraíso. Também se atestou a natureza universal da inveja nos provérbios de muitas sociedades diferentes, por exemplo, na Bulgária, "Os ovos das outras pessoas têm duas gemas"; na Dinamarca, "Se a inveja fosse uma febre, todo mundo ficaria doente"; os suecos falam em "inveja real sueca" (uma advertência para não despertar inveja chamando a atenção); e, em vários países, ouvimos falar na *"tall poppy syndrome"* ou "síndrome da papoula alta" (que salienta o prazer que as pessoas parecem extrair com a queda das "papoulas de cabo mais alto" ou com a queda de pessoas de maior destaque na sociedade).

A história mais dramática que conheço sobre a inveja é russa. Ela diz respeito a um camponês a quem Deus teria assegurado a satisfação de qualquer desejo. Mas havia um porém. Qualquer coisa que o camponês escolhesse, Deus daria duas vezes mais ao seu vizinho. A ideia de que o vizinho ficasse em melhores condições que ele, não importando o que pedisse, incomodava o camponês. Após ruminar sobre a oferta, o camponês por fim disse: "Tire um dos meus olhos." O romancista Gore Vidal reconheceu a mesma dinâmica: "Não basta só ter sucesso; os outros têm de fracassar."

Algumas vezes, a inveja vem embalada (e disfarçada com êxito) em indignação moral. Fazemos de conta ser muito corretos sobre as pessoas que alegamos terem transgredido alguma espécie de código moral – por exemplo, denunciando um colega por viver de forma ostensiva em um mundo atormentado pela pobreza. No entanto, tal senso de correção mascara muitas vezes o desejo de se estar na situação do transgressor. Quando as pessoas ficam obcecadas pelo comportamento "desprezível" de uma outra pessoa, é bem possível que elas se sintam tentadas a agir da mesma maneira. O alvo da sua ira talvez represente aquilo que elas mais temem em si mesmas. A indignação, muitas vezes, está relacionada à sexualidade. Um homófobo, por exemplo, pode voltar sua mira para os homossexuais como forma de tentar dominar as inquietações relativas à sua própria identidade de gênero.

As indiscrições de uma série de evangelistas que estão à frente de programas televisivos nos EUA confirmam isso. Eles faziam sua pregação contra vícios e pecados, avareza e ambição, ao mesmo tempo em que procuravam prostitutas e empregavam mal o dinheiro dado a eles pelos integrantes do seu círculo. O livro *Elmer Gantry*, da autoria de Sinclair Lewis (mais tarde filmado por Burt Lancaster), conta a história de um pregador vigarista e é um ataque contra os líderes brutos, ignorantes e predadores que se infiltraram na Igreja Protestante. O romance descreve como Elmer Gantry, um homem "temente a Deus", pregava contra o pecado e a maldição durante o dia e, depois, à noite, se engajava nas mesmas atividades que havia antes condenado. A indignação moral é, muitas vezes, a inveja com um halo em volta.

Ambrose Bierce, em sua obra intitulada *Dicionário do Diabo*, aborda de forma dramática a destrutividade da inveja ao descrevê-la como uma "sensação agradável que surge de se contemplar o estado de miséria em que o outro se encontra". As línguas germânicas nos legaram a palavra *Schadenfreude*, que representa a satisfação com a miséria dos outros. Mas, se a pessoa baseia sua felicidade em desfrutar da miséria dos outros, o que isso revela sobre a sua qualidade geral de vida? Embora a miséria dos outros possa trazer momentos de prazer, a verdadeira felicidade não é capaz de coexistir com a inveja, com o desprezo ou com o espírito de vingança. Se a inveja faz de alguém seu prisioneiro, ela limita o potencial humano, contribui para a dissociação, reprime a capacidade da pessoa de brincar e conduz à infelicidade.

19 LIDANDO COM O ESTRESSE

*Não continue sendo um paciente dependente, maleável:
torne-se o doutor da sua própria alma.*
Epiteto

*O problema de tomar parte na corrida de ratos é que,
mesmo que você vença, você continua sendo um rato.*
Lily Tomlin

*Algumas vezes, quando as pessoas estão estressadas, elas odeiam ter de pensar,
e esse é o momento em que elas mais precisam pensar.*
Bill Clinton

Um ataque cardíaco é a forma como a natureza nos diz para irmos mais devagar.
Provérbio

Albert Schweitzer declarou certa vez que a felicidade não passa de uma boa saúde e uma memória fraca. Enquanto que o comentário sobre a memória fraca talvez encontre objeções – afinal, quem quer ser acusado de viver em um estado de negação? – não se pode negar que o monitoramento da saúde é importante. Se não cuidarmos da nossa saúde, a busca pela felicidade será inútil. Se tudo já foi dito e feito, nossas condições físicas exercem grande influência (e, em alguns casos, chegam até a determinar) o nosso estado de espírito. De acordo com muitos pesquisadores do estresse, o estado físico é capaz de dizer muito sobre a felicidade de alguém, e isso se aplica especialmente às pessoas idosas. O ego é, acima de tudo, um ego corpóreo. É difícil pensar com clareza quando nos encontramos em más condições físicas. Por isso, quando somos assaltados pela doença, nossos pensamentos e conversas tendem a se limitar às discussões sobre tudo o que nos aflige em termos físicos. Às vezes, encontramos pessoas que só sabem conversar na língua somática – a língua das preocupações de ordem física.

Ter saúde pode ser comparado a saber como queimar uma vela. Se cuidarmos bem da nossa vela, ela queimará por um longo tempo. Se começarmos a bagunçar com ela, ela é capaz de virar fumaça em pouquíssimo tempo. Infelizmente, no trato com os executivos, encontrei um número razoável de pessoas que tinham o hábito de acender a vela em ambas as extremidades – com uma tendência a reagirem com raiva, pessoas do tipo A. Elas são dotadas de um grande senso de urgência; são agitadas, impacientes e extremamente competitivas, e demonstram possuir um alto nível de agressividade e ampla hostilidade. Tal constelação de comportamentos é um dos principais fatores de risco para as doenças cardiovasculares.

Talvez você conheça o tipo de pessoas das quais estou falando. Elas são como ratos andando em cima de uma esteira de laboratório ou como o Coelho Branco de *Alice no País das Maravilhas* – sempre com pressa e nunca conseguindo chegar ao seu destino. Você reconhece esse tipo de pessoas? Você talvez está se reconhecendo nesse tipo? Quando essas pessoas vão a um restaurante, elas comem depressa, falam depressa e pagam a conta com rapidez. Elas não têm tempo de apreciar a refeição. Elas certamente não se demoram bebendo vinho ou café. Elas falam em voz alta, e às vezes até de forma explosiva; seus músculos faciais são tensos. Com dificuldades de escutar o outro, estão sempre tentando dominar a conversa. Como vivem sob constante pressão (seja autoinduzida ou externa), elas se sentem culpadas quando tentam relaxar. De fato, sempre que possível, elas fazem mais de uma coisa ao mesmo tempo. Mesmo durante a noite, elas não ficam tranquilas. Por exemplo, elas talvez ranjam os dentes ao mesmo tempo em que sonham com imagens produtoras de estresse – um passatempo que tem sido a felicidade de muitos dentistas.

A SAÚDE COMO UMA CONTA BANCÁRIA

Pode-se comparar a saúde física a uma conta bancária. Porém, trata-se de uma conta fora do comum – na qual só é possível fazer retiradas; o banco não permite depósitos. Algumas pessoas tendem a gastar demais. Incapazes de economizar, logo consomem sua saúde, da mesma forma que fazem com seu dinheiro, cometendo suicídio aos poucos. Elas só se dão conta da importância da sua saúde quando só resta um pouco dela.

Os pesquisadores do estresse estabelecem algumas vezes uma distinção entre idade fisiológica e idade cronológica. Para alguns – os queimadores de vela e os assaltantes de banco – a idade fisiológica se sobrepõe à idade cronológica. Como a idade fisiológica se encontra, em parte, sob nosso domínio, necessitamos ser vigilantes e monitorar a nossa saúde – fazendo exercícios regularmente, comendo de maneira sensata, bebendo com moderação, e reconhecendo aquilo que o fumo e as drogas são capazes de nos causar.

Afora isso, precisamos lembrar que, se a idade avançada há de chegar para todos, se tivermos sorte, os nossos chamados anos dourados terão mais brilho, isso se tivermos administrado nossa vida no sentido de manter um estado de espírito positivo e um baixo nível de estresse. Descobertas advindas do campo da psiconeuroimunologia indicam que experiências agradáveis e estados de espírito positivos fortalecem o sistema imunológico do organismo. Parece que o sistema físico imunológico é mais eficiente no combate às doenças quando estamos felizes. Em resultado, pessoas mais felizes têm uma vida mais longa. As preocupações, a falta de contato físico e emocional, a raiva e a hostilidade, por outro lado, são prejudiciais à nossa saúde. Os estados de ânimo negativos encorajam as doenças.

É claro que a saúde envolve mais do que dar alguns passos práticos no sentido de garantir boas condições físicas. Alguns de nós, por exemplo, tiveram má sorte com a herança genética; outros tiveram o azar de uma doença que não conseguiram prevenir, mesmo estando atentos. E, ainda, há muitas pessoas que hipotecam seu futuro, para mais tarde lamentar o fato.

O humorista estadunidense P. J. O'Rourke afirmou, em certa ocasião: "Há algo que as mulheres nunca serão capazes de tirar dos homens. Nós morremos antes." É possível discernir a moral por trás do senso de humor desse comentário: os homens fariam muito bem se adotassem certas características "femininas" – dentre elas, a intimidade emocional, um item no qual a maioria das pessoas admitiria, sem problemas, que as mulheres são melhores que os homens. Conforme indicado repetidas vezes, o suporte social – o senso de ser querido e apreciado pelos amigos e pelos membros da família, o tranquilo dar e receber daqueles que nos são íntimos – oferece uma proteção contra o estresse e promove a felicidade. Alguém com quem se possa conversar a respeito de questões íntimas nos ajuda a aliviar o estresse relativo a determinadas situações. As pessoas (homens e mulheres) em maior situação de risco de virem a sofrer de más condições de saúde e de infelicidade são aquelas que tendem a suportar seus problemas sozinhas, mostrando-se incapazes de conversar sobre aquilo que as está inquietando. Felizmente, a exposição de uma preocupação gera outra exposição. Se expressamos nossos receios para outras pessoas, elas, por sua vez, em geral dividem as suas próprias inquietações, e conseguimos então perceber que não estamos sozinhos; há outras pessoas que se debatem com problemas semelhantes. Para a maioria de nós, essa é uma descoberta reconfortante e que conduz à paz de espírito.

As estatísticas revelam que as pessoas que mantêm relacionamentos mais íntimos tendem a mostrar melhores práticas comportamentais no sentido de obter saúde. As pessoas que se importam umas com as outras realizam um esforço para monitorar a saúde uma da outra. Quando há intimidade em um relacionamento, as pessoas tendem a beber e a fumar menos, a evitar o uso de drogas, a seguir uma dieta melhor e a obedecer as ordens dadas pelos médicos.

A atividade sexual, como descrita na Parte Um, também é capaz de se contrapor ao estresse. Ela exerce um efeito positivo sobre os relacionamentos e melhora as condições físicas individuais. Se o sexo satisfizer a ambos os envolvidos, ele melhora a autoestima, age como antidepressivo e detém o estresse, fortalecendo o sistema imunológico. Em contrapartida, o sexo desprovido de amor é capaz de afetar negativamente a saúde e a felicidade do indivíduo. Como afirmou o filósofo Epiteto: "Uma vida sexual ativa dentro do contexto dos comprometimentos pessoais aumenta a integridade das pessoas nela envolvidas e ajuda no florescimento da vida."

Conforme indicado anteriormente, um estado de ânimo otimista também atua como proteção contra o estresse, fato sabido já há muito tempo. No livro de provérbios do Velho Testamento, o Rei Salomão diz: "A felicidade no coração faz tanto bem como se fosse um remédio." Pesquisadores do estresse concordam com a colocação. O riso é um componente essencial tanto da saúde física quanto mental. As pessoas que riem com frequência vivem realmente por mais tempo. Em seu livro intitulado *A Anatomia de uma Doença*, o jornalista Norman Cousins explicou a sua teoria, de que teria conseguido se curar de uma doença potencialmente terminal em parte devido ao uso ativo que fez do riso. Um número cada vez maior de estudos demonstram as qualidades curativas do humor. Como o riso diminui o número de hormônios causadores de estresse no sangue (como a adrenalina, a epinefrina e a norepinefrina), ele nos relaxa, fazendo-nos alcançar um estado homeostático mais tranquilo. O riso rejuvenesce e vivifica o corpo, exercitando vários órgãos e (assim como os estados de ânimo positivos, em geral) melhorando nosso sistema imunológico.

Podemos rir para esquecer, mas não devemos esquecer de rir. As pessoas que se mostram incapazes de rir são incompletas em termos psicológicos. Como o riso, aquele som audível da transitoriedade da felicidade, é um antídoto contra a ansiedade e a depressão, ele nos torna mais tolerantes para suportar períodos de maiores dificuldades. A capacidade de rir de nós mesmos tem um significado especial porque nos protege da arrogância e da pomposidade. Ela é, de fato, uma boa medida da saúde mental de um indivíduo.

Exercícios regulares também são essenciais tanto para a saúde física quanto para a felicidade do indivíduo. Nós nos sentimos melhor, tanto no sentido físico como mental, depois de termos praticado um exercício. Ficamos em um estado de espírito e físico mais relaxados. Quando nos exercitamos regularmente, reduzimos nossos níveis de estresse, desfrutamos de mais energia e vigor, fortalecemos o coração e melhoramos a circulação, diminuímos a pressão sanguínea, aceleramos o metabolismo e criamos maior resistência contra as doenças graves. Fora isso, o exercício físico regular diminui as chances de uma pessoa ficar depressiva ou se sentir exaurida. O adágio do poeta romano Juvenal *Mens sana in corpore sano* – mente sã em corpo são – ainda expressa uma verdade.

20   Homo Ludens

Aquele que quiser um dia aprender a voar deve primeiro aprender a ficar de pé e caminhar, e correr, e subir e dançar; ninguém pode simplesmente sair voando.

Friedrich Nietzsche

Trabalho sem diversão faz de Jack um bobalhão.

Provérbio

Os homens lidam com a vida como as crianças com os seus brinquedos, Primeiro usando-os mal, e depois jogando-os fora.

William Cowper

Por que não ir até a ponta do galho? Não é lá que está o fruto?

Frank Scully

Em uma tarde ensolarada, eu estava caminhando na Pont des Arts, a ponte para pedestres sobre o rio Sena em Paris. Havia uma agitação especial no ar. Uma sensação de arrebatamento e entusiasmo permeava toda a área. As pessoas – jovens e velhas – se amontoavam na ponte, sentadas, de pé, e até mesmo deitadas. Todas elas estavam pintando ou tecendo comentários sobre a pintura dos outros. Seguindo o espírito da típica tendência francesa de criar jogos de palavras, o acontecimento fora denominado "*Faites de la peinture*", que significa mais ou menos "Comece a pintar". Mas o título daquele acontecimento também é um trocadilho para "*Fête de la peinture*" – que se pronuncia exatamente igual – mas que significa "festival da pintura". Vendo a cena, eu conseguia perceber que todas as pessoas naquele evento estavam totalmente absortas, tanto em termos cognitivos, como emocionais e sensuais. E é em torno disso que giram as brincadeiras. Enquanto estamos brincando, nos perdemos de nós mesmos; há uma fusão do universo interior com o exterior. Nós nos transformamos como pessoas. Perdemos a bagagem que transportamos na vida diária. Ocorre uma fusão entre a infância e a idade adulta. E, em cima da ponte, havia se dissipado aquilo que normalmente separa crianças e adultos. Eles estavam todos "brincando" juntos.

O PAPEL DA DIVERSÃO

Einstein estava correto ao apontar a importância da diversão em nossas vidas na equação que criou para a felicidade. A diversão está intimamente ligada à criatividade e possui funções regenerativas. Ela implica uma diversificação de interesses, um fazer as coisas fora da rotina a que estamos habituados. Como diz o ditado: "Trabalho sem diversão faz de Jack um bobalhão." Reunimos experiências (e, portanto, recordações) felizes de vida quando cultivamos uma variedade de interesses. As atividades de lazer têm uma função revitalizadora. Como mencionado anteriormente, pesquisas demonstram que as pessoas que desfrutam de lazer tendem a ser mais felizes. O lazer nos ajuda a encarar as velhas situações de uma maneira nova. A verdadeira recreação (pense nela como uma "recriação") estimula nossas aspirações e aumenta nossa capacidade de inovação e nossa eficácia tanto no trabalho como nos relacionamentos.

Muitas pessoas não sabem como administrar o lazer; elas não sabem como brincar. Um executivo em um dos meus seminários de liderança era um homem desse tipo. O fato de escutar a sua história me fez recordar das pinturas de Diego Velázquez (um dos mais importantes pintores do século XVII), que retratava crianças da família real espanhola com uma aparência assustadoramente adulta. O executivo (a quem chamarei de Jan) poderia muito bem ter saído de um desses quadros. Ele fora forçado prematuramente a assumir um papel adulto em função da mãe depressiva e de um pai que havia desaparecido quando Jan estava com dois anos de idade. Sem contar com outras figuras de apoio ao seu redor, Jan assumiu um papel responsável na família desde cedo. Nesse papel, ele se tornou o confidente da mãe, e passou a tentar ajudá-la a superar seus momentos negros e a dividir sua carga emocional. À medida que foi crescendo, Jan foi cada vez mais assumindo os encargos da vida familiar. Enquanto isso, sua infância passou. Como as crianças nos quadros de Velázquez, ele nunca havia tido oportunidade de brincar ou de se envolver em brincadeiras de faz-de-conta.

Quando adulto, Jan centralizou seu foco no trabalho, tornando-se um homem de negócios bem-sucedido. Seus colegas e subordinados descreviam-no como alguém muito atencioso e cuidadoso, porém demasiado sério. Infelizmente, ele compartimentalizou seus cuidados e sua atenção, guardando-os para o escritório. Em casa, ele se mostrava alheio à esposa e ao filho, uma reação provavelmente determinada pelo excessivo envolvimento com sua mãe no passado. Como havia delegado a criação dos filhos para sua esposa, Jan continuou tão distanciado do filho que o jovem se transformou quase que em um estranho para ele. Ao ficar sozinho com o filho, ele se sentia pouco à vontade; não sabia o que dizer e nem como se comportar. Quando encontrei esse homem mais tarde em sua vida, ele estava tentando recompor o fio partido da sua infância e se esforçando para aprender a brincar, mesmo que tardiamente.

Se algumas pessoas – e, entre elas, Jan – não sabem como brincar e dedicam toda a sua energia ao trabalho, outros brincam demais e de maneira demasiado pesada. Mas será que a vida tem de ser uma coisa ou outra? Eu não penso assim. Aumentamos as chances de alcançar a felicidade quando aprendemos a brincar no trabalho e começamos a trabalhar em cima das brincadeiras. As pessoas que têm personalidades bem-equilibradas não trabalham o tempo todo. Elas sabem rir; elas sabem como brincar; elas sabem como fazer coisas engraçadas com as pessoas.

Quando brincamos – até mesmo quando brincamos no trabalho – retornamos ao universo infantil. Vivenciamos outra vez os sentimentos de alegria, de surpresa e de expectativa que compõem o universo da criança. Experimentamos sentimentos tão vivos, tão intensos, como os que tínhamos quando éramos crianças. Ingressamos em um mundo de fantasias, de devaneios e de sonhos noturnos, onde o tempo não conta. E é no mundo transitório da brincadeira – aquele domínio que paira entre o faz-de-conta e a realidade, entre ursos de pelúcia e responsabilidades adultas – que ocorre o processo criativo. É um mundo de intuição, de livre associação, de metáforas e imagens e de uma imaginação sem limites – um mundo, em suma, de infinitas possibilidades. É um mundo de pensamentos divergentes, que leva a conexões e associações capazes de produzir novos *insights*. Quando os adultos se encontram nesse mundo de brincadeiras, períodos de trabalho interno particular e criativo se alternam com experiências de tomada de consciência, iluminação e reintegração. A mente é como um paraquedas; ela trabalha melhor se estiver aberta. Quando conseguimos entrar em um estado de espírito, ele nos permite encontrar novas formas de tratar as questões, os assuntos, as suscetibilidades e os problemas que tenham nos deixado estarrecidos. Enquanto brincamos e fazemos coisas fora do comum, surgem soluções que complementam a abordagem tradicionalmente empregada no trabalho. Tais *insights* criativos contribuem para a geração de momentos de intensa felicidade.

A REGRESSÃO A SERVIÇO DO EGO

A fim de melhor compreender a dinâmica subjacente à diversão e ao processo criativo, os psicanalistas estabeleceram uma distinção entre os processos de pensamento primários e os secundários. Eles notaram que havia uma ligação entre os processos de pensamento primários e a criatividade. Dentro desse contexto, o processo de pensamento primário refere-se aos processos mentais mais primitivos e que estão diretamente relacionados à atividade mental inconsciente. Eles se caracterizam por um tipo de pensamento não lógico e não organizado, e pela tendência de buscar imediata liberação e gratificação dos impulsos instintivos (isto é, sexuais). O trabalho que se processa nos sonhos, para dar um exemplo, pode ser visto como uma vívida ilustração dos processos primários em funcionamento. Em contrapartida, os processos de pensamento secundários consistem de um tipo de atividade mental característico das atividades mentais consciente e pré-consciente, e que é marcado pelo pensamento lógico e pela tendência de retardar a gratificação mediante uma regulação da descarga das demandas instintivas. Mas é no nível de processamento do pensamento primário que o desejo sexual desempenha um papel mais significativo e influencia o processo criativo.

Os psicanalistas também introduziram o conceito de "regressão a serviço do ego". Trata-se de uma forma de regressão a um modo de pensar lúdico, primitivo e inconsciente, que possibilita que os processos secundários façam parte da equação. Os produtos criativos serão resultado dessa espécie de regressão. O processo que aborda materiais conflitivos exige muita criatividade. A começar pelas primeiras experiências da infância, as pessoas criativas parecem se alternar entre imaginação, fantasia e um senso arraigado da realidade. O processo criativo implica a união milagrosa da imaginação da criança com o seu aparente oposto e inimigo, o senso de ordem imposto pela inteligência disciplinada do adulto.

Tal forma de expressão é bem diferente daquilo que acontece com as pessoas "loucas". Embora tais pessoas possam encontrar soluções "criativas" para seus conflitos, a criatividade delas é de natureza mais mágica. Os seus "produtos" têm um significado particular e carecem de ligação com os seus beneficiários. A forma "louca" pela qual as pessoas expressam a sua criatividade é um exemplo de quando a regressão dá errado. Qualquer que seja o resultado dos seus produtos criativos, eles não encontram ressonância no contexto social. O que se cria são produtos simbólicos, porém excessivamente particulares, que se tornam demasiado ininteligíveis.

Se examinarmos o processo criativo mais de perto, poderemos ver que muitos dos nossos trabalhos criativos estão impregnados de recordações que ficaram em aberto, sem solução, impregnadas dos "fantasmas" do nosso teatro interno. Tais fantasmas, que nos enchem de assombro e desejo, alimentam nossa imaginação. As brincadeiras das crianças assumem um papel importante no sentido de exorcisar e metabolizar os fantasmas internalizados. Quando os pais e os demais responsáveis pelas crianças demonstram entusiasmo e interesse pelas brincadeiras infantis, eles conseguem desempenhar um papel importante no gerenciamento desses "fantasmas". Pelo fato de participarem das brincadeiras, eles compartilham o espaço transacional infantil – aquele lugar de assombro e ilusão que se situa entre a fantasia e a realidade. A ausência de restrições às brincadeiras e à imaginação é crucial para o desenvolvimento da criatividade nas crianças. Isso vai determinar os elementos de sustentação daquilo que está por vir. Muito vai depender, no entanto, da forma como a criança enfrenta as restrições que lhes são impostas pelas forças da sociedade. Citando Picasso: "Toda criança é um artista. O problema é como continuar sendo um artista depois que se cresce."

Ao nos depararmos com pessoas criativas, talvez descubramos que elas podem se mostrar mais primitivas e cultas, mais destrutivas e construtivas, muito mais loucas e muito mais sãs que a média das pessoas. Elas se dispõem a ir aonde outros não ousam ir. A criatividade nas artes e nas ciências resume-se a isto: ultrapassar a realidade cotidiana e criar uma nova realidade. É a capacidade de ver aquilo que os outros não conseguem enxergar. Como Michelangelo supostamente teria dito: "Eu vi o anjo no mármore, e esculpi até libertá-lo." As pessoas criativas são capazes de reconhecer formas nas nuvens, e não só as nuvens.

Talvez seja um truísmo afirmar que toda nova ideia parece ser maluca, de início; a genialidade é um pouco mais do que a faculdade de perceber as coisas de diferentes modos. Pessoas criativas são capazes de ver as coisas sob um novo prisma, coisas que outras pessoas tomam como certas. Aqui, trata-se muito do triunfo da originalidade sobre o hábito. Trata-se da habilidade de integrar o desconexo. Mas, embora a criatividade implique um tanto de fluidez entre a fantasia e a realidade, precisamos lembrar que a criatividade também exige um determinado grau de ordenação. Embora a atitude brincalhona seja típica das pessoas criativas, aquelas que são verdadeiramente criativas combinam diversão com disciplina, responsabilidade e irresponsabilidade. É pouco provável que a diversão produza resultados sem estar acompanhado da sua antítese – a rabugice, a resistência e a perseverança. No processo criativo, primeiro vem o pensamento; depois, a organização daquele pensamento em ideias e planos; depois, a transformação dos planos em realidade. O germe de uma ideia precisa ser combinado com a perseverança, a fim de tranformá-lo em realidade. Para incluir uma citação do pintor Francisco Goya: "A fantasia, se abandonada pela razão, produz monstros insuportáveis; se for unida a ela, é a mãe das artes e origem de maravilhas."

Lidando com a perda

O pintor Edvard Munch afirmou certa vez que "doença, insanidade e morte são os anjos que rodearam meu berço de criança e me seguiram por toda a vida". Munch conseguiu fazer um uso criativo das suas experiências de perda e luto. Ao lidar com as feridas de infância, algumas pessoas – enquanto crianças – demonstram ter maior capacidade para tal, enquanto que outros podem demonstrar maiores dificuldades. Tais dificuldades são capazes de agir como fatores limitadores na vida, como é o caso daqueles que têm deficiência mental. Existe, muitas vezes, uma relação entre a criatividade e algumas formas de doença mental, inclusive depressão, esquizofrenia e transtorno do déficit de atenção com hiperatividade. Muitos estudos mostram que indivíduos dotados de maior potencial criativo apresentam taxas mais elevadas de transtorno bipolar, ou depressão maníaca, que a população em geral.

Mantendo-se em contato com o nosso lado louco

Considerando-se a importância de alcançarmos a felicidade, cada pessoa deve avaliar a capacidade que tem de se envolver em brincadeiras. Alguma vez paramos para questionar coisas que há muito tempo são tomadas como verdades absolutas no trabalho? Há algo que realmente nos empolgue no trabalho? Temos alguma paixão fora o trabalho? Nós nos engajamos em atividades que canalizam outras áreas do nosso cérebro? Estamos em contato com nosso lado louco? Temos devaneios e prestamos atenção aos nossos sonhos noturnos? Quanto mais "sims" formos capazes de dar a esse conjunto de perguntas, melhores serão as nossas condições. A adoção de uma abordagem brincalhona frente às responsabilidades inerentes ao trabalho forja a criatividade, enquanto que o envolvimento em passatempos e em procurar outras coisas fora do trabalho melhora nossa perspectiva diante da vida e reenergiza nosso espírito, quer optemos por atividades relativamente bem comportadas, como pescaria com iscas artificiais, observação de pássaros ou cultivo de rosas, ou por empreendimentos mais arriscados, como caça, paraquedismo ou *bungee jump*.

Sem opções de lazer diversificadas, podemos nos preparar para ter uma grande surpresa quando a aposentadoria chegar e nossas escolhas se tornarem mais limitadas, em função de mudanças físicas e situacionais. Conheci algumas pessoas de mentalidade estreita, cujos únicos interesses estavam relacionados à sua carreira e que se descobriram totalmente perdidas por ocasião da aposentadoria. Enquanto trabalhavam, nunca haviam pensado em buscar opções de prazer fora do escritório. Seu desenvolvimento estivera totalmente vinculado à carreira. Quando deixaram o local de trabalho em uma idade já mais avançada, elas vivenciaram um sentimento de abandono e isolamento, ficando desorientadas e depressivas, e sentindo vários outros sintomas de estresse. Algumas até morreram prematuramente; como não haviam aberto espaço para o lazer em suas vidas, tiveram de abrir espaço para a doença.

Necessidades exploratórias

O crescimento experimentado pelos seres humanos por meio da diversão está intimamente relacionado às suas necessidades exploratórias – nas quais se fundamentam a cognição e o aprendizado. O psicólogo desenvolvimentista Robert White batizou tais necessidades de *"competence motivation"* (motivação pela competência). Embora os bebês nasçam dotados de visível incompetência, eles foram programados não só para aprender muito sobre seu ambiente como também para encontrar meios de interferir no ambiente e manipulá-lo. White (e outros psicólogos desenvolvimentistas) entende o comportamento exploratório como uma necessidade motivacional básica, cujo propósito é fazer a criança adquirir competência no trato com o ambiente. Os sucessos obtidos durante o processo de aquisição de competência contribuem para o desenvolvimento de um sentimento de eficácia, o qual melhora significativamente a sensação de autoestima de uma pessoa.

A necessidade motivacional exploratória aparece logo após o nascimento. Estudos realizados com base na observação de crianças relatam que a novidade, bem como a descoberta do efeito que têm determinadas atitudes, estimula as células cerebrais nos bebês e nas crianças pequenas, e provocam um estado prolongado de estímulo da atenção. Reações semelhantes de oportunidades exploratórias continuam a ocorrer enquanto a criança se encaminha para a fase adulta e também durante toda essa fase. Intimamente vinculada à necessidade de exploração está a necessidade de autoassertividade – ser capaz de decidir o que fazer. A presença da diversão durante a exploração e a manipulação do ambiente, que ocorrem em resposta à motivação exploratória-assertiva, produz uma sensação de eficácia e competência, de autonomia, iniciativa e industriosidade.

A compreensão de tal necessidade motivacional básica ajuda-nos a entender que o aprendizado não deve ser visto como algo que só ocorre no intuito de nos prepararmos para a vida adulta. Pelo contrário, o processo de aprendizado jamais deveria cessar. Precisamos continuar a desenvolver nosso potencial, crescendo e nos expandindo como indivíduos. Precisamos nos abrir para novos desafios e tarefas em diferentes momentos da nossa vida.

À medida que olhamos ao nosso redor, vemos um mundo em contínuo fluxo, com coisas novas acontecendo o tempo todo. Em meio a tantas mudanças, há uma miríade de descobertas aguardando para serem feitas. O aprendizado contínuo significa envolver-se na vida com paixão – atentar para os movimentos da vida, sons e cores; utilizar os sentidos: olfato, paladar, tato, visão e audição; cultivar uma dimensão estética; e aventurar-se.

Aquilo que aprendemos nos ambientes de educação formal é importante. Embora, com frequência, sejam os estudos realizados fora das instituições de ensino que exerçam o maior impacto. De fato, muitas coisas que se precisa aprender não podem ser ensinadas. Aprendemos tais coisas fazendo-as – e, por consequência, conseguimos nos lembrar delas. O fator memória no aprendizado vivencial é muito maior que no aprendizado em sala de aula, porque a recordação dos incidentes críticos da vida continua em destaque.

Quanto mais aprendemos, mais descobrimos o quanto somos ignorantes. Não é uma coisa ruim: é importante ter consciência do quão pouco sabemos. De fato, deveríamos valorizar nossa ignorância, porque é ela que nos leva a seguir fazendo novas explorações. Um dos segredos para uma vida satisfatória e para se alcançar a felicidade é manter a curiosidade intelectual. Mas, para sermos curiosos e conseguirmos aprender, também é preciso desaprender; em outras palavras, temos de estar dispostos a correr riscos, a nos aventurarmos. Como afirmou certa vez o economista John Maynard Keynes: "A maior dificuldade do mundo não é as pessoas aceitarem novas ideias, mas sim esquecerem das velhas."

Toda a vida é um processo de movimento e crescimento. Os seres humanos não escapam dessa verdade: precisamos fazer um esforço contínuo para melhorar a nós mesmos. Também precisamos experimentar. Quanto mais o fizermos, testando nossos limites e cercanias, mais seremos capazes de nos desenvolver. Às vezes, falhamos em nossos esforços. Isso é certo. Mas as dificuldades passageiras nos conduzem a fazer e a assimilar experiências de aprendizado.

Nada é interessante se você não tiver interesse naquilo. Quanto maior o número de coisas nas quais estamos interessados, mais vivos estamos. Aquele que pensa que não consegue mais aprender com os outros é uma pessoa muito solitária. Tal postura presunçosa representa um convite para o desastre. Assim como o fato de continuarmos a aprender mantém-nos jovens, parar de aprender acelera o processo de envelhecimento. De fato, nada envelhece mais uma pessoa do que não pensar, não exercitar seu cérebro. Poucas mentes se consomem; a maioria delas enferruja. A fim de assegurar nossa sobrevivência, temos de manter a curiosidade intelectual, lutando pelo crescimento pessoal.

Nossos esforços para nos mantermos receptivos à aprendizagem são facilitados se conseguirmos reter determinadas qualidades infantis. O espírito de diversão nos ajuda a perceber as novas circunstâncias de vida como uma aventura. A imaginação nos permite explorar um vasto território ainda não mapeado dentro de nós, aquele reservatório secreto de promessas e potenciais que poucos adultos acessam. A criatividade nos permite empregar a imaginação de maneira construtiva, fazendo uso das experiências de infância, relembrando-as à vontade. Por fim, o espírito inquisitivo nos traz como consequência momentos de felicidade que se orginam da descoberta de coisas novas. Na maior parte das vezes, o desafio não é chegar a novas respostas, e sim à formulação de novas perguntas. Aquilo que não perguntarmos jamais teremos como saber. É impossível fazer um uso excessivo dos termos *por que* e *como*.

A alegria de aprender também ajuda no sentido de nos tornar professores mais eficazes, e, durante o processo de ensino, aprendemos sobre nós mesmos. É importante, contudo, que ensinemos os outros a pensar, e não o que pensar. A generatividade – a disposição de ser um mentor e um professor para outros, de se importar e cuidar de verdade de outros – aumenta em importância como fator à medida que envelhecemos. O fato de vermos pessoas jovens que estiveram debaixo das nossas asas em uma boa situação acarreta momentos de felicidade, enquanto que a inveja da geração seguinte represa a felicidade.

François de la Rochefoucauld afirmou determinada ocasião que "a única constante na vida é a mudança". Se estivermos abertos para o aprendizado, a onipresença da mudança pode nos servir de mestre. De fato, assim como ficar atolado em uma rotina de velhos hábitos conduz à inflexibilidade e à estagnação, não deveríamos apenas aceitar as mudanças como também buscá-las, quebrando com os velhos padrões rotineiros e surpreendendo a nós e aos outros. Precisamos abrir mão do passado. Precisamos continuar tentando coisas novas e também nos parabenizar quando encontramos meios de romper com a monotonia que ameaça tomar conta, e temos ainda que encontrar novas formas de sermos atores, e não espectadores, no jogo da vida. É melhor ser um jovem de 80 anos do que ser um velho de 30. Não envelhecemos por viver, mas por perder o interesse em viver.

Um número demasiado grande de pessoas à nossa volta parece não se cansar de pular de um desejo para o outro, sem jamais se dar por satisfeitas com a realidade das coisas, sem jamais adotar uma perspectiva holística da vida. O poeta T. S. Eliot disse certa ocasião: "Nunca devemos deixar de explorar coisas novas, e o fim da nossa busca será o de voltar ao ponto de partida e enxergá-lo como da primeira vez." Permita-me encerrar com uma história zen que ilustra a natureza etérea da felicidade.

Era uma vez um escultor. Ele vivia em um território onde uma vida cheia de privilégios era sinônimo de poder. Examinando sua vida, ele decidiu que estava insatisfeito com o jeito como andavam as coisas e iniciou uma jornada a fim de se tornar a pessoa mais poderosa daquele território.

Um dia, ele passou em frente à casa de um rico mercador. Através do portão, que se encontrava aberto, observou muitas posses magníficas e visitantes importantes. "Como deve ser poderoso este mercador!", pensou o escultor. "Eu gostaria de ser como ele."

Para seu grande espanto, viu-se de repente transformado no mercador, desfrutando de mais luxos e poder do que jamais poderia ter imaginado, mas sofrendo a inveja e o ódio daqueles menos afortunados que ele. Logo um alto oficial passou por ali, sendo transportado em uma liteira, seguido por um séquito de acompanhantes e escoltado por soldados que batiam em gongos. Todos, não importando quão ricos fossem, tinham de se curvar perante aquela procissão. "Como é poderoso este oficial!", pensou o mercador. "Gostaria de poder ser um alto oficial."

E ele se transformou no alto oficial, que era carregado para toda a parte em sua liteira bordada, sendo temido e odiado por todos ao seu redor. Como era um dia quente de verão, o oficial se sentia muito desconfortável na liteira grudenta. Ele olhou para o sol. O sol brilhava vaidosamente no céu, sem se deixar afetar pela presença do oficial. "Como o sol é poderoso!", pensou ele. "Eu gostaria de poder ser o sol!"

E ele então se transformou no sol, irradiando sua luz com toda força sobre todas as pessoas, escaldando os campos e sendo amaldiçoado pelos fazendeiros e trabalhadores da lavoura. Mas uma imensa nuvem preta veio e se interpôs entre ele e a terra, de modo que a luz do sol não podia mais brilhar sobre o que estava abaixo. "Como é poderosa esta nuvem de tempestade!", pensou ele. "Eu gostaria de poder ser uma nuvem!"

Então ele se transformou na nuvem, inundando os campos e os vilarejos, contra a qual todos esbravejavam. Mas ele logo percebeu que estava sendo empurrado por uma grande força, e se deu conta que essa força era o vento. "Que poderoso ele é!", pensou. "Gostaria de poder ser o vento!"

Aí ele se transformou no vento, soprando as telhas dos tetos das casas, arrancando árvores, sendo temido e odiado por todos abaixo dele. Mas, depois de um tempo, ele se deparou com algo que não se mexia, não importava a força com a qual ele soprasse – uma rocha imensa, à semelhança de uma torre. "Como esta rocha é poderosa!", pensou ele. "Gostaria de poder ser uma rocha!"

E então ele se transformou na rocha, mais poderosa do que qualquer outra coisa sobre a terra. Mas enquanto ficava lá parado, de pé, ele ouviu o som de um martelo golpeando com um cinzel a dura superfície da rocha e sentiu como se o estivessem transformando. "O que poderia ser mais poderoso que eu, uma rocha?", pensou ele.

Ele olhou para baixo e viu bem abaixo dele a figura de um escultor.

PARTE 4

REFLEXÕES SOBRE A MORTE

Você Não Sai Dessa Vivo   21

> *A morte é uma dívida que todos temos de pagar.*
> Eurípede
>
> *As pessoas que vivem a vida com profundidade não temem a morte.*
> Anaïs Nin
>
> *A morte não é nada, mas viver com um sentimento derrotista e inglório é morrer todos os dias.*
> Napoleão Bonaparte

Era uma vez um rei que vivia em um pequeno território localizado aos pés da Cordilheira do Himalaia e que se chamava Shuddodana Gauthama, e cuja mulher estava esperando o primeiro filho. Antes do nascimento da criança, ela teve um sonho estranho, no qual um elefantinho a abençoava com a sua tromba. Quando ela relatou o sonho, ele foi considerado um sinal favorável pelos palacianos. Quando o nenê nasceu, deram-lhe o nome de Siddhartha, que significa "aquele que alcançou suas metas". Depois do nascimento, o pai de Siddhartha consultou um ilustre profeta e lhe indagou sobre o futuro do seu filho. O profeta anunciou que o filho do rei seria uma dentre duas coisas: ele poderia vir a se tornar um grande rei, até mesmo um imperador, ou ele se tornaria um grande sábio e salvador da humanidade. Como Siddhartha era o único herdeiro do trono, seu pai não queria que ele renunciasse ao mundo. Ansioso para que seu filho se tornasse um rei assim como ele, o pai determinou-se a protegê-lo de qualquer coisa que pudesse influenciá-lo a abraçar a vida religiosa, isto é, dos ensinamentos religiosos ou de conhecer o sofrimento humano. O rei Shuddodana ordenou às pessoas do palácio que não deixassem seu filho ver os idosos, os doentes, os mortos ou qualquer um que fosse devoto das práticas religiosas. Ele queria que Siddhartha crescesse apenas em meio àquilo que era belo e saudável.

Siddhartha estudou ciências, tecnologia, arte, filosofia e religião sob a instrução de famosos eruditos. Além disso, ele se sobressaiu nas atividades de montaria, artilharia e esgrima. Mesmo vivendo em meio ao luxo palaciano, seu desassossego e descontentamento aumentavam, assim como sua curiosidade sobre o mundo fora das muralhas do palácio. Por fim, decidiu pedir permissão ao pai para sair do complexo palaciano e conhecer o mundo. O rei cercou-se de todos os cuidados para que Siddhartha, ainda assim, não visse o tipo de sofrimento que ele temia que pudesse levar o filho a abraçar uma vida religiosa, e ordenou aos cortesãos que permitissem somente que pessoas jovens e saudáveis cumprimentassem o príncipe. Porém, enquanto se aventurava fora do palácio, e apesar dos esforços empreendidos por seu pai para afastar os doentes, os velhos e os sofredores, Siddhartha viu alguns homens velhos que, incidentalmente, transitavam próximo da rota do cortejo. Surpreso e confuso, ele correu atrás deles para descobrir quem eram. Enquanto os perseguia, ele se deparou com uma série de pessoas que estavam seriamente doentes. E, por fim, junto ao rio, se deparou casualmente com a realização de festejos funerários; foi quando, pela primeira vez em sua vida, confrontou-se com a morte. Profundamente deprimido pelo que vira, ele se determinou a transcender a velhice, as doenças e a morte, vivendo uma vida de asceta. Ele abandonou a sua herança, deixou o palácio, adotou a vida solitária de um monge peregrinador, dedicou sua vida ao aprendizado de maneira a se libertar do sofrimento. A partir dos 35 anos, Siddhartha passou a ser conhecido como Buddha, um título que significa "o iluminado" ou "aquele que sabe".

O HOMEM TRÁGICO

Como nos relata a história de Buddha, não saímos dessa vida vivos. Ou, para citar uma bem conhecida afirmação de John Maynard Keynes: "Mais cedo ou mais tarde, todos morremos." A humanidade se confronta com uma experiência de terrível peso: existe um terror onipresente e semioculto que se apresenta em forma de uma morte simples, ordinária e inevitável. A morte é uma sombra que nos acompanha aonde quer que vamos. Graças à formação dos nossos lóbulos frontais – a última parte do cérebro humano a se desenvolver – o *Homo sapiens* desenvolveu a capacidade de olhar para o futuro. Nenhum outro animal possui um lóbulo frontal da mesma espécie que o nosso. E, embora pensar sobre o futuro possa ser algo agradável, o futuro também encerra a morte. É o alto preço que pagamos por nosso desenvolvimento enquanto espécie.

Como seres humanos, vivemos toda a vida sabendo que iremos morrer algum dia. Quer nos agrade ou não, cada momento de nossas vidas significa dar mais um passo em direção à morte. A ansiedade que a morte desperta é fonte do mais profundo mistério. Nas palavras do psicólogo William James, é "o bichinho do caroço" da existência humana, já que a primeira vez que respiramos prediz a última. O fato de estar ciente da morte gera um dilema para algumas pessoas que, por terem tanto medo de morrer, nunca começam a viver de verdade. É como se elas andassem pela vida na ponta dos pés, a fim de chegarem com segurança na morte. Elas parecem jamais ter compreendido a advertência de Sócrates de que "a vida, sem que se a explore, não vale a pena ser vivida". Gastar todo o tempo do qual dispomos preocupados com a morte não torna a vida mais prazerosa. Nossa maior tragédia é que tentamos buscar meios de suprimir a ansiedade que sentimos a respeito da morte, da aniquilação e da separação derradeira, mas, como essa ansiedade é provocada pelo nosso desejo de viver, isto torna mais difícil para muitos de nós viver a vida plenamente.

A ansiedade da morte aumenta porque o fato de reconhecermos nossa mortalidade flui em sentido inverso aos nossos instintos de sobrevivência. De que maneira podemos lidar com esse conflito existencial? O que podemos fazer a respeito? De que modo podemos aguentar isso?

Varia o modo como lidamos com o fato de termos ciência da morte. Algumas pessoas passam para a marcha acelerada, buscando encontrar um meio de suprimir tal conhecimento, enquanto que outras podem cair em um estado de resignação e depressão. Estas últimas são as pessoas que se indagam para que se importar em viver, se todos os esforços que fizermos na vida não vão dar em nada, já que temos de morrer. Para que despender a energia? Por que não desistir, simplesmente? Algumas pessoas veem um fim sem esperança, enquanto que outras veem uma esperança sem fim. Dentre essas duas opções, a segunda é mais construtiva.

Qualquer que seja a rota que tomemos, muitos de nós se sentem compelidos a alterar ou a reprimir esse penoso estado de consciência, seja de uma forma ou de outra. Mas tais tentativas de supressão geram um constante suprimento de energia psíquica reprimida, que, moldado por forças culturais e históricas, tem potencial para se transformar em um rico caleidoscópio de criatividade e manancial de recursos. Assim, podemos dizer que o instinto de autopreservação (que se contrapõe ao medo da alienação e da morte) lança as bases para o aprendizado, determinando a forma como pensamos e aquilo que fazemos. Isso irá afetar nossos pensamentos, nossas emoções e nossa motivação. Mas essa energia não é utilizada apenas de modo construtivo; ela também pode vir a contribuir para o racismo, o fanatismo religioso, a intolerância política, a violência e muitos outros tipos de atividades preocupantes.

22 A Negação da Morte

> De todas as maravilhas que já ouvi,
> Me parece muito estranho que os homens devam ter medo;
> Pois a morte, um fim necessário,
> Chegará quando tiver que chegar.
>
> William Shakespeare

O homem teme a morte assim como as crianças temem ficar no escuro; e, assim como esse medo natural aumenta nas crianças com os contos de fadas, o outro também.

Francis Bacon

Não tenho medo da morte. É a aposta que se faz para poder jogar o jogo da vida.

Jean Giraudoux

Não há nenhuma certeza na vida de um homem, a não ser a de que ele irá perdê-la.

Owen Meredith

Os animais não tem de enfrentar o tipo de conflito existencial com o qual temos de lidar. Em geral, partimos do princípio de que eles vivem a vida alegre e instintivamente. O *Homo sapiens* não conta com tamanha sorte e talvez inveje a condição dos animais. O mais irônico é que, justamente em função do estágio evolutivo em que nos encontramos, da nossa capacidade de adquirir conhecimentos e de refletir sobre as coisas, o encontro com a morte se transforma em algo capaz de causar tanto medo. Nosso aparato de defesa é posto em alerta; esta é a razão que se esconde por trás dos heroicos esforços que fazemos para afastar os pensamentos relativos à morte. Mas, apesar da realização de tais esforços, a alarmante realidade da morte iminente continua a ser motivo de inquietude. Recebemos lembretes periódicos de que o Anjo da Morte está esperando por meio da morte de pessoas amadas, das guerras, dos desastres naturais ou de um caroço no seio, advertências que são muito difíceis de serem ignoradas. Só começamos, no entanto, a compreender pela primeira vez a verdade da morte quando ela toca em alguém a quem amamos muito.

O TRIUNFO DA IRRACIONALIDADE

Embora, em um nível racional, saibamos que a morte é consequência inevitável da vida, no nível irracional percebemos as coisas de modo bem diverso. A ideia de ser engolido para dentro de um vazio completo, de nos depararmos com a desintegração e o declínio físico, não são conceitos fáceis de serem enfrentados e assimilados. Em vez disso, agimos muitas vezes como se a morte pudesse acontecer a qualquer pessoa, exceto a nós mesmos. Um dos heróis do famoso épico indiano Mahabharata, ao ser confrontado com o enigma "Qual é a coisa mais desconcertante que existe no mundo?", responde dizendo que é "a infalível crença do homem na imortalidade, ignorando a inevitabilidade e a onipresença da morte". Tal enigma significa um lembrete sobre a atitude ambivalente que temos para com a morte. Sigmund Freud descreveu as imagens psicológicas associadas à morte em seu ensaio *Reflexões em Tempos de Guerra e de Morte* (1915): "É, em verdade, impossível imaginar a nossa própria morte; e, sempre que buscamos realizar esse intento, percebemos que, de fato, ainda nos fazemos presentes na condição de espectadores." É por isso que muitos psicanalistas argumentam que, no fundo, ninguém acredita na própria morte, ou, fazendo uma colocação similar sob outra roupagem, no nível inconsciente, todos estamos convencidos da nossa própria imortalidade. O filósofo espanhol Miguel de Unamuno concorda e assim o formula na obra *Do Sentimento Trágico da Vida*: "O que distingue o homem dos demais animais é que, de um jeito ou de outro, ele protege seus mortos. E contra o que ele os protege de modo tão despropositado? O pobre coitado do inconsciente se encolhe de medo da sua própria aniquilação."

A morte reacende medos básicos que giram em torno dos temas da aniquilação, da solidão, do abandono, da rejeição e da separação. Aliada aos nossos instintos de sobrevivência, ela é capaz de provocar a ocorrência de ataques de pânico.

Certa manhã em Huizen, o vilarejo da Holanda no qual vivi quando pequeno, a imensidão da morte se abateu sobre mim. Lembro de estar feliz, sentado na banheira, minha avó esfregando meu corpo e entoando uma canção para mim. Sem mais nem menos, ela me perguntou se eu me lembraria dela depois que ela não estivesse mais ali. Lembro que sua pergunta fez com que eu entrasse em pânico. Como ela poderia ficar fora da minha vida? Como poderia não estar mais ali? Ela era uma parte essencial do meu pequeno mundo. A ideia era horrenda, assustadora e inimaginável. Eu não tinha ideia de como dar uma resposta a ela. Não queria acreditar que ela fosse capaz de morrer. Não havia nada que eu pudesse dizer. Mas a pergunta ficou comigo. Pensando a esse respeito à medida que estou escrevendo, a pergunta e os sentimentos que ela suscitou permanecem tão vivos hoje como se isso tivesse transcorrido ontem. Como Siddhartha, eu me sentia como se tivesse sido jogado para fora do Paraíso; era como se eu tivesse perdido a minha inocência. É claro que eu estava ciente de que a morte existia, até então eu havia visto pássaros e insetos mortos, e animais prostrados ao lado das rodovias. Mas isso era diferente. Isso era muito pessoal. A noção da morte permaneceria dali em diante sempre comigo, um medo capaz de corroer as minhas entranhas. De vez em quando, eu me perguntava como seria capaz de conviver com a ideia da morte? Quando chegaria o dia do juízo final?

Alguns anos mais tarde – porém, demasiado cedo – minha avó morreu de pneumonia. Foi a primeira dentre uma série de outras experiências de morte. Lembro muito claramente de como seu corpo foi colocado em exposição para que todos a vissem repousando na sala principal da casa de fazenda dos meus avós. Várias filas de visitantes passaram para prestar suas últimas homenagens. Também recordo da procissão funerária no vilarejo, com centenas de pessoas seguindo o ataúde.

Lembro da dor da minha mãe em função da morte da sua mãe e do meu sentimento de desamparo, sem saber como lidar com aquela situação. Em parte, eu me sentia responsável. Teria eu sido bom o suficiente? Será que a culpa era minha? Mas, de algum modo, me acalmava o fato de minha mãe ainda estar ali para tomar conta de mim. Permaneci no pano de fundo de toda a atividade familiar, uma criança pequena oprimida pela dor, tentando resgatar todas as boas lembranças que tinha do convívio com minha avó. Levei algum tempo para aceitar o fato de que ela não estaria mais ali, de que ela havia partido, de que as coisas tinham tomado um curso irreversível. Durante algum tempo, até me envolvi com o pensamento mágico de que ela iria voltar. Lembrei de uma moeda que ela havia me dado, na última vez em que a vira, para comprar doces. Onde tinha ido parar aquela moeda, aquela lembrança da minha avó? Continuei procurando pela moeda, como se a sua posse fosse capaz de trazer ela de volta, como em um passe de mágica. Eu não queria aceitar o fato da irreversibilidade da morte. Mas tinha de aprender a aceitar que a morte, a única certeza na vida, seria a maior incerteza no decorrer da vida.

AS VICISSITUDES DO LUTO

Mas a história ainda não terminou. Aquilo que eu há tantos anos temia ocorreu 55 anos mais tarde: minha mãe faleceu. Embora a sua morte, em função da idade avançada e do seu estado de saúde, não causasse surpresa, ela teve um impacto muito mais devastador do que eu esperava. O sofrimento que eu sentira em antecipação à perda de um ente querido, que, achei, seria capaz de mitigar a dor, provou não ser nada comparado aos sentimentos que experimentei quando realmente ocorreu a morte da minha mãe. Eu havia me iludido, pensando que estava preparado para enfrentar a sua morte. Alguém disse que "a morte da mãe é a primeira tristeza que alguém chora sem ter a mãe por perto". Me surpreendi com a intensidade das minhas reações emocionais. Também lamentei profundamente – e me dei conta de não ser o único a nutrir esse sentimento – o fato de que eu poderia ter feito muito mais por ela antes da sua morte. Eu me senti culpado. Tantas coisas jamais haviam sido ditas; tantas perguntas permaneciam sem resposta. Eu nunca as havia formulado, e agora não era absolutamente mais possível fazê-lo. Isso me trouxe o forte sentimento de que se paga um alto preço em função do medo que temos da morte; ela, em verdade, nos priva da possibilidade de dizer adeus, deixando insatisfeita a necessidade humana básica de encontrar um sentido e conseguir o fechamento.

Quando fui informado do falecimento da minha mãe, experimentei um leque de reações. Eu me sentia oprimido pelos sentimentos de tristeza, depressão, culpa, solidão e pela profunda saudade da mãe que havia perdido. O mais impressionante era o sentimento de descrença sobre a finalidade da sua morte; eu achava difícil aceitar que não havia mais como falar com ela. Ao mesmo tempo, eu me sentia como se tivesse sido privado de toda e qualquer sensação. Era como se eu passasse pelos momentos da vida sentindo, em verdade, quase nada. Fiquei tomado por um sentimento de despersonalização. Embora eu normalmente levasse uma vida agitada, sentia uma perda de interesse pelo mundo exterior; havia uma inibição de toda e qualquer atividade. Eu me sentia paralisado. A única coisa que parecia contar era o meu mundo interior.

Em retrospecto, percebo que, ao me proteger contra todos os estímulos externos, estava lutando para alcançar alguma espécie de restauração psicológica por meio do luto. Eu estava fazendo um inventário daquilo que jamais voltaria a ser o mesmo. É claro que meu comportamento também podia ser visto como uma forma de negação daquilo que havia ocorrido, de uma recusa em acreditar que minha mãe estivesse morta. Pensamentos confusos continuavam pipocando dentro da minha cabeça. Estava nutrindo um sentimento de descrença pelo fato de isso ter acontecido comigo. Eu me perguntava se tudo não teria sido só um pesadelo. Continuava procurando minha mãe. Revia continuamente imagens dela no passado e sonhava com ela. Eu tinha visto o corpo dela em exposição na sala do funeral. Cada vez que recordava essa visão, afluíam mais uma vez à minha mente os sentimentos de medo, terror e tristeza que havia sentido em função da sinistra – para empregar a expressão alemã, *unheimlich* – combinação entre familiaridade e desconhecido, entre sentir atração e, ainda assim, repulsa pelo objeto morto que uma vez fora a minha mãe. Eu a ouvia falar – e depois me dava conta de que era apenas a minha imaginação. As advertências que ela me fizera ficavam passando como um filme na minha cabeça. Objetos, incidentes, contatos, tudo aquilo que vinha de encontro a mim fazia com que eu me recordasse da sua presença. E me lembrei de outras mortes – em especial a da minha avó, de um primo próximo e de dois amigos.

O mais irônico é que, em função de estar lidando com a perda da minha mãe, em função de estar passando pelo torturante processo da perda de um ente querido, sua presença estava mais forte do que nunca no meu mundo interno. O luto pode ser definido como um excesso de atenção dedicada à pessoa falecida, a fim de que o indivíduo possa se resignar com a morte definitiva daquele ente querido. Esse processo me conscientizou mais do que nunca sobre o fato de que, se é verdade que necessitamos de ar, comida, água, vestimentas e abrigo para conseguirmos sobreviver, também precisamos acrescentar relacionamentos à essa equação. É raro que alguém consiga florescer em meio à falta de relacionamentos íntimos com outras pessoas, lugares e coisas. Por eu ter tomado minha mãe como algo certo, percebo agora o quanto ela contribuiu para o meu equilíbrio mental.

No estado em que me encontrava, sofrendo sua perda, eu me via atravessando altos e baixos emocionais. As lágrimas rolavam com facilidade. O difícil para mim era não chorar. Não era fácil ver que tinha tão pouco domínio sobre as minhas emoções. Foi difícil aceitar o fato de que me encontrava em uma situação que não conseguia controlar. Qualquer coisa que eu associasse com a minha mãe deflagrava esse processo de luto. Ao fazer um retrospecto desse período, percebo que ele era parte da luta para manter o vínculo emocional com a minha mãe, ao mesmo tempo em que vivenciava a realidade da sua perda. Ganhei consciência de que o objetivo do enlutamento era o de aprender a viver sem contar com a sua presença. Eu tinha de aceitar, não só racional, mas também emocionalmente, que a morte faz parte dos ciclos da vida. Comecei a compreender que não esquecemos a pessoa que morreu, nem deixamos de amar aquela pessoa. As lembranças ficam. O desafio é conseguir aceitar a morte e os nossos sentimentos a respeito dela, e seguir com a nossa própria vida.

Curiosamente, na tentativa de lidar com o meu sentimento de perda, me recordei de um quadro pintado por Edvard Munch e intitulado "A Mãe Morta e a Criança". Sempre o considerei um trabalho bastante chocante e perturbador. A morte foi um tema recorrente na vida de Munch e a doença sua assídua visitante. Em criança, ele perdera um irmãozinho e uma irmã por motivo de doença, e uma das suas irmãs mais jovens foi diagnosticada como portadora de uma doença mental. Outro irmão morreu apenas alguns meses após o casamento de Munch. Ambos os pais morreram cedo; sua mãe de tuberculose, quando ele tinha só cinco anos. O próprio Munch também ficou doente muitas vezes.

O referido quadro faz um chocante retrato de uma menininha parada em pé, de costas para a mãe, a qual jaz em seu leito de morte. Não há mais ninguém no quadro que pudesse quebrar o sentimento de isolamento da menina. Os olhos bem abertos expressam sua descrença, e os traços desfigurados do rosto, a sua tristeza; as mãos dela estão cobrindo os ouvidos como que querendo barrar a entrada da realidade. Parece que a menina está pronta para gritar – e, dessa forma, o quadro lembra o mais famoso trabalho pintado por Munch, intitulado "O Grito". "A Mãe Morta e a Criança" retrata muito bem os sentimentos que experimentei por ocasião da morte da minha mãe.

Eu estava ingressando em um território desconhecido que se caracterizava por uma sensação opressiva de perda e dor. Os pensamentos relacionados à minha mãe me absorviam por completo. Eu sentia a sua presença mais do que nunca. Fui tomado por sentimentos de raiva, culpa e lamento. Estava furioso comigo mesmo por aquilo que tinha e pelo que não tinha feito enquanto ela ainda estava viva. As palavras da frase "eu deveria ter feito mais" me atormentavam feito assombração. Há tantas coisas que eu poderia ter feito de modo diferente, "se eu soubesse". Embora meu eu racional me dissesse que "o enlutamento" era necessário para me deixar em condições de reassumir a vida diária, ele também envolvia a separação da minha mãe, a adaptação a um mundo desprovido da sua presença e a formação de novos relacionamentos. Eu ainda não estava pronto para fazer isso.

Me dei conta de que o sofrimento causado pela morte de um ente querido tem a ver com o significado interno atribuído à experiência de luto. Essa dor integra a maior parte das experiências e das mudanças de vida. Ela corresponde a reações emocionais, cognitivas, comportamentais e físicas que se seguem à morte de uma pessoa próxima a nós. Em contrapartida, o sentimento de luto absorve essa experiência de sofrimento pela morte de um ente querido e expressa-a fora de si mesmo. É o processo formal de dar uma resposta à morte. Ele inclui os serviços funerários, o velório, o código de vestimenta e outras convenções formais. De certa forma, pode-se ver o sentimento de luto como "a dor que se tornou pública". O serviço funerário representa uma forma ritualizada de confortar os vivos, um esforço comunitário de compartilhar pensamentos sobre a pessoa falecida.

A morte da minha mãe me fez entender em que dimensão a dor e o pesar pela morte de alguém são parte integrante da condição humana. Esses penosos processos são uma forma de se reconhecer o significado que a pessoa falecida tinha para nós e de se fazer um inventário sobre o modo como essa pessoa afetou nossas vidas, tanto antes quanto depois de sua morte. É um jeito de prestar tributo aos fortes sentimentos suscitados pela sensação de tristeza e de injustiça por nos terem tirado alguém que amávamos.

Aos poucos, comecei a me dar conta de que a tendência em nossa sociedade é a de nos afastar do sofrimento pela morte de um ente querido em vez de nos colocar em contato direto com esse sentimento. Isso só dificulta o processo de passar pela dor relacionada a essa perda. Fiquei com a impressão, com base em algumas das reações que foram expressas ao meu redor, de que o processo de luto não é encorajado o suficiente na atual sociedade. Supõem-se que as pessoas (em especial, os homens) não sucumbam nunca às suas emoções. Meu choro era visto como um constrangimento. Afinal, o homem não deve chorar. Muitas pessoas veem o choro como um sinal de fraqueza. Em contrapartida, admira-se o comportamento de alguém que sofre em silêncio. Muitas vezes ouve-se o conselho para "seguir adiante" com o que quer que supostamente alguém deva seguir adiante, e para "manter-se ocupado". Esperava-se que eu lidasse sozinho com o luto, ou que encontrasse um meio de fugir desse sofrimento ou de reprimi-lo. O fato de eu expressar abertamente o meu pesar talvez fosse visto como "fraqueza", "loucura" ou "autopiedade" da minha parte. O sentimento de luto deveria ser expresso de maneira mais eficiente. Ganhei a consciência, porém, de que minhas tentativas para mascarar ou fugir da dor da perda resultavam em uma ansiedade e confusão internas ainda maiores. Não é apenas difícil "manter a compostura", como esse tipo de atitude também represa nossos sentimentos, trancafiando-os, muitas vezes, só para vê-los mais tarde entrar em ebulição e de modo inesperado. Preciso me dar permissão para, por meio do choro, expressar os muitos pensamentos, sentimentos e lembranças que passam pela minha cabeça.

Assim como o fato de não cuidar de uma lesão no corpo pode vir a causar mais danos físicos, o fato de não cuidar de uma ferida emocional pode vir a provocar um resultado semelhante – como quando o luto se transforma em depressão. Percebi que precisava encarar minha dor e minhas emoções. É preciso guardar um período de luto, seja de um jeito ou de outro, por todas as perdas sofridas. Também me conscientizei do fato de que as famílias que são capazes de admitir o seu pesar e de aprender formas mais sadias de expressar essa dor conseguem então liberar suas energias emocionais de modo a conseguirem se focar na vida e nos desafios que se apresentam à frente. Era importante para mim compartilhar minha dor com os membros da família e com os amigos. Era importante poder falar a respeito.

Apesar da minha relutância em chorar, descobri que o choro era uma forma muito boa de aliviar as tensões internas do meu corpo. Chorar fazia com que eu me sentisse melhor. Eu percebia o choro como um meio de livrar meu corpo dos pensamentos "tóxicos" de autocondenação. Acho que o choro era uma maneira indireta de pedir para ser consolado. Me ajudava no sentido de conseguir começar a conversar a respeito da minha mãe com as outras pessoas. O choro também continha um elemento ilusório. Eu sentia como se estivesse tentando expressar minha sensação de abandono por meio do choro. O choro era um meio mágico de forjar uma união com a mãe que eu havia perdido. Também acho que ser capaz de chorar me ajudava no processo de trabalhar a dor da perda e o sentimento de luto. No momento em que eu me permitia chorar, eu pensava sobre as alegrias e as tristezas do passado, decidia o que faria a seguir, encarava a culpa que eu sentia e reconhecia os sentimentos de hostilidade e ressentimento. Eu me ressentia contra o hospital que não havia sido capaz de manter viva a minha mãe.

À medida que passavam os dias, fui notando que nada jamais voltaria a ser igual. Consegui compreender que precisava integrar a nova realidade da vida, na qual não existia a presença física da minha mãe. Era preciso admitir a realidade da sua morte e o fato de que a dor e a perda são uma parte inevitável da vida. Eu precisava trabalhar aspectos intelectuais e emocionais no contexto de uma vida que não mais incluía a minha mãe. Embora meu sentimento de perda não tivesse desaparecido, ele foi ficando menos agudo e as fortes pontadas de dor foram ficando menos frequentes. Estava ciente de que não poderia trazê-la de volta. Mas também sabia que minha mãe seguiria viva dentro de mim e que jamais seria esquecida. Contudo, aumentou minha consciência também sobre o fato de que eu precisava seguir em frente com a minha própria vida e descobrir em mim a capacidade de tornar a me engajar nas atividades da vida. Eu tinha de me reconciliar com a perda.

Foi de grande ajuda repassar os álbuns de fotografias da minha mãe. Me pareceu que pude formar uma representação interna dela ao reconhecer algumas de suas atitudes em mim, ao perceber o quanto havia internalizado os seus comportamentos e valores. Ao olhar para mim no espelho, consegui reconhecer traços do seu rosto refletidos no meu. Tornei-me muito mais consciente do quanto eu me parecia com ela e do quanto eu era o legado vivo da minha mãe. Percebi uma interdependência entre minha mãe e eu. Muitos dos elementos que me desagradavam na minha mãe constituiam, em verdade, parte de mim mesmo. A impressão que eu tinha era a de estar fazendo um esforço heroico para achar um lugar para ela dentro de mim.

Vendo aquelas velhas fotografias, ganhei consciência da linha de continuidade entre as lembranças do passado e os acontecimentos do presente, do fato de que as lembranças conferem sentido à vida. Os relacionamentos com os outros, vivos ou mortos, pareciam compor meu sentido de eu e meu modo de vida. No decorrer de todo esse processo de reconciliação, conversei com minha mãe, um processo que havia se iniciado quando fiquei sozinho com ela no necrotério; eu falava com ela em meus sonhos e sentia a sua presença em alguns lugares. Ela estava sempre tanto presente quanto ausente. Fora isso, eu tinha de falar *sobre* ela. Embora quisesse que me deixassem sozinho, eu também precisava da assistência dos outros para me ajudar no processo de sofrimento. Vale a pena citar um provérbio turco, segundo o qual "aquele que esconde o seu luto não consegue nunca curar essa dor". É preciso lidar com o sofrimento, senão ele volta com força redobrada. É preciso tempo para digeri-lo. É um processo fundamental da condição humana.

Percebi que não conseguiria encontrar uma fórmula simples para superar a perda da minha mãe. Era necessário um trabalho lento e árduo. A fim de conseguir metabolizar minha perda, era essencial que eu me permitisse sentir todas as emoções que aflorassem, não importando quão dolorosas elas fossem, e ser paciente. Dentro de mim ressoavam as palavras de Shakespeare em sua peça *Ricardo II*: "Toda a minha dor reside no meu íntimo,/ E todas essas mostras exteriores de lamentação/ São meras sombras da dor invisível/ Que, em silêncio, intumesce a alma torturada." A dor não conhece cronograma: é impossível estipular-se uma data para se acabar com o sofrimento. O mais provável é que as emoções venham e vão durante semanas, meses e até anos. O tempo seria o único, porém o melhor remédio. Do ponto de vista conceitual, eu sabia que não devia suprimir esses sentimentos de dor e perda, mas me faltava consistência emocional. Percebi a importância de falar sobre os meus sentimentos mas, algumas vezes, hesitava em fazer isso. A dor mal resolvida tende a fechar o nosso coração. Ao mesmo tempo, apesar dos esforços feitos por outras pessoas para me consolar, percebi que ninguém consegue realmente sentir a dor do outro.

OS ESTÁGIOS DO LUTO

Os pesquisadores distinguem quatro estágios no enlutamento:
1. *Choque e dormência*: Esse estágio geralmente ocorre logo após a morte. Como ilustra o meu exemplo, a pessoa que está de luto vai achar difícil crer que a morte realmente aconteceu. A pessoa se sente atordoada e dormente.
2. *Saudades e procura*: À medida que esmorecem os sentimentos de choque e dormência, há uma tendência de se "esquecer" que a pessoa morreu. O

indivíduo que está de luto tenta manter a ilusão de que tudo não passou de um pesadelo.
3. *Desorganização e desespero*: A realidade da ausência da pessoa que morreu se faz sentir. Este é o período de pesar durante o qual a pessoa gradualmente se conforma com a perda. O enlutamento envolve, em geral, uma ampla gama de sentimentos, pensamentos e comportamentos, bem como a perda de sentido e significado na vida. Como a minha própria experiência ilustra, é comum a pessoa se sentir deprimida e ter dificuldades de pensar no futuro. É um período de tempo em que diminui o interesse pelo mundo externo e se adia o planejamento para o futuro.
4. *Reorganização*: Aos poucos, a realidade daquilo que aconteceu se infiltra e ganha espaço. A pessoa percebe uma drástica mudança em função da perda. Mas a pessoa tem que prosseguir e procurar levar uma vida mais normal. Começa a surgir um senso de reorganização e renovação. A pessoa que morreu será lembrada, mas o indivíduo que ficou começa a aprender a viver com a perda.

O poeta Henry Wadsworth Longfellow escreveu certa vez: "Bem, já foi dito que não há dor como aquela que não é expressa." Choramos principalmente pelas coisas que ficaram sem ser ditas e sem ser feitas em relação aos mortos. Todos nós lidamos com o luto de diferentes formas. Trata-se de um processo pelo qual precisamos passar sozinhos, cada qual à sua própria maneira. Pode-se comparar as lágrimas ao sangue da alma; elas são o meio de se curar a ferida. Porém, como disse Epicuro: "É possível oferecer segurança contra todos os males, mas, no que diz respeito à morte, nós, os homens, vivemos em uma cidade sem muralhas de proteção." A dor nunca morre e não é necessário muito para reacendê-la.

A Morte e o Ciclo de Vida Humano

23

> *Enquanto eu pensava que estava aprendendo a viver,*
> *o que eu fazia era aprender a morrer.*
> Leonardo da Vinci

> *A vida de Ivan Ilych havia sido a mais simples*
> *e a mais comum, e, por essa razão, a mais terrível.*
> Leo Tolstoy

> *Desde o dia do meu nascimento, minha morte começou a sua*
> *caminhada. Ela está caminhando em minha direção, sem pressa.*
> Jean Cocteau

> *Em termos psicológicos, a morte é tão importante quanto o nascimento... O receio de*
> *enfrentá-la é tão doentio e anormal que rouba o propósito da segunda metade da vida.*
> Carl Gustav Jung

Como meu exemplo pessoal revela, a morte, dentre os demais acontecimentos da vida, é o mais difícil de se lidar, e, ainda assim, aquele para o qual menos nos preparamos. Temos de encarar o fato de que a perda e o sofrimento fazem parte da vida. Infelizmente, racionalidade e emocionalidade não andam de mãos dadas com a morte. Pelo contrário, a negação da morte é o padrão mais comum no comportamento humano e continua atuando como uma força durante todo o ciclo de vida humano. Felizmente, as forças da supressão, repressão e outras práticas entorpecentes da mente ajudam a reduzir nossa inquietude com a morte e facilitam nossa capacidade de funcionamento. Porém, não importa o que façamos, sempre persiste um sentimento de tristeza. Tal tipo de sentimento foi descrito pelos japoneses como a experiência do *mono no aware*, o "*páthos* das coisas".

O comportamento humano revela que a percepção de um adulto sobre a morte não difere muito da percepção de uma criança. O que impressiona não é o fato de as crianças chegarem a uma visão da morte semelhante a dos adultos, mas sim a tenacidade com a qual os adultos se agarram, durante toda a sua vida, às crenças infantis, e a facilidade com que eles retomam as antigas crenças. As percepções das crianças sobre a morte e sobre o processo de morrer são inseparáveis das defesas psicológicas contra a realidade da morte que são adquiridas desde cedo na vida. Estudos realizados sobre o desenvolvimento infantil revelam que a ansiedade desencadeada pela morte e que o sofrimento associado à separação do primeiro objeto que oferece atenção e proteção – a mãe ou outra figura responsável – possuem muito em comum.

Do ponto de vista etológico, tais padrões comportamentais se originam de um comportamento básico de apego à sobrevivência da espécie como objetivo primário. Conforme observado na Parte Um, que versa sobre o desejo sexual, o comportamento de apego (a exemplo do choro e da procura) dentre as crianças pode ser entendido como uma resposta adaptativa à separação da figura primária de apego, a pessoa que dá apoio e proteção. Como os filhotes da raça humana, de maneira similar a outros mamíferos, não conseguem se alimentar nem se proteger sozinhos, eles dependem totalmente dos cuidados e da proteção de outros. Ao longo do curso da história evolucionista, as crianças que conseguiram manter proximidade com a figura de apego demonstraram maior propensão a sobreviverem e atingirem a idade reprodutiva. A sobrevivência da espécie comprova que o comportamento de apego é uma característica básica da humanidade e que os padrões comportamentais de vinculação dominam a experiência humana do berço até o túmulo. Quanto mais seguro tenha sido o relacionamento entre mãe e filho, menor será o número de problemas apresentados pelo adulto nas questões relativas à separação e ao abandono – e menor será também a sua ansiedade frente à morte. Presume-se que o modo como um adulto lida com a separação em seus relacionamentos adultos – e, por extensão, com a ansiedade relativa à morte – seja um reflexo da qualidade de experiências que tenha feito na primeira infância.

Nosso medo da morte muda com a idade. À medida que vamos envelhecendo, a aproximação do nosso encontro com a morte contribui para uma mudança de atitude. Quando temos menos de 40 anos, somos imortais e mensuramos nossas vidas por aquilo que foi vivido até então; depois dos 40, provavelmente mais cientes das nossas fragilidades físicas, a atitude se altera em função do tempo que acreditamos ainda ter pela frente para viver. Para os jovens, a morte não passa de um rumor distante: nenhuma pessoa jovem acredita que vá morrer algum dia. Vamos adquirindo, porém, maior clareza quanto à morte, à medida que a progressão dos anos e das debilidades faz com que ela se aproxime.

Os adolescentes são capazes de, ao mesmo tempo em que nutrem um sentimento de imortalidade, experimentar sentimentos de vulnerabilidade e de um terror incipiente desde a primeira vez em que começam a refletir sobre a morte. Este é um momento na vida em que eles frequentemente transformam a ansiedade relativa à morte, uma ansiedade que fora suprimida, em temerárias atividades que desafiam a morte. Os jovens têm muitas vezes de se preocupar com a morte antes de terem tido chance de concretizar e vivenciar tudo aquilo que esperam na vida. Pais adultos demonstram maior propensão a se preocuparem com os possíveis efeitos da sua morte sobre outros membros da família. Pessoas mais idosas expressam com frequência inquietude quanto ao fato de "viverem por tempo demais" e de virem a se tornar um fardo para os outros e inúteis para si mesmas.

Essas diferentes percepções da morte em diferentes momentos do ciclo de vida me fazem lembrar de uma história. Certo dia, um rico mercador solicitou a um mestre zen palavras que o ajudassem a preservar a prosperidade e a felicidade da sua família. O mestre pegou tinta e pincel e escreveu: "O avô morre, o pai morre, o filho morre."

O mercador ficou muito irritado. "Que tipo de maldição você escreveu contra a minha família?", reclamou ele. "Não se trata de uma maldição", disse o mestre, "mas de esperança da máxima felicidade. Desejo que todos os homens da sua família vivam para se tornarem avô. E desejo que nenhum filho morra antes do pai. Que maior felicidade pode desejar uma família, a não ser obedecer essa ordem de vida e morte?"

INTEGRIDADE *VERSUS* DESESPERO

Como um astuto observador do desenvolvimento humano, o psicanalista Erik Erikson descreve a última fase da vida como um conflito entre dois tipos antagônicos de posicionamento ou atitude (ou de disposições e forças emocionais), sob forma da polaridade entre integridade e desespero. De acordo com Erikson, a integridade tem a ver com a nossa capacidade de imprimir ordenação e significado à vida, com o sentimento de estar em paz consigo mesmo e com o mundo, e de não guardar remorsos nem se fazer amargas recriminações. As pessoas dotadas de um tipo assim de disposição provavelmente veem a vida que viveram de forma positiva e nutrem o sentimento de terem deixado o mundo um pouco melhor do que o encontraram. O desespero representa a disposição contrária, uma atitude do tipo "uvas verdes" em relação àquilo que a vida poderia ter sido, uma sensação de oportunidades perdidas e de remorsos, um anseio de fazer voltar os ponteiros do relógio e de ter uma segunda chance. As pessoas imbuídas de tal disposição também se caracterizam por um forte medo de perderem sua autossuficiência e da sua própria morte.

Erikson também salienta de que maneira uma geração acaba afetando a outra. É evidente que o comportamento dos pais ou dos avós afeta o desenvolvimento psicológico da criança (o que inclui suas atitudes perante a morte e o processo de morrer). Por sua vez, o desenvolvimento psicológico dos pais ou dos avós também é afetado pelas experiências feitas no trato com a criança.

A famosa história escrita por Leo Tolstoy e intitulada *A Morte de Ivan Ilych* é uma, das mais comoventes e inesquecíveis obras de ficção que se propõe a explorar a psicologia de uma doença terminal, do processo de morrer e do renascimento espiritual.

A morte de Ivan Ilych

Esse romance, escrito em 1886, é o relato da luta pessoal do escritor pela busca de significado diante da aterradora inevitabilidade da morte. A história escrita por Tolstoy expõe tudo aquilo que a cultura contemporânea nos diz ser importante: riqueza, estabilidade, reputação e família. Ela também faz um retrato do rico leque de possibilidades com que os outros reagem ao processo da morte. A história de Tolstoy representa um desafio para todos aqueles que gostariam de ter uma boa morte, de extrair o máximo do pouco tempo de que dispõem na terra, a fim de criar uma vida que tenha sentido e para criar uma vida que seja real.

Ivan Ilych é um homem de família tradicional e um juiz que desfruta de alta posição social. Ele parece ter tudo: uma boa carreira, esposa, filhos, amigos e passatempos. Ele é casado com uma mulher bonita, embora o casamento esteja mais baseado em qualidades externas do que na atração mútua. Ele é um juiz muito bem-sucedido, dotado de habilidade política para progredir em sua carreira.

Com o tempo, Ivan desenvolveu uma atitude de total indiferença para com sua família. Da esposa, ele exige apenas conveniências genéricas como servir-lhe o jantar, ser uma dona-de-casa e fazer-lhe companhia na cama. Seu relacionamento com os filhos não é muito melhor; ele lida com eles de maneira bastante superficial. Além disso, exerce suas atividades como juiz de forma mecânica e omissa. A história nos leva a compreender que, como muitas outras pessoas na sociedade contemporânea, dinheiro e trabalho representam o cerne de toda a felicidade para Ivan. Mas o dinheiro e o trabalho também parecem ser uma válvula de escape para sua vida supérflua de casado. Ele não faz uma pausa para refletir sobre a vida, ele simplesmente passa de um momento para o outro. O mais irônico é que, embora seja um juiz que lida com a morte todo o tempo, parece que ele nunca parou para pensar a respeito da própria vida.

À medida que a história progride, ela nos leva a mergulhar na confusa mente de Ivan, que um dia acorda com uma dor que não quer passar. A dor se torna mais e mais excruciante, e Ivan é forçado a consultar os médicos. Nenhum deles, no entanto, lhe dá um diagnóstico preciso, embora logo fique claro que sua condição é a de um paciente terminal. Ivan tem assim que se deparar com sua mortalidade, um processo desconcertante, já que até então a ideia da morte tinha sido uma mera abstração para ele.

À medida que a dor de Ivan persiste, ela contribui para aumentar o número de problemas na sua vida. Primeiro, interfere na sua capacidade de trabalho, de forma que ele não pode mais usar o trabalho como fuga. Então, por causa da doença, as pessoas começam a desprezá-lo. Os outros demonstram pouquíssima empatia em relação à sua provação. A doença dele assusta os outros. Eles se sentem muito desconfortáveis por terem de lidar com um homem que está morrendo.

As pessoas que ele certa vez chamara de amigos tratam-no do mesmo modo que ele os tratara no passado: com total indiferença. Até mesmo sua mulher considera a doença dele um contratempo. Tudo o que ele quer é compaixão, mas ninguém está preparado para dar isso a ele. Essas perturbadoras experiências deixam Ivan cada vez mais consciente de que vivera a vida como um autômato, jamais permitindo que suas emoções afetassem o modo como ele agia ou desempenhava suas obrigações. Ele nunca construiu relacionamentos verdadeiros, significativos. Mas agora que está morrendo, ele se permite ser mais reflexivo.

Em seu leito de morte, Ivan ainda espera por uma cura milagrosa. Ao mesmo tempo, ele se consola pensando que, embora sua morte seja um acontecimento infeliz, a mulher e os filhos ficarão amparados depois que ele se for. É nesse ponto que, subitamente, Ivan percebe que o acúmulo de riqueza, a casa grande, o poder político e uma mulher bonita eram só coisas estéreis e desprovidas de sentido. Aterrorisado, ele se defronta com a pergunta: "E se toda a minha vida tiver sido errada?" Essa é uma conclusão assustadora para alguém fazer pouco antes de morrer, e ela provoca mais dor em Ivan do que a própria enfermidade. É a dor de conhecer a verdade, de saber que sua vida, que poderia ter sido provida de significado e conteúdo, não teve valor. E agora é tarde demais para fazer qualquer coisa a respeito.

Muitos de nós, assim como Ivan Ilych, vivem vidas vazias em silencioso desespero. Muitas pessoas não ousam investigar os sentimentos alojados bem no seu íntimo, temerosas daquilo que possam vir a encontrar. Elas desconsideram os sentimentos e os sofrimentos dos outros, temerosas de ousarem além dos limites da adequação. Elas não criam relacionamentos significativos. A vida de Ivan Ilych demonstra tudo isso.

A história de Tolstoy nos mostra que o que realmente tem valor na vida é criar relacionamentos significativos, tendo pessoas ao nosso redor que se importem conosco. Ele também nos mostra que a morte é parte inevitável da vida, e que a ativa aceitação desse simples fato é um pré-requisito necessário para conseguir levar uma vida repleta de significado. Porém nenhum dos personagens ao redor de Ivan (com exceção do seu servo) parecem ter compreendido tais lições. Todos eles tratam o moribundo Ivan como um desagradável e estrangeiro intruso em seu mundo confortável. Eles esperam que sua desagradável presença simplesmente desapareça.

Tolstoy descreve como, em seu leito de morte, Ivan parece oscilar até o desespero entre a expectativa de uma morte incompreensível e terrível, e a esperança. No fim da história, a dor de Ivan parece não só ser o fato central da sua existência como também o meio para a sua salvação. A dor salva-o, afinando e elevando a percepção de todos os seus sentidos. Ivan descobre que a dor que acompanha o processo de morrer é um catalisador do seu autoconhecimento e da sua renovação espiritual. O mais irônico é que, ao aceitar a dor da morte, Ivan simbolicamente redescobre a vida.

Essa epifania salienta as graves consequências de se viver a vida de maneira mecânica, e não holística. Mas, com essa história, Tolstoy também nos mostra que uma pessoa é capaz de mudar, mesmo na hora derradeira. Mesmo que tenha de ser por meio da dor e do sofrimento, cada um de nós é capaz de se redimir. Só em face da morte, porém, Ivan é capaz de ter o distanciamento necessário para contemplar o verdadeiro significado da sua vida sem sentido. Uma vez que ele consegue ver isso, percebe a trajetória de uma vida bem vivida. No fim, segundos antes da sua morte, Ivan vê aquilo que descreve como uma luz, e se dá conta de que sua vida passada era a própria morte e que a vida de verdade está apenas começando.

Embora *A Morte Ivan Ilych* seja a história de um homem do século XIX, ela tem todas as características de um indivíduo moderno, do século XXI: uma pessoa alienada dos demais, alguém que é compelido por sua morte iminente a buscar um sentido verdadeiro. Antes de a morte bater à sua porta, Ivan era feliz porque acreditava que a morte só chegava para outras pessoas. A negação da morte havia sido um dos principais temas na sua vida. Como vemos nessa situação, a esperança independe da lógica. O destino de Ivan, contudo, que é o destino de todo mundo, sugere que a inevitabilidade da morte deve interferir na maneira como vivemos nossas vidas. E aqui temos de agradecer a Tolstoy por fornecer essa mensagem aparentemente simples em uma história que transcende tanto ao tempo quanto à cultura.

Fora isso, à medida que Tolstoy desvenda a contínua luta de Ivan para aceitar a sua própria mortalidade, deparamo-nos com o desafio de examinar a nossa própria vida e a maneira como a estamos vivendo.

Transcendendo a Última Ferida Narcisística

24

> *Confie em si mesmo, assim saberá como viver.*
> Johann Wolfgang Von Goethe
>
> *O máximo que fiz por você foi morrer depois. Mas isso já é bastante.*
> Edna St. Vincent Millay
>
> *Reze para que a sua solidão possa impeli-lo a buscar uma razão para viver, uma razão grande o suficiente pela qual morrer.*
> Dag Hammarskjold

Há um ditado budista tibetano que diz: "Quando você nasce, você chora e o mundo se regozija. Quando você morre, você se regozija, e o mundo chora." Como a precurssora da apreensão que sentimos com a morte é a ansiedade da separação, a despedida da vida pode ser vista, de forma simbólica, como a separação derradeira. A exemplo de Ivan Ilych, empregamos a negação e os rituais para lidar com o lento processo de conhecer a morte e para manter a ansiedade básica que sentimos sob controle. Gostamos de exercer um pouco de controle sobre os ciclos da vida. Os rituais nos ajudam a lidar com o intenso sofrimento que costuma acompanhar a morte.

De maneira simbólica, a morte é um longo adeus, a separação final, a negação derradeira. A morte é interpretada por aqueles que amam como uma espécie de total abandono, que desperta um sentimento de total solidão. Nosso completo desamparo diante da morte contribui para o esvaziamento do eu; ela é a última ferida narcisística.

RITUAIS DE MORTE

Não é só a ideia da morte, mas os encontros com a morte que afligem a todos nós. O fato de ficarmos face a face com a morte exerce um tremendo efeito sobre nossos processos mentais e nosso comportamento. Para lidar com esse tão temido encontro, divisamos inúmeros rituais que nos ajudam a superar o terror que a morte representa.

Cada vez que alguém morre, a primeira questão que as pessoas se colocam é: Quem será o próximo? Quando será a minha vez? Os seres humanos sempre buscaram meios de superar essa ansiedade. Isso explica por que todas as sociedades criaram rituais que giram em torno da morte e que fazem mais do que simplesmente abordar a questão da disposição de um cadáver. É preciso guardar o devido luto pelo morto; eles não são entregues com tanta facilidade. A fim de lidar com o medo que sentimos de morrer, desenvolvemos uma profusão de meios que visam aplacar nosso medo de aniquilamento ou da total perda do eu.

Muitas crenças e práticas sociais que são adotadas por muitas culturas parecem ser uma negação da morte. As sociedades primitivas confiam muito nos rituais e nas cerimônias para proteger os indivíduos e a sua comunidade dos males e da morte. Para aplacar os vivos, os mortos são, em muitas culturas, rodeados por elaborados rituais e cerimoniais que visam garantir alguma forma de continuidade. Tais rituais estão conectados aos ciclos de vida e atribuem um significado cósmico ao sofrimento e ao término dela. Eles são formas de mitigar o terror provocado pela morte, de restaurar a confiança, permitindo que as pessoas morram com coragem e dignidade, e de ajudar os vivos a prosseguirem com a sua jornada, após terem guardado luto pelos mortos a quem amavam. Mas as tradições culturais variam. Algumas culturas veem a morte como uma transição para outras formas de existência; outras propõem uma interface contínua entre mortos e vivos; algumas culturas concebem um padrão circular com múltiplas mortes e renascimentos; e outras ainda veem a morte como o destino derradeiro, seguido apenas de uma total inexistência.

Qualquer que seja a forma que os referidos rituais assumam, os processos de se prostrar e cobrir de luto são muito importantes para os vivos. O principal propósito de todos esses rituais é aliviar a ansiedade que sentimos diante do inevitável encontro com a morte – é nos ajudar a prosseguir com a vida. Eles nos ajudam a lidar com o dilema existencial (alimentado pela ansiedade relativa à morte), dando-nos o sentimento de que ainda estamos vivos. Se não fosse pela existência de tais rituais, o medo da morte não ficaria oculto, e se faria muito mais presente, desviando-nos, possivelmente, do ato de viver. Porém, mediante o auxílio das atividades culturais ritualísticas, tornamo-nos mais capazes de administrar nosso medo da morte e de gerar significado, organização, continuidade e esperança em nossas vidas. A fim de conseguir gerar esperança, esses rituais de transição oferecem um amplo contexto de significados e rotinas que visam proteger as pessoas das dúvidas e daquilo que é desconhecido na experiência humana. Os rituais dão consolo tanto para os indivíduos que estão morrendo quanto para aqueles a quem eles amam.

SENTINDO-SE VIVO

Desde o narcisismo primário autocontido das crianças até o narcisismo dos adultos, um determinado grau de narcisismo – a posse de uma sólida dose de autoestima – é necessário para o funcionamento e a sobrevivência humana.

Sentir-se bem consigo – ter um investimento narcisístico no eu – constitui a base para a autoassertividade, a criatividade e a liderança. Uma sólida dose de autoestima nos reassegura de que somos importantes e de que podemos fazer a diferença, apesar de estarmos cientes do nosso inevitável e iminente fim. Demonstrar aquilo que realizamos para os outros é uma forma de afirmar a nossa existência. É um meio de reafirmar para nós mesmos que ainda não estamos mortos. A capacidade de acreditarmos em nós mesmos é algo de vital importância.

O julgamento mais importante que fazemos na vida é o julgamento a nosso próprio respeito. Mas, para conseguirmos estabelecer um sentimento positivo de autoestima, precisamos valorizar nossos sucessos e não apenas fixarmos os aspectos negativos da nossa existência. A preocupação mórbida com a morte é similar a dirigir pela vida com o freio de mão puxado. A obsessão pelo nosso futuro encontro com o Anjo da Morte não é um bom meio de construir (e manter) nosso sentimento de autoestima. Para sermos capazes de reter a sensação de que temos um papel a desempenhar no mundo, precisamos permanecer com os vivos. Ao mesmo tempo, não deveríamos nos cegar para o fato de que esse nosso papel é temporário.

Lidar com o medo que sentimos da morte e manter ao mesmo tempo um sentimento de autoestima não é fácil. A autoestima não existe de forma isolada. Sempre será necessária a validação da sociedade para que estabeleçamos e mantenhamos um sentimento positivo de autoestima. A ajuda dos outros é vital para o nosso equilíbrio mental. Nós nos julgamos e nos avaliamos não segundo as nossas próprias normas, mas segundo as normas das pessoas que nos são importantes. Realizamos um grande esforço no sentido de que nossas visões culturais sejam validadas pelos outros, e a observância dos valores culturais aumenta o sentimento que temos de pertencer e o sentimento de autoestima. Fazer parte de um sistema maior de coisas, desde o núcleo familiar até os grupos sociais e a sociedade como um todo, faz com que nos sintamos melhor. Nutrir um bom sentimento em relação a nós mesmos é um excelente antídoto contra a ansiedade que sentimos no que diz respeito à morte. Nada ajuda tanto a construir a autoestima quanto a aprovação dada pelos outros às nossas realizações.

A autoestima deve ser vista como um constructo social, que começa pelo tipo de experiências de formação que temos junto aos nossos pais. Em todas as culturas, a família deixa gravada em seus membros uma marca de identidade. Nossas famílias nos apresentam sistemas de significado que são compatíveis com os sistemas de crença da sociedade – inclusive crenças relativas à natureza da morte. Adquirimos um sentido positivo de autoestima quando acreditamos que estamos vivendo à altura dos valores inerentes à visão cultural de mundo da qual somos parte. Não viver à altura desses mesmos padrões gera um sentimento de insegurança. Em razão da nossa autoafirmação, queremos que os outros se comprometam com o nosso modo de ver o mundo. Se eles não o fazem, isso pode ser interpretado como um ataque ao ego, como uma ameaça à existência.

No intuito de reafirmar a nossa autoestima, de afirmar a nossa existência e de repelir o derradeiro ataque contra o nosso eu – a inevitabilidade da morte – percorremos grandes distâncias até inventar sistemas de "significado" e de "imortalidade". Os sistemas de "imortalidade" são uma maneira engenhosa de reprimir e de superar nossos medos mais recônditos de sermos insignificantes dentro de um contexto mais amplo das coisas. A fim de repelir o medo da morte e da inexistência, somos compelidos a criar constructos mentais geradores de continuidade. Os sistemas que criamos para elevar a autoestima parecem ser as vestes com as quais protegemos nossa nudez; a geração dos sistemas de significado nos ajuda a reafirmar que há mais na vida que a morte. Nós nos agarramos ao desejo de que a vida tenha significado e de que cada um tenha uma missão especial a cumprir na vida, a fim de negar a noção determinista de que vivemos para morrer.

Para ilustrar esse aspecto, gostaria de fazer referência mais uma vez ao memorável filme de Ingmar Bergman *Morangos Silvestres*. Na cena de abertura do filme, Isak Borg é atormentado por um pesadelo repleto de simbolismo relacionando à morte. O sonho retrata um cortejo fúnebre, imagens de relógios e do tempo se esgotando, e Isak Borg descobrindo que se encontra dentro de um caixão. Quase que paralisado de medo, ele se acorda e brada em voz alta: "Meu nome é Isak Borg. Ainda estou vivo. Tenho 76 anos de idade. E eu realmente me sinto muito bem." Enquanto está acordado, Isak tenta afastar o que seus sonhos estão tentando lhe dizer à noite: ele está bem perto de morrer. Ele reafirma que ainda está vivo e quem ele é. Ansioso para não voltar a ter o pesadelo e outro encontro com a morte, Isak fica agitado. Ele acorda a casa inteira e decide dirigir de Estocolmo até Lund, onde, na universidade, será realizada uma cerimônia de grande afirmação para o ego, quando lhe será conferido o título de doutor *honoris causa*. Ele precisa de uma ação de tal ímpeto para se reassegurar de que ainda existe, para elevar a sua autoestima e repelir sua crescente ansiedade relativa à morte. O pesadelo sobre a iminência da sua morte parece ter aumentado sua necessidade de autoafirmação. O pesadelo também salientou a necessidade de resgatar relacionamentos conflituados antes que fosse tarde demais para tal, e isso implica reconstruir, principalmente, seu relacionamento com o filho.

Essa retratação dentro do filme ilustra por que fazemos o que fazemos – o íntimo relacionamento existente entre a autoafirmação, a autoestima e a ansiedade relativa à morte. No entanto, precisamos ter em mente – não importa quão estranho isso possa parecer – que a consciência que temos da morte continua a ser bastante simbólica. Durante a maior parte das nossas vidas, examinamos a morte como sendo uma possibilidade meramente abstrata. Conforme observou Freud, assumimos o papel de espectadores, mesmo quando contemplamos nossa própria morte. A morte somente se transforma em realidade – como descobriu Ivan Ilych – quando estamos de fato à beira da morte, quando experimentamos forte declínio físico, ou quando presenciamos a morte de alguém ou de alguma coisa. Porém, quer estejamos na condição de espectadores ou não, sempre persistirão sentimentos de ansiedade relativos à tristeza do isolamento e à derradeira separação. Tal tipo de pensamento toca o cerne narcisístico do nosso ser. A tristeza decorrente do isolamento é muito assustadora. Esse sentimento é capaz de nos abater e de deixar o nosso espírito em frangalhos.

A autoestima só é capaz de cumprir sua função de proteção contra a ansiedade se houver uma fé sustentada por uma visão cultural do mundo que contemple a continuidade do ser em um contexto mais amplo de coisas. A fé em uma determinada visão cultural do mundo é mantida por meio de ensinamentos seculares e religiosos, dos respectivos rituais culturais e de uma contínua validação social nos contextos interpessoais e intergrupais.

Como a fé em uma determinada visão cultural do mundo depende da contínua validação consensual dos outros, aqueles que questionam tal visão de mundo, ou que defendem uma outra perspectiva, representam uma ameaça ao nosso equilíbrio. As dúvidas são percebidas como um ataque ao ego e geram ansiedade existencial. Se a história é um professor, ela nos mostra que estamos preparados para fazer qualquer coisa a fim de repelir tais ameaças à nossa autoestima. Isso explica, muitas vezes, as violentas reações que temos em relação a pessoas com perspectivas ideológicas ou religiosas diferentes das nossas.

Para manter o sentimento de quem somos, para dar um sólido embasamento ao ego, tentamos aderir aos padrões de uma conduta considerada adequada e associada aos papéis sociais que existem na cultura em meio à qual vivemos. As ideias referentes àquilo que é certo ou errado variam de uma cultura para outra. A necessidade que temos de afirmar nosso ego significa considerar as pessoas de fora frequentemente como uma ameaça. O fato de alguém ser diferente é interpretado como uma rejeição ao sistema de crenças que cultivamos – e as pessoas mais suscetíveis de sofrer ataques são aquelas que interferem nos esforços que fazemos para negar nossa mortalidade. A não observância dos sistemas de significado predominantes provocará enorme ansiedade, que será seguida, na maioria das vezes, de atitudes agressivas.

Infelizmente, a história humana está repleta de atos desumanos realizados com o objetivo de negar nossa mortalidade. O *Homo sapiens* mostra relutância em se conformar à regra de que, quando não é possível ter aquilo que se quer, é hora de começar a querer aquilo que se tem. Em vez disso, recorremos a ações violentas para demonstrar aos outros que aquilo no que eles acreditam é errado. A ansiedade que sentimos sobre a inevitabilidade da morte constitui a maior ameaça à nossa autoestima e explica as paixões que surgem quando os sistemas de significado de outras pessoas não se conformam aos nossos. Por ironia, o fato de sermos uma espécie que procura criar um sentido para as coisas parece ser acompanhado de intolerância em relação aos sistemas de significado que diferem do nosso. Como diz o provérbio árabe: "Assegure-se de ter uma opinião diferente e as pessoas falarão a seu respeito." Em geral, contudo, aprendi que os argumentos só validam a opinião que as pessoas já têm, ou, conforme expressou Voltaire: "As opiniões foram causadoras de muito mais problemas nessa pequena terra do que as pragas ou os terremotos."

25 Sistemas de Imortalidade

Tudo é produto do esforço universal criativo. Não existe nada morto na natureza.
Sêneca

Realize cada ato em sua vida como se fosse o último.
Marco Aurelio

O que importa, então, não é o significado geral da vida, mas sim o significado específico da vida de uma determinada pessoa em um determinado momento.
Viktor Frankl

O homem não é só uma gota cega de um protoplasma inútil, mas uma criatura dotada de um nome que vive em um mundo de símbolos e sonhos e não de simples matéria. Seu senso de mérito pessoal é construído de maneira simbólica, seu estimado narcisismo se alimenta de símbolos, de uma ideia abstrata a respeito do seu próprio valor, uma ideia composta por sons, palavras e imagens.
Francis Bacon

O senso de significado se contrapõe aos sentimentos de desvalia e alienação. Gerar significado é gerar esperança. E a esperança está para o significado da vida assim como a respiração está para o corpo. Se conseguirmos encontrar alguma razão para viver, se conseguirmos achar algum sentido para ocupar o centro de nossas vidas, até mesmo o pior dos sofrimentos se torna mais suportável. Nesse sentido, as vidas atormentadas de muitos santos podem ser entendidas como um exemplo de pessoas que foram capazes de transcender o sofrimento. O significado, a autoafirmação e a autoestima estão intimamente interligados. A descoberta de um significado em qualquer coisa que façamos servirá para reforçar nosso sentimento de autoestima, ao mesmo tempo em que servirá para afirmar nossa existência.

Aonde estamos indo?

Como já sugerido nos comentários que fiz sobre Gauguin, nós nos fazemos perguntas existenciais do tipo: "Quem sou eu?"; "De onde eu vim?"; "O que devo fazer?"; "E o que vai acontecer quando eu morrer?", em um esforço de dar sentido às coisas, de estipular nosso lugar no contexto geral do mundo. A reflexão feita sobre tais questões nos ajuda a construir significado, permanência e estabilidade. Fomenta nosso senso de autoestima e comunica a esperança de alcançar a imortalidade de maneira simbólica e até mesmo literal.

A imortalidade por meio de um sistema de crenças religiosas

Todas as culturas, ao defender padrões que devem ser seguidos pelas pessoas, disponibilizam oportunidades para a desdoberta de um significado e para uma vida eterna – de forma simbólica, mediante a produção de grandes obras, mediante a criação de instituições que ultrapassem o período de vida do indivíduo que as criou, mediante ideologias políticas, sistemas filosóficos, teorias científicas – e/ou, de forma literal, mediante crenças religiosas na vida após a morte ou ainda na reencarnação. Baseamos nossa autoestima em algo capaz de oferecer um significado permanente ou duradouro: uma nação, uma tribo, uma raça, uma visão de mundo, a atemporalidade da arte, as verdades científicas, os ritmos da natureza ou uma crença religiosa. A identificação com sistemas de imortalidade religiosos, políticos ou culturais é uma forma de nos assegurarmos da continuidade e da permanência.

Cada um desses sistemas de crenças promete estabelecer um vínculo entre nossas vidas e um significado duradouro, que não pereça jamais. Tais sistemas de imortalidade nos ajudam a crer que, apesar da nossa insignificância pessoal, das nossas fraquezas e da nossa morte inexorável, nossa existência está impregnada de um significado de sentido primário, porque existe em um contexto eterno e infinito das coisas, que foi projetado e produzido por alguma força criativa.

Todos estamos cientes da necessidade que temos de combater o medo de sermos insignificantes. Queremos obter reconhecimento; queremos ser valorizados; queremos afirmar nosso ego. A disposição narcisística, a necessidade de termos nossa importância reconhecida, o desejo de fazermos parte de um contexto maior, são um aspecto essencial da luta para conviver com nosso permanente medo da morte. O trágico destino da nossa espécie parece ser o de precisarmos nos justificar como um objeto de valor primário no universo; queremos nos destacar; queremos ser heróis; queremos mostrar ao mundo que fazemos parte. Queremos poder dizer, e que outras pessoas o digam, depois que tudo esteja terminado, que fizemos a diferença. Mas, quanto mais fundo mergulhamos na densa nuvem narcisística da autoadmiração e da idolatria, fica cada vez mais difícil aceitarmos o nosso destino inexorável – e a nossa capacidade de aceitar a morte como um fato em meio às nossas atividades diárias diminui. Porém, como somos obrigados a aceitar o fato de que todos morreremos – de que não viveremos para sempre – o desafio que se coloca para muitos é o de encontrar algo que não pereça, algo que continue a existir mesmo depois de nós.

A religião sempre foi uma grande aliada no sentido de ajudar a aliviar os sentimentos de aniquilação, desamparo, separação e abandono, sentimentos que são considerados uma ameaça para o ego, capazes de pôr em risco a autoestima. A Bíblia nos relata que "o último inimigo a ser destruído será a morte" e nos oferece a eternidade como a Terra Prometida. A religião, um complexo sistema de crenças e um conjunto de rituais empregados para erradicar os sentimentos de medo e ansiedade, é uma das soluções mais industriosas da humanidade para lidar com o medo que sentimos da morte. Ao forjar a crença em uma vida futura, a religião assumiu uma função consoladora e passou a desempenhar um papel integrador na sociedade. Além disso, tendo o céu como destino final, uma religião como o Cristianismo dá um claro incentivo para que se viva uma vida verdadeira, mesmo que isso signifique viver de maneira mais melancólica e menos divertida. E a religião apresenta uma proposta específica: a recompensa que obteremos no céu será proporcional ao tanto de sofrimento que nos dispusermos a suportar na terra. Se o céu existe, então é claro que devemos nos dispor a aceitar os sofrimentos mundanos em troca de maiores recompensas, futuras, porém mais duradouras. Diz-se que os verdadeiros crentes, que estão sempre com a mente no céu, não precisam ter receio de pôr os pés na cova.

Assim, em nossa busca por sistemas de imortalidade, nós nos identificamos com ideologias religiosas ou até mesmo políticas (o Comunismo encerra muitos aspectos inerentes a um sistema de imortalidade) e adotamos uma perspectiva específica e aceita culturalmente, a qual revestimos de significado máximo, e à qual atribuímos uma verdade absoluta e permanente. Mas, embora a religião enfatize que se deva levar uma vida virtuosa na Terra, as convicções religiosas, muitas e muitas vezes, ocasionaram ciclos de violência intermináveis. As religiões tendem a se distinguir por um posicionamento de estarem incontestavelmente certas. O fato de havermos optado por um determinado sistema de imortalidade parece exigir que nos protejamos contra os demais sistemas "falsos". A maneira de garantir que isso aconteça é insistir que todas as demais verdades absolutas, todos os demais sistemas de imortalidade, são incorretos. Repetidas vezes, vemos líderes e seguidores de uma determinada religião incitarem a agressão, o fanatismo, o ódio e a xenofobia – servindo de inspiração e até legitimando conflitos violentos e sanguinários. No cerne de tais conflitos, encontramos seguidamente um tipo de mentalidade que restringe apenas aos verdadeiros crentes a condição de vir a ser imortal. Como expressou certa vez o matemático e filósofo francês Blaise Pascal: "Os homens nunca perpetram o mal de maneira tão completa e com tanta disposição como quando o fazem com base em uma convicção religiosa." Assim atacamos e degradamos – e preferencialmente matamos – os discípulos de sistemas de imortalidade diferentes. Cristãos matam judeus ou muçulmanos, protestantes matam católicos; muçulmanos vilificam e matam cristãos, budistas matam hindus, e assim seguem os conflitos assassinos dos sistemas de crenças. Parece que nos pediram para acreditar – de modo insano – que um país ou um determinado grupo de pessoas foi incumbido pelos céus de cometer os atos mais indescritíveis em nome de Deus.

A imortalidade por meio da procriação

Seja como for que entendamos o papel desempenhado pela religião na sociedade – seja como uma força em favor do bem ou do mal – veremos que a religião é o mais proeminente dos sistemas de imortalidade. Mas há muitos outros meios de se negar a realidade da morte e de se acalentar o conceito da vida eterna. Basta que nos recordemos da máxima de Freud de que a personalidade "normal" deve demonstrar possuir habilidade "para amar e para trabalhar". A desconstrução da primeira parte da afirmação de Freud nos conduz ao ato da procriação. Uma forma de se lidar com a noção inaceitável da morte é por meio da geração de filhos. Como disse o filósofo John Whitehead: "Os filhos são mensagens vivas que enviamos para um tempo que não chegaremos a ver." Os filhos são reflexos do ego sobre os quais o adulto é capaz de projetar suas próprias aspirações e realizações. As crianças irão perpetuar crenças e valores. Se não formos capazes de aceitar a aniquilação das nossas próprias aspirações e realizações, os filhos podem se transformar na nossa válvula de escape. Viver por meio dos filhos – enviá-los para essa "missão impossível" – é uma forma de superar a ansiedade que a morte provoca e de atingir um novo equilíbrio psicológico que se centra no significado e na continuidade da vida. A procriação é um sistema natural de imortalidade. Como afirmou em certa ocasião Albert Einstein: "Nossa morte não é o fim, se pudermos seguir vivendo através dos nossos filhos e da geração dos mais jovens. Porque eles são nós, nossos corpos são apenas folhas murchas na árvore da vida." A criação dos filhos como forma de satisfazer o mito da imortalidade é uma variável de crucial importância em muitas sociedades. Um provérbio marroquino afirma de modo explícito: "Se um homem deixar filhos, é como se ele não tivesse morrido." Daqui a uma centena de anos não vai realmente importar que tipo de carro dirigíamos, ou em que tipo de casa vivíamos. Não importará quanto dinheiro tínhamos ou como eram as nossas roupas. O que importará são as recordações sobre nós mesmos que passamos para os nossos filhos.

A imortalidade por meio do trabalho

Mas havia uma segunda parte na equação de Freud. O trabalho é um outro meio de se lidar com a ansiedade evocada pela morte. O trabalho pode ser um sistema eficaz de imortalidade de muitas formas diferentes. Algumas pessoas – indivíduos hiperativos, *workaholics* que se preocupam integralmente com o trabalho – exageram. Eles só se sentem vivos quando estão trabalhando. Precisam estar engajados; e realizar coisas. Esse mecanismo maníaco de defesa é o jeito que encontram para lidar com a ansiedade provocada pela morte.

Alguns também podem vir a sofrer do "complexo de edificação", uma necessidade de deixar um legado, em forma de uma empresa, de um edifício ou de outras realizações tangíveis. Essas pessoas gostam de ver seu nome escrito no prédio. Constituir uma entidade comercial, à qual outros membros da família darão continuidade, é o jeito que elas encontram de alcançar alguma forma de imortalidade. Muitas dinastias comerciais familiares – especialmente aquelas que se determinam a manter o negócio em família – carregam em seu cerne a busca da imortalidade.

Para algumas pessoas, o trabalho acaba se transformando em um narcótico. Elas não conseguem relaxar. Estão constantemente preocupadas com seu desempenho, querendo somar uma responsabilidade à outra, trabalhar incessantemente, a fim de repelir a aparição do Anjo da Morte. Para elas, a vida sem a contínua pressão do trabalho seria inimaginável. Apenas por meio do trabalho – do alcance de determinados objetivos – é que essas pessoas conseguem evitar os pensamentos depressivos (que têm em seu cerne a ansiedade em relação à morte) e compartilhar um frágil senso de autoestima. O lema delas é "trabalho, logo existo." O trabalho é o meio de que se utilizam para sua autoafirmação, a vereda na qual se sentem virtuosas. Essas pessoas necessitam da estrutura do trabalho para repelir os demônios da solidão, da separação e da ansiedade em relação à morte. Infelizmente, seu comportamento maníaco para evitar tais medos pode se mostrar contraprodutivo. O aumento da ansiedade leva a uma maior atividade, o que, em vez de exercer um efeito de redução da ansiedade, gera um nível até maior de atividade, tornando a pessoa escrava de determinados indicadores de desempenho. A pergunta que se coloca então é: Por quanto tempo elas conseguirão manter esse ritmo? Por quanto tempo elas conseguirão rechaçar a depressão que afeta nossa consciência no fim da vida?

Várias vezes tive sessões com um executivo – vou chamá-lo de Armand – que personificava esse mecanismo de fuga no trabalho. Armand era o *CEO*-proprietário de uma empresa de construção. Durante as ocasiões em que conversamos, eu o vi demonstrar um comportamento cada vez mais maníaco, que visava combater seu medo de envelhecer. Ele "trabalhava arduamente, mas não de maneira inteligente", realizando mais e mais tarefas só por amor ao trabalho. Os domingos – dias sem uma estrutura específica – eram difíceis para ele. Aquilo que estava evitando ver era o grande problema: a vida depois dele. Embora eu tentasse trazer à tona esse tópico em nossas discussões, estava claro que Armand não gostava de pensar e nem de falar sobre sucessão empresarial. O simples fato de mencionar o tópico já gerava ansiedade. A partir de sua reação, percebia-se que isso era como uma ameaça contra o seu senso de imortalidade.

Pelo que pude inferir, Armand – que, evidentemente, sempre fora um pouco hiperativo – havia sido levado ao exagero em função de uma recente operação cardiovascular. Seu estado de ânimo em uma fase de bastante euforia, falando muito e fazendo cada vez mais – por mais sedutor que fosse – havia começado a inquietar outros executivos dentro da corporação. Eles estavam preocupados com os novos esforços empreendidos por Armand, que não eram fruto de muita reflexão e que estavam voltados para a diversificação empresarial. Eles estavam especialmente preocupados com os recentes investimentos feitos em uma empresa cinematográfica, que consideravam demasiado arriscados.

Armand não só realizou investimentos na empresa cinematográfica, como também pediu para que fizessem um documentário bem dispendioso sobre a sua organização. O propósito alegado era de que o filme os ajudaria a articular melhor a identidade da sua marca. O documentário provou ser uma hagiografia sobre a carreira de Armand. Foi como se ele desejasse criar um monumento para a posteridade. Essa ação (confirmada por conversas posteriores mantidas com ele) vinha a ser uma espécie de "nota antinecrológica" – a principal defesa contra a crescente ansiedade diante da perspectiva de um dia vir a morrer. Mas o trabalho realizado com a equipe de filmagem havia dado a Armand maior gosto ainda pelo negócio cinematográfico, o que aumentou a ansiedade dos outros executivos da empresa. Uma coisa era fazer um pequeno investimento, mas voltar a empresa em larga escala para a indústria cinematográfica era uma coisa completamente diferente. Essa não era uma área onde eles fossem especialistas. O que viria a seguir? Que outros projetos cinematográficos se seguiriam? A preocupação dos executivos não era só que o frenético ritmo de trabalho de Armand contribuísse para mais um incidente coronário, eles também começaram a se questionar sobre a capacidade de discernimento de Armand. Temiam pela viabilidade futura da empresa. E o problema sucessório ainda carece de uma solução.

O caso de Armand é apenas um dentre muitos outros exemplos de pessoas que usam o trabalho para afugentar o medo que sentem da morte. Fora o engajamento em atividades comerciais frenéticas e até desprovidas de sentido – um processo no qual meios e fins talvez percam seu significado – no outro extremo do espectro, encontra-se o exemplo do trabalho criativo. O trabalho criativo não é um monopólio dos artistas, dos escritores e dos cientistas. Qualquer trabalho dotado de caráter inovativo, que se desvie das atividades rotineiras ou – ainda mais importante – que seja valorizado por seu criador, é criativo. Ele é feito com base na esperança e na crença de que as coisas que são criadas têm valor e significado duradouros, que elas sobreviverão e brilharão para além do declínio e da morte. A arte da criação, supostamente para a posteridade, é um outro sistema de imortalidade capaz de imprimir uma continuidade histórica. A questão sobre quantos de nós são verdadeiramente criativos ou até mesmo têm oportunidade de sê-lo permanece em aberto. Talvez Woody Allen tenha levantado um argumento válido ao dizer: "Não quero alcançar a imortalidade por intermédio do meu trabalho. Quero alcançá-la não morrendo."

A imortalidade por meio da natureza

No livro de Gênesis, nos é dito: "Tu és pó e ao pó retornarás." Tudo o que é vivo provém do corpo da Terra e retornará para esse corpo um dia. Nossos ancestrais nunca perderam de vista essa verdade. Em muitas das culturas primitivas, os ciclos da existência, da vida e da morte, do corpo e da alma, da terra e dos subterrâneos estavam interligados ao ciclo das estações. Muitas dessas culturas veneravam uma Provedora Frutífera, muitas vezes concebida como Gaia, a Grande Mãe. A Mãe Terra é capaz de sustentar o cultivo agrícola, mas também é capaz de gerar terríveis forças – terremotos, inundações e erupções vulcânicas. Assim, a Grande Mãe precisa ser apaziguada. A ela eram oferecidos os grãos da primeira colheita em todas as estações, e derramavam-se diretamente sobre o solo presentes nutritivos como leite, vinho ou sangue, a título de agradecimento. Remanescentes dessas tradições ainda sobrevivem, mesmo nos países desenvolvidos. Além disso, a terra também é o lar dos mortos. Povos agrícolas em todo o mundo costumavam plantar seus mortos no solo, como se eles fossem sementes, esperando que eles renascessem da terra de um jeito ou de outro – para brotar renovados do ventre de outra mulher ou no corpo de um animal.

Dante disse que "a natureza é a arte de Deus", e Rembrandt, disse: "Escolha apenas um mestre – a natureza." Segundo um provérbio grego: "A sociedade se engrandece quando os velhos plantam árvores em cuja sombra sabem que jamais se sentarão." Esses dizeres sugerem que a natureza pode ser vista como outro sistema de imortalidade – e que não herdamos a terra dos nossos antepassados; nós a tomamos emprestada de nossos filhos.

Eu concordo intensamente com o sentimento de unidade com a natureza – o de ver a Terra como um único organismo integrado – depois de ter cruzado muitos rios, florestas, estepes e montanhas. Subir no topo de uma montanha e observar a paisagem – o céu, a neve, os rios, as outras montanhas – essas imagens sempre me dão a sensação de ser parte de um todo maior.

Muitas pessoas parecem concordar também. Por exemplo, o estudioso francês renascentista Michel de Montaigne observou certa vez: "Se você não sabe como morrer, não se preocupe; a natureza lhe dirá tudo o que fazer na hora, de forma adequada. Ela fará esse trabalho para você com total perfeição; não encha a sua cabeça pensando nisso." Ou, para incluir uma citação de Albert Einstein: "O que vejo na natureza é uma magnificente estrutura que só conseguimos compreender de forma muito imperfeita, e que deve transmitir um sentimento de humildade àqueles que pensam. É um sentimento genuinamente religioso que não tem nada a ver com o misticismo."

Para alguns, a natureza é repleta de significado, enquanto que, para outros, ela pouco representa. Mas, de forma simbólica, a maneira como percebemos a natureza e a associação que fazemos com a imortalidade estão intimamente relacionadas. Qualquer que seja o mundo interno de um indivíduo, a natureza contém imagens que assustam e atraem ao mesmo tempo. Respeitam-se e temem-se esses elementos – tempestades, inundações, trovões e raios. Porém, fora o assombro e o temor que a natureza desperta, as pessoas também experimentam um sentimento de calor e de continuidade que é forjado pela existência de leis naturais: o ciclo diário de sombra e luz, a passagem das estações, o crescimento das plantas e a queda das folhas. O fato de estarmos cercados por montanhas, vales, florestas, córregos de água e oceanos se transforma em uma espécie de comunhão entre a vida e a morte para muitos de nós. A fusão com a natureza que ocorre na morte é vista como parte do eterno ciclo de vida do eu com os outros, um lugar de ressurreição. Todas as noites que nos encerram na escuridão talvez estejam associadas à morte, mas, com o primeiro raio da madrugada, a vida parece se renovar. Todas as formas de declínio são simples máscaras que escondem a regeneração e a vida.

As pessoas que percebem a natureza desse modo especial não encaram a morte como um fim, mas como uma transição. Elas podem até experimentar um sentimento de *unica mystica*, um estado de inexistência de limites por meio do qual o indivíduo parece fundir-se com o universo. Para citar o aviador Charles Lindbergh: "Na amplidão dos espaços inabitados sinto o milagre da vida, e, por trás dele, nossas realizações científicas se esvanecem como trivialidades." Isso é o que torna tão aterradoras a ameaça do aquecimento global e a destruição da natureza.

Mas será que todos esses sistemas de imortalidade ainda cumprem com o seu propósito? Será que essas estruturações que visam a autoafirmação ainda funcionam de modo eficaz na sociedade pós-industrial? Essas não são perguntas fáceis de se responder. É óbvio que muitas pessoas ainda recorrem a esses sistemas. Elas precisam deles para superar a angústia existencial. Ter de se virar sem eles seria algo catastrófico. Outras pessoas, no entanto, adotam uma perspectiva mais pragmática, reconhecendo a finalidade da sua estada na terra. Para elas, trata-se de uma breve visita. Para elas, repetindo uma frase que citei antes neste livro, "a jornada é tudo, e o fim, nada". Elas levam a sério o texto gravado em uma lápide romana:

> Não passe por meu epitáfio sem parar, viajante. Mas, uma vez tendo parado,
> ouça e aprenda, e depois siga o seu caminho.
> Não existem barcos no Hades*, nenhum barqueiro de nome Caronte,
> Nem o guardião Éaco, nem o cão Cérbero.
> Tudo em que aqueles que estão mortos debaixo da terra
> Se transformam é só pó e ossos, nada mais.
> Minha abordagem foi honesta, prossiga, viajante,
> Para que eu, mesmo estando morto, não lhe pareça eloquente.

Quando finalmente nos mostramos capazes de encarar o fato de que um dia morreremos, como todo mundo, percebemos a fragilidade da vida e a preciosidade de cada momento. E, assim espera-se, tal compreensão da transitoriedade das coisas fará surgir uma profunda compaixão pela humanidade.

Tal senso pragmático não significa, contudo, que devamos adotar uma perspectiva mecânica da morte. É preciso respeitar o processo de enlutamento. Não importa em qual sociedade vivamos, necessitamos de rituais, de ritos específicos de passagem, para ajudar aqueles que estão vivos a lidar com aqueles que estão à beira da morte. Os rituais são muito importantes no processo de transição; eles geram paz de espírito e oferecem reconforto.

---

* N. de T.: Hades, cujo nome significa "o Invisível", é o deus dos mortos; por extensão, Hades é o reino desse deus, o reino dos mortos, o submundo, o inferno. Após a vitória de Hades e dois de seus irmãos, Zeus e Poseidon, sobre os Titãs, eles diviram entre si o poder sobre o universo, sendo que Zeus ficou com o céu, Poseidon com o mar e Hades com o mundo subterrâneo. Hades é assistido em seu reinado por demônios e outros gênios, entre eles Caronte, o Barqueiro dos Mortos ou o Barqueiro dos Infernos, que faz a travessia das almas dos mortos pelo rio Aqueronte em sua barca fúnebre. Um dos assistentes de Hades no Tribunal do Além é o guardião Éaco, detentor da chave dos infernos, filho de Zeus e conhecido entre os gregos por sua imensa piedade e senso de justiça. O cão de Hades é Cérbero, um monstro feroz de três cabeças, cauda de serpente e cabeças de serpente pelo corpo, que previne a entrada dos vivos no reino dos Mortos e a saída de qualquer um de lá.

26 A Morte na Nossa Era Pós-Industrial

Velhos amigos morrem, novos amigos aparecem. É simples como os dias. O velho dia passa, um novo dia chega. O importante é imprimir significado: um amigo que faça sentido – ou um dia que faça sentido.
Dalai Lama

Digo frequentemente que um grande médico mata mais pessoas do que um grande general.
Gottfried Leibniz

Morrer com orgulho, quando não mais seja possível viver com orgulho. A morte por livre escolha, a morte na hora certa, em condições de pensar e de espírito alegre, uma morte consumada em meio a crianças e testemunhas: de modo a possibilitar uma real despedida, enquanto aquele que parte ainda se encontra ali.
Friedrich Nietzsche

Todos morremos. O objetivo não é viver para sempre, o objetivo é criar algo capaz de fazê-lo.
Chuck Palahniuk

Mas qual a eficácia dos rituais de morte na nossa sociedade pós-industrial? Eles não se tornaram um tanto vazios e ultrapassados?

Nessa era de tanto narcisismo, tão preocupados que estamos com o nosso próprio bem-estar, reina o hedonismo. As pílulas para dormir, os antidepressivos e o Prozac se tornaram muletas populares. O que a nossa dependência de tais tipos de droga diz sobre a sociedade em que vivemos? Por que as pessoas se drogam até perderem a consciência?

O vazio, a anomia e a alienação são as maiores aflições da vida moderna. Houve uma considerável perda do senso comunitário, algo tão corriqueiro na sociedade pré-industrial. Desapareceram muitos dos rituais significativos que costumavam unir os membros da sociedade. Na nossa era narcisística, o materialismo à procura de si mesmo e a prometida salvação por meio da ciência e tecnologia tornaram-se forças proeminentes que moldam nossas vidas cotidianas.

Nessa ambientação, as noções relativas ao sofrimento, ao processo de morrer e à morte foram empurradas para a periferia das experiências culturais. Porém, ao seguir tal desenvolvimento, estamos violando uma das coisas mais sagradas para nós. Impulsionada pela negação da morte por parte do homem, a cultura popular – mais que no passado – achou por bem afastar da nossa vida diária qualquer pensamento relacionado à morte. No entanto, as coisas que são afastadas da percepção consciente tornam a emergir do terreno mais subterrâneo onde se encontram por meio dos nossos sonhos, dos nossos devaneios e do nosso imaginário. Criar uma cultura embasada na negação não gera uma mentalidade estável, e o fato de nos drogarmos para alcançar a negação só acarreta uma suspensão temporária daquilo que é negado.

A tecnologia médica, em especial, foi instrumental no sentido de soterrar a ansiedade relativa à morte e muito contribuiu para a despersonalização da experiência da morte. Se a morte, por si só, já é algo bastante apavorante para muitas pessoas, o modo como morremos na sociedade contemporânea acresceu mais um item a esse terror. O processo de morrer tornou-se extremamente indigno, despersonalizado e desumano. Como pontuou o dramaturgo e romancista suíço Max Frisch: "A tecnologia é uma forma de organizar o universo de tal maneira que o homem não tenha de vivenciá-lo." A tecnologia médica fez com que nos movêssemos a toda força. Para algumas pessoas, não é o fim da vida o que evoca o maior medo, mas sim o pensamento sobre o modo como a vida termina. Conforme disse certa vez o arquiteto norte-americano Buckminster Fuller: "A humanidade está adquirindo a tecnologia correta, só que pelas razões mais equivocadas."

A tecnologia está substituindo os rituais dotados de significado pela mecanização da morte. As pessoas que estão para morrer são profanadas, estigmatizadas e relegadas a um papel de cidadãos de segunda categoria. Ninguém as ouve nem as leva a sério; faz-se coisas contra elas. Essa situação se agrava com a percepção de que as pessoas que estão morrendo têm o poder de contaminar os demais; tentamos conter e higienizar as suas experiências para que elas não nos obriguem a ver um tipo de realidade que preferiríamos não ver. Os avanços tecnológicos atuam como cúmplices nesses acontecimentos, porque forjam uma cultura de desapego, desligamento e impessoalidade.

A tendência de esconder e excluir a morte da vida diária ganhou mais sustentação com a transferência do local em que a morte ocorre, que passou de casa para o hospital. A inovadora social Florence Nightingale já expressava preocupação com essa tendência e suas implicações para as pessoas à beira da morte, ao afirmar que "pode parecer estranho ter-se de enunciar, como um princípio, que a primeira obrigação de um hospital é não fazer mal aos doentes". Na sociedade pré-industrial, os cuidados dispensados àqueles que estavam agonizando tinham lugar em casa, à vista de todos, como fizeram com a minha avó. Isso era parte do ciclo de vida. Mas, na sociedade pós-industrial, os encargos do atendimento foram delegados aos profissionais de saúde. O processo de morrer ficou confinado aos hospitais e às instituições de atendimento a longo prazo. Hoje em dia, os membros da família e os amigos, que costumavam acompanhar a pessoa agonizantes em sua última jornada, foram amplamente removidos da equação. Para citar as palavras do magnata de cinema Samuel Goldwyn: "O hospital não é lugar para se ficar doente." Ele levantou um argumento válido. Para a maioria de nós, morrer em um hospital é uma perspectiva com pouquíssimos atrativos.

Delegar a responsabilidade sobre o processo de morrer para as profissões médicas, dotadas de recursos "profissionais" e de sofisticados equipamentos médicos, é o que a sociedade espera que aconteça. Os hospitais, assim se alega, dispõem de melhores condições para cuidar daqueles que estão morrendo. Porém, debaixo das explicações racionais dadas para tal delegação sistemática, jaz outra explicação: a remoção, da nossa experiência cotidiana, dos desagradáveis e perturbadores sinais inerentes ao processo de falecimento de alguém. E essa delegação – em que se esconde a morte e se institucionaliza o seu confinamento – é uma opção atrativa. É um modo muito eficaz de neutralizar a ansiedade que sentimos sobre a morte e sobre o processo de morrer. É a história de Siddhartha revisitada.

Administrando a morte

No hospital, o processo de morrer sofre uma redefinição e é transformado em um algo técnico, administrado em termos profissionais e burocráticos. O terrível aspecto da morte e o imenso sofrimento são banidos da vista do público, já que o processo é mantido em isolamento dentro dos confins técnicos e profissionais da instituição de saúde. Mas, apesar de se remover da vista do público o processo de morrer, ele se faz muito presente entre os profissionais da área da saúde. A equipe hospitalar tem de lidar com a sua própria ansiedade relativa à morte, que é reativada no trato com aqueles que estão para morrer. Os integrantes da equipe têm de achar uma forma de administrar seus medos, seja de um jeito ou de outro.

A psicanalista Isabel Menzies, em um estudo desenvolvido sobre enfermeiras que lidavam com pacientes acometidos de sérias doenças ou que se encontravam à beira da morte, observou que o trabalho delas era organizado de modo a impedir ao máximo a demonstração da ansiedade que emergia entre elas. Prevalecia, no meio médico, o entendimento de que, se o relacionamento entre enfermeira e paciente fosse muito próximo, a enfermeira vivenciaria um sofrimento bastante intenso quando o paciente morresse. Em consequência, exigia-se que as enfermeiras desempenhassem algumas tarefas especializadas junto a um grande número de pacientes, restringindo seu possível contato com um único paciente. Essa abordagem ajudou a forjar uma cultura de distanciamento, desapego e impessoalidade. Segundo as observações de Menzie, não havia registro de tentativas diretas feitas no sentido de abordar o medo da morte e de desenvolver a capacidade das enfermeiras de responder à ansiedade de uma forma psicológica mais sadia. O exemplo trazido por Menzie revela como o meio médico tenta dar sustentação a métodos disfuncionais de negação da morte. As perturbadoras observações feitas por ela ainda são válidas. No âmbito hospitalar, uma das coisas mais difíceis é lutar contra a suposição feita pela equipe de que, se você está velho e doente, você também perdeu o juízo.

O problema se agrava com a tendência demonstrada por muitos profissionais da saúde de encararem a morte como uma derrota e uma falha, tanto no aspecto pessoal como profissional. A morte é vista como um sinal de incompetência. Os profissionais de saúde são treinados para prolongar a vida: lidar com aqueles que estão à beira da morte não faz realmente parte da educação recebida por eles.

Não deveria então nos surpreender o fato de não só as enfermeiras, como também a maioria dos médicos, receberem muito pouco treinamento para falar com os pacientes, especialmente a respeito da morte. Devido ao seu sentimento de desconforto, esses últimos guardiões da vida vestem uma capa protetora de desapego, negação e impessoalidade. É interessante aqui fazer menção a um livro comovente e que propicia a obtenção de muitos *insights*, intitulado *Exame Final*, de autoria de Pauline Chen, uma cirurgiã especializada em transplante de fígado, que escreveu: "Durante quase 15 anos de formação e treinamento, pude me deparar com a morte repetidas vezes. E aprendi com muitos dos meus professores e colegas a sustar ou a suprimir quaisquer sentimentos de humanidade que quisesse compartilhar com meus pacientes à beira da morte, como se esse tipo de procedimento fizesse de mim uma médica melhor." Ela descreve como, no momento da agonia final dos pacientes, os médicos cerram as cortinas em torno do leito hospitalar e desaparecem rapidamente, deixando os membros da família sozinhos com o parente que está morrendo.

O treinamento recebido pelos médicos talvez propicie um alto nível de competência profissional, mas deixa muito a desejar no sentido de ajudá-los a expressar empatia ou a se confrontarem com o medo que eles próprios têm da morte. A morte submete a equipe médica a dois golpes violentos: um lembrete da sua vulnerabilidade pessoal e um significado de falha profissional. Não é de se admirar que a profissão pareça ter instituído forte aversão contra qualquer coisa que tenha a ver com a morte. O mais irônico é que, no processo de morrer, muitas coisas aconteçam à pessoa que está agonizando, sem que ela tenha muita voz ativa quanto a isso. Na medicina moderna, a morte se encontra em toda a parte e em nenhum lugar ao mesmo tempo.

A negação da morte por parte dos profissionais da saúde e das pessoas próximas daqueles que estão para morrer tolhe nossa capacidade de entender que algumas pessoas muito idosas, sem esperanças de uma recuperação, tenham talvez chegado ao ponto de quererem ter uma morte natural. Em vez disso, a equipe hospitalar, muitas vezes encorajada por membros atormentados da família, talvez recorra a soluções tecnológicas de excessiva complexidade com o objetivo de prolongar a vida, independentemente dos desejos do paciente, em um esforço para dominar a sua própria ansiedade. A equipe nega o que realmente está fazendo e o modo como o paciente vivencia isso. As pessoas com profissões assistenciais talvez ajam desse modo em função dos seus próprios medos. Tais práticas, no entanto, causam uma degradação no processo da morte. Trata-se de um desenvolvimento bem problemático que não contribui em nada para uma morte digna.

Na sociedade moderna, as forças existentes no meio médico e cultural convergem para o surgimento de uma conspiração do silêncio em torno do sofrimento, do processo de morrer e da morte. Muitas das normas e dos rituais que, em um dado momento, ajudavam a sustentar, orientar e propiciar conforto às pessoas durante a morte desapareceram ou foram rebaixadas de nível. A morte passou a ser administrada fora do plano da consciência e do entendimento comum, sendo incorporada no âmbito de um modelo médico tecnológico. A morte e o morrer encontram-se agora alojados na periferia da existência humana.

Ao refletir a respeito, percebo que nunca me ensinaram muitos sobre as coisas importantes da vida. Não se discutia sobre a morte no período em que eu frequentava a escola. Em retrospecto, agora que alcancei um diferente estágio de vida, as coisas não ditas talvez sejam as coisas mais importantes a serem aprendidas. Mas, como tais coisas nunca me foram ensinadas, bem como para outras pessoas, tive de aprender sobre elas sozinho. Por que não se ensinam as questões importantes? Isso quase me leva a indagar por que temos escolas. As escolas não nos ensinam como amar; não nos ensinam como lidar com o dinheiro; não nos ensinam a ser alguém; não nos ensinam como se divorciar; não nos ensinam como sofrer com a perda de um ente querido; e, para coroar tudo isso, não nos ensinam como morrer.

Talvez eu não esteja conseguindo ver as coisas direito. Nenhuma forma de ensinamento será suficiente para que alguém alcance mais entendimento sobre o que é a morte. Algumas coisas não podem ser ensinadas; elas têm de ser vivenciadas. Como disse certa vez Jim Morrison, o poeta e cantor norte-americano: "Eu não me importaria de morrer em um acidente de avião. Essa seria uma boa forma de eu ir embora deste mundo. Não quero morrer durante o sono, ou pela idade avançada, ou por overdose... Quero sentir como é morrer. Quero saborear, ouvir, cheirar a morte. A morte é algo que só acontece uma vez na vida de alguém; não quero deixar de vivê-la." Talvez uma coisa importante – quando se está à beira da morte – é não ter remorsos. Devemos fazer aquilo que queremos fazer, e fazê-lo agora. As pessoas mais idosas raramente expressam remorso pelas coisas que fizeram, mas sim pelas coisas que não fizeram. Talvez as únicas pessoas com medo da morte sejam aquelas que sentem remorso.

Conta uma história zen que um monge perguntou ao seu mestre: "Qual é o caminho?" O mestre respondeu: "Um homem que está caindo em um poço de olhos abertos." Nosso desafio é manter os olhos bem abertos à medida que encaramos a morte.

27 ENTRANDO NAQUELA NOITE BOA

A arte de bem viver e a arte de bem morrer são uma só.
Epicuro

Só os covardes insultam a majestade agonizante.
Esopo

Não há nada de glorioso na morte. Qualquer um é capaz de morrer.
Johnnie Rotten

A morte é algo muito banal e aterrador. E eu o aconselho a não ter nada a ver com ela.
William Somerset Maugham

Recentemente (e com algum atraso) assisti ao filme *Sophie Scholl*. Ele relata a história verídica de uma estudante universitária de 21 anos de idade na Alemanha de Hitler, que teve coragem de enfrentar o regime nazista, afirmando que aquilo que eles estavam fazendo era errado. O filme narra a história do movimento de resistência da Rosa Branca. Ele retrata os últimos dias de Sophie Scholl antes de ela ser executada pelos nazistas na tarde de 22 de fevereiro de 1943. Embora, de início, tanto Sophie quanto seu irmão Hans acreditassem que Hitler levaria a Alemanha a um patamar de grandeza – e tivessem até integrado o movimento da Juventude Hitlerista – a desilusão dos dois foi aumentando continuamente. A percepção dos irmãos fora influenciada pelas ideias do pai, o prefeito de Forchtenberg, o qual acreditava que Hitler estava conduzindo a Alemanha por uma estrada que levava à destruição.

Durante toda a sua infância, os pais de Sophie enfatizaram a importância de seguir os ditames do coração, de fazer aquilo que era correto. Eles a encorajaram a fazer o que quisesse, estimulando inclusive as opções que fez em termos de sua educação. Após o período em que atuou como professora do jardim de infância, em maio de 1942, Sophie ingressou na Universidade de Munique na qualidade de estudante de biologia e filosofia, período em que se desencantou muito com o regime de Hitler.

Embora os integrantes do Rosa Branca soubessem que o sistema não admitia divergências, eles achavam que era dever dos cidadãos assumir um posicionamento contra o regime nazista. Eles distribuíram uma série de panfletos afirmando que o sistema criado por Hitler havia, pouco a pouco, aprisionado o povo alemão e que estaria destruindo toda a população. O regime se transformara em algo perverso; ele se transformara em algo similar à figura mitológica de Cronos*, que havia devorado seus filhos. Já era tempo, afirmava um dos artigos, de os alemães se insurgirem e imporem resistência à tirania do seu próprio governo.

Tais panfletos tiveram um dramático efeito sobre a comunidade estudantil. Foi o primeiro caso de dissensão interna contra o regime nazista na Alemanha. Porém, os irmãos Scholl e seus amigos tinham de ser cautelosos, pois sabiam o que aconteceria se fossem pegos pela Gestapo. Além de distribuírem panfletos, os membros do Rosa Branca se engajaram em outras ações de grande visibilidade, como pichações em vários locais com os dizeres "Abaixo Hitler", "Hitler assassino de massas", e "Liberdade". A Gestapo entrou em um frenesi para identificar os membros do grupo.

No dia 18 de fevereiro, Sophie, Hans e Christoph Probst foram presos enquanto distribuíam panfletos na Universidade de Munique. Depois da sua prisão, iniciou-se um verdadeiro teste de caráter para Sophie. Mas o oficial da Gestapo que a interrogou percebeu que não conseguiria convencê-la de que estava errada, mesmo sob ameaça de morte. Sophie tinha padrões morais elevados, e ele sabia disso. Ele tentou fazer com que ela assinasse uma declaração que teria resultado em acusações menores. Ela recusou a oferta.

Quatro dias após a sua prisão, os três membros do Rosa Branca foram julgados pelo juiz que presidia a sessão, o ministro do Tribunal do Povo do Grande Império Alemão, que viera especialmente de Berlin. O juiz desempenhou o papel de Grande Inquisidor em uma farsa de julgamento, no qual foi praticamente impossível para os acusados apresentarem a sua defesa. Ele atuou tanto como juiz quanto juri, e os advogados de defesa não fizeram nada para defender os acusados.

O juiz dirigiu-se em tom alto e violento contra Sophie, dizendo que ele não conseguia entender o que havia deturpado a mente dos estudantes. O depoimento de Sophie estava sendo gravado, e ela declarou: "Alguém, afinal, tinha de dar início. Aquilo que escrevemos e dissemos também é aquilo em que muitos acreditam. Só que eles simplesmente não ousam dar vazão ao que pensam da maneira como o fizemos." Ela prosseguiu: "O Senhor sabe que a guerra está perdida. Por que não tem coragem de encarar isso?" No contexto, sua bravura e sua recusa em se acovardar perante a autoridade dos nazistas parece ser algo notável. Quando Hans e os pais de Sophie tentaram entrar na sala do tribunal,

---

* N. de T. Cronos é o filho mais novo dos donos da sabedoria e do conhecimento futuros, Urano (o Céu) e Geia (a Terra), no quadro genealógico dos Titãs (como ficaram conhecidos os seis filhos do casal). Ele pertencia, assim, à primeira geração divina, que antecede a Zeus e aos Olímpicos. Desposou Reia, sua própria irmã, e como os pais haviam previsto que ele seria destronado por um dos filhos, devorava-os, à medida que nasciam. Seus filhos foram Héstia, Deméter, Hera, Plutão (Hades), Poseidon e, por último, Zeus, cujo nascimento Reia conseguiu esconder de Cronos, dando-lhe uma pedra envolta em panos para comer. Já adulto, Zeus, rei dos homens e dos deuses, no desejo de obter os poderes de Cronos, deu-lhe uma droga que o fez vomitar as crianças que havia devorado.

eles foram barrados. Toda a sala do tribunal pode ouvir o pai deles gritar: "Um dia haverá outro tipo de justiça! Um dia a história assistirá à queda deles!"

Como era de se prever, o juiz acabou por sentenciar todos os três à morte. Mas o desafio feito por Sophie e Hans, mesmo diante da tão terríveis consequências, rendeu-lhes imensa admiração. Sophie manteve sua franqueza, firmeza e esperanças perante a farsa do tribunal nazista que decretou sua condenação. Estava claro que até mesmo os espectadores estavam se sentindo extremamente desconfortáveis sobre a forma como o processo estava transcorrendo, sem saber para onde olhar. Bem no fundo, eles admiravam a coragem de Sophie.

Na prisão, foi permitido que os pais fizessem uma última visita a Hans e Sophie. Embora sofrendo de profunda angústia pelo destino dos seus dois filhos, os pais estavam orgulhosos de Hans e Sophie – orgulhosos por eles terem agido com tanta coragem e demonstrado tanta convicção – por eles terem se levantado para defender os oprimidos, por não terem simplesmente engolido o que o governo havia lhes dito, mas sim terem prosseguido em sua busca da verdade. Antes de Sophie se despedir dos pais com um sorriso, em perfeita compostura, a mãe lembrou-a de pensar em Jesus. Ao voltar para a cela, Sophie imediatamente entrou em colapso. Ela havia se segurado na frente dos pais, não querendo que eles sofressem mais ainda. O oficial da Gestapo que efetuara sua prisão viu-a chorando e Sophie se desculpou por isso. Ela não havia chorado desde o seu interrogatório.

Os guardas da prisão permitiram que Hans, Sophie e Christoph se encontrassem uma última vez durante breves instantes. Logo depois, Sophie foi conduzida à guilhotina por dois homens de cartola – que fazia parte da vestimenta funerária usual. Um observador contou que ela caminhou rumo à morte "sem mexer um fio de cabelo, sem vacilar".

Quando colocaram sua cabeça sobre o bloco de pedra, as últimas palavras que ela disse foram "*Die Sonne scheint noch*", o que significa "O sol ainda brilha". A seguir veio Christoph Probst. Hans Scholl foi o último; pouco antes de ser decapitado, ele gritou: "Que viva a liberdade!" Depois disso, mais membros do grupo foram executados ou enviados para campos de extermínio. Após a morte de Sophie, um sexto panfleto foi contrabandeado para fora da Alemanha e jogado do céu sobre solo alemão pelas Forças Aliadas com um novo título: "O Manifesto dos Estudantes de Munique."

O que tornou Sophie tão corajosa? Como ela conseguiu manter-se serena no decorrer de todos os interrogatórios? É evidente que a fé cristã de Sophie Scholl deu-lhe um forte sentido sobre a coisa certa a fazer e ajudou-a a transcender a morte. É claro que sua maneira de ver o mundo não surgiu do nada. Seus pais haviam desempenhado um importante papel no sentido de lhe instilar valores – a colocação de seu pai frente a frente com Hitler era muito reveladora.

Hoje, todos os alemães conhecem a história do movimento da Rosa Branca. Uma praça na Universidade de Munique recebeu o nome de Hans e Sophie Scholl. E há ruas, praças e mais de uma centena de escolas em toda a Alemanha que foram batizadas com o nome dos membros da Rosa Branca.

Ainda hoje as pessoas costumam deixar rosas brancas em uma praça próxima da universidade onde se celebram os feitos do movimento. Em 2005, uma pesquisa realizada junto ao público do canal alemão de televisão ZDF consagrou Hans e Sophie em quarto lugar entre os maiores alemães de todos os tempos. Inge, irmã de Sophie Scholl, escreveu: "Talvez o autêntico heroísmo resida na decisão de defender obstinadamente as coisas do dia a dia, as coisas mundanas e as mais imediatas."

Essa impressionante história levanta algumas questões: o que teria passado pela mente de Sophie pouco antes de ela repousar a cabeça na pedra da guilhotina? Como ela conseguiu enfrentar a morte de maneira tão corajosa? O que ela quis dizer com suas últimas palavras – "o sol ainda brilha"? Afora isso, como as pessoas que a condenaram à morte se sentiam – o oficial da Gestapo e o juiz? Eles tinham um sentimento de justiça ou alimentavam dúvidas? O que veio antes de tudo às *suas* mentes quando expirou o tempo deles? Os últimos momentos vividos por Sophie levantam questões de importância para todos nós. Como teríamos agido nessa situação?

As últimas palavras

Encontram-se muitos exemplos, reais ou apócrifos, das últimas palavras de alguém famoso. Supõe-se que Voltaire tenha dito em seu leito de morte – em resposta a um padre que havia lhe pedido para renunciar a Satanás – "Agora, agora, meu bom homem, isso não é hora de se fazer inimigos.", "Por que vocês estão chorando? Vocês imaginavam que eu era imortal?" foram as últimas palavras ditas pelo rei francês Louis XIV aos seus servos. O poeta Heinrich Heine declarou: "Deus há de me perdoar. Esse é o negócio dele." As palavras de Goethe foram: "Mais luz!" "Meu papel de parede e eu estamos lutando um duelo mortal. Um de nós precisa ir embora", teriam sido as últimas palavras, provavelmente apócrifas, de Oscar Wilde. Um dos primeiros líderes da Revolução Francesa, Georges Danton, instruiu seu executor com as seguintes palavras: "Mostre minha cabeça para as pessoas, vale a pena ver." Cecil Rhodes se lamentou, dizendo "fiz tão pouco, há tanto por fazer", enquanto que Winston Churchill declarou: "Estou entediado com tudo isso." "Não se preocupe! Não está carregada," foram as últimas palavras do músico de *rock* Terry Kaith, que estava brincando de roleta russa. E George Eastman, o fundador da Eastman Kodak, anunciou: "Meu trabalho aqui está feito, por que esperar?", antes de se suicidar.

E é claro que existe registro de muitas, muitas mais. Ao ler, do lado de cá da sepultura, as últimas palavras das pessoas, não posso deixar de especular sobre a veracidade da janela que abrem para a alma. O que elas dizem sobre as pessoas que as proferiram? Que *insights* elas oferecem quanto aos demônios individuais de cada pessoa? Bastante, suspeito.

As últimas palavras exercem fascínio porque elas são respostas sobre a necessidade de um fechamento, sobre o desejo que temos de ser imortais e o poder de sedução exercido pela mística das cenas mortuárias. As últimas palavras, transmitidas de geração em geração, conferem uma espécie de imortalidade àquele que as proferiu, pelo fato de sobreviverem em nossa memória coletiva. O conteúdo simboliza uma vida, ou transmite um sentido irônico: pode até representar a última representação perante uma plateia.

"*Die Sonne scheint noch* – o sol ainda brilha." O que essas palavras, balbuciadas entre este mundo e a morte, significavam para Sophie Scholl? Que ela ainda acreditava na bondade da raça humana, apesar de todos os sinais que ela vira provando o contrário? Que a esperança é eterna? Que ela confiava que as ações do Rosa Branca não seriam esquecidas – que aquilo que eles fizeram se destacaria como um exemplo para as futuras gerações? Jamais saberemos. Mas essa simples afirmação feita por uma jovem mulher seria disseminada pelas pessoas que presenciaram a sua morte. Ela se tornou parte do inconsciente coletivo alemão, gerando uma espécie de imortalidade.

A notável história de Sophie Scholl nos fala que uma coisa é tratar a morte como sendo algo abstrato, e que outra coisa bem diferente é enfrentá-la de maneira direta. Enfrentar os condenados ou os doentes terminais não é fácil, porque, com base naquilo que eles estão enfrentando, podemos fazer uma projeção daquilo que, por fim, nós mesmos teremos de suportar. Apesar disso, sempre demonstramos uma atração fatal pelas cenas de morte. Nossa fascinação parece se basear na tensão entre nossa incapacidade de aceitar a realidade da nossa própria morte e a realidade de vê-la suceder a uma outra pessoa.

A maioria das pessoas – até mesmo aqueles que, por sua capacitação profissional, estão habituados a ver a morte de perto – estão tão embebidos em negar a morte que são pegos de surpresa quando a morte bate à sua porta. Estupefatos e confusos, eles perdem uma extraordinária oportunidade de obter a paz e a resolução inerentes ao processo de morrer. Em vez de aprender com ele, eles se engajam em um comportamento de fuga tecnológica.

ESTÁGIOS DE TRANSIÇÃO

O desafio que se coloca para todos nós é ir além da negação e encarar a morte como parte de um processo natural. A morte de alguém não deveria ser vista só como um estágio natural no ritmo biológico da natureza – nas palavras do filósofo britânico Jonathan Miller, "um encontro marcado natural que precisa ser mantido" – mas também como parte do imenso universo físico. A morte, como o nascimento, deve ser encarada como um elemento essencial da vida, uma transição ou uma outra forma de separação. E, como qualquer outra forma de separação, ela segue determinados padrões.

O tema da separação nos reporta mais uma vez ao trabalho de John Bowlby, cuja teoria seminal sobre a separação entre mãe e filho identificou sua famosa tese da tríade de reações relacionadas à separação: protesto, desespero e desapego. Na primeira fase do protesto, o filho pequeno demonstra profunda agonia devido ao fato de ter perdido sua mãe e busca recapturá-la mediante o emprego de todos os seus limitados recursos. A essa fase inicial de protesto segue-se o desespero. A criança parece perder todas as esperanças de tornar a se reunir com a mãe, embora sua inquietação pela falta dela ainda se evidencie bastante. Mas o comportamento da criança sugere uma desesperança cada vez maior. Ela se mostra retraída e inativa, sem fazer exigências àqueles responsáveis por cuidar dela e protegê-la. A criança se encontra em um estado de profunda tristeza. Na fase final, a do desapego, a criança parece superar a perda e mostra-se mais responsiva, mais sociável e até mesmo mais alegre. À medida que a criança demonstra maior interesse por aquilo que a cerca, essa fase é muitas vezes tida como um sinal de recuperação. Mas tal percepção da questão é demasiado simplista. A sociabilidade da criança é superficial. A criança efetivamente adotou uma atitude do tipo "não me importo". Uma criança que seja capaz de falar pode até chegar a dizer que "não quero a mamãe". De fato, a resposta na fase do desapego é um bloqueio dos sentimentos amorosos, uma estratégia que ajuda a criança a lidar com a perda de vários modos: ela pune a pessoa que se foi. O desapego é uma expressão disfarçada de raiva: uma resposta comum para o abandono é um ódio intenso e violento. Também pode significar uma defesa contra a agonia de amar e, possivelmente, de perder de novo. Contrária ao velho clichê, a ausência faz com que o coração se torne mais frio, e não mais carinhoso. A essa altura, a criança não busca mais a mãe e pode até ignorá-la quando ela voltar.

As implicações da teoria de Bowlby são universais quanto à forma que lidamos com qualquer tipo de perda ou transição na vida, aplicando-se, inclusive, ao processo que enfrentamos quando do ingresso no estágio final de nossas vidas. Mas, se Bowlby trata do apego e da separação em termos genéricos, a psicóloga Elisabeth Kübler-Ross fez mais que qualquer outra pessoa no sentido de trazer o estágio final da vida para a corrente de debates culturais. Ela se transformou na porta-voz das necessidades daqueles que estão morrendo e na defensora pioneira de uma morte digna.

Diferentemente de muitos outros profissionais da área de atendimento de saúde, Kübler-Ross fez questão de passar um tempo junto aos pacientes terminais. Ela ficou aterrorizada ao ver o tratamento que era ministrado a tais pacientes. Percebeu que suas necessidades estavam sendo ignoradas, que sofriam abusos e que ninguém estava sendo honesto com eles. Criticou os efeitos da crescente administração tecnológica da morte moderna – solidão, mecanização, desumanização e impessoalidade. Retratou o terror de morrer e como o tratamento médico recebido por aqueles à beira da morte era sem compaixão ou sensibilidade. Enquanto os pacientes terminais buscavam paz e reconhecimento do seu sofrimento, e esperavam ser tratados com dignidade, eles se viam, em vez disso, como receptores finais de procedimentos invasivos a exemplo de infusões, transfusões e outros planos de ação de orientação tecnológica.

Kübler-Ross também introduziu um modelo de estágios para o sofrimento, identificando cinco estágios que a maioria das pessoas tendem a passar quando se confrontam com a proximidade inevitável da sua própria morte: negação e isolamento, raiva, negociação, depressão e aceitação. Desde então, tem-se aplicado esses cinco estágios também ao processo de sofrimento que atravessam aqueles que perdem um ente querido.

O primeiro estágio, de negação e isolamento, é geralmente uma resposta temporária ao choque das más notícias. O isolamento surge quando outras pessoas, inclusive membros da família, começam a evitar o indivíduo que está morrendo, em função dos seus próprios sentimentos de desconforto. A esse estágio segue-se a raiva, que pode ser expressa de muitas maneiras. Talvez se verifique uma reação do tipo: "Por que eu?", um sentimento de que outros merecem morrer, mas não o próprio indivíduo. Essa reação pode ser acompanhada por inveja e por um sentimento de injustiça: as outras pessoas não parecem se importar; elas continuam ainda desfrutando a vida. O estágio subsequente é o da negociação, um breve estágio de difícil observação, por se processar muitas vezes entre o paciente e Deus, ou o destino. O próximo estágio é o da depressão, o da lamentação por aquilo que será perdido. E o estágio final é o da aceitação, um estágio que só é alcançado depois de alguma resistência. Demora um tanto para se chegar a esse estágio, que envolve fundamentalmente uma desistência, o reconhecimento da inevitabilidade da morte.

Alguns críticos apontam para os perigos associados ao emprego de uma teoria de estágios desse tipo, preocupados com o fato de que ela venha a se transformar em uma ideologia profundamente arraigada sobre a morte, algo que simplesmente não descreva o processo da morte como ele é vivenciado pelas pessoas, mas que termine por moldar ou prescrever tal processo. Pode-se achar que uma pessoa fique aquém das expectativas, caso ela não passe de forma sistemática pelos referidos estágios. Talvez seja mais adequado considerar-se os cinco estágios como passos que nos ajudam a superar notícias catastróficas e a lidar com os traumas.

Kübler-Ross também argumentou que o processo de morrer não precisa ser algo terrível e trágico, mas que poderia ser um trampolim para a coragem, o crescimento e o enriquecimento, muito parecido com o que sugere a última parte da história de Ivan Ilych. Nesse sentido, o enfoque de Kübler-Ross trouxe uma renovação. É justo afirmar que a ideia de uma morte digna defendida por Kübler-Ross teve boa acolhida em uma sociedade que estava ficando cada vez com mais medo dos aspectos indignos vinculados à morte administrada pela tecnologia. O trabalho dela não só foi bem aceito pelo público em geral, como também exerceu grande influência junto à comunidade médica, que levou a sério muitas das observações feitas por ela.

SISTEMA DE CUIDADOS PALIATIVOS

As contribuições prestadas por Kübler-Ross foram responsáveis por desenvolver um movimento que buscava eliminar nossos tabus culturais de tão longa data referentes ao sofrimento, ao processo de morrer e à morte. A sua teoria ofereceu maneiras alternativas de se lidar com a morte, ao transformar a morte em oportunidade de crescimento e em uma condição de dignidade.

Kübler-Ross também exerceu poderosa influência sobre o sistema de cuidados paliativos, um programa de atendimento humanitário e de apoio às necessidades emocionais, sociais e espirituais daqueles que estão morrendo e dos seus familiares. Os cuidados paliativos fundamentam-se em uma filosofia de atenção e cuidados, que reconhece a morte como o estágio final da vida e que ministra àqueles à beira da morte um atendimento paliativo, de modo que seus últimos dias sejam vividos com dignidade e qualidade, propiciando a oportunidade de passar tempo com as pessoas que lhes são queridas. Os cuidados paliativos representam uma alternativa à hospitalização. Aqueles que estão para morrer são tratados em casa pelo tempo que seja possível, e recebem alívio da dor. A própria casa de repouso fornece um ambiente atrativo para o serviço auxiliar de apoio familiar para quando o paciente, por fim, não mais conseguir ser atendido em casa. A equipe da casa de repouso também ministra aconselhamento pessoal e familiar.

Guiados por tal filosofia, um número crescente de profissionais da área de atendimento de saúde vem realizando grandes esforços no sentido de reduzir o nível de ansiedade dos doentes terminais, fornecendo-lhes dados precisos e reconfortantes, fazendo uso de técnicas de relaxamento, ansiolíticas ou antidepressivas. É claro que precisamos ver se a filosofia dos cuidados paliativos, com o seu enfoque voltado para a dignidade e com sua preparação para acolhimento da morte como parte vital da experiência humana, realmente assinala uma grande mudança de atitude ou se é mera reconfiguração e continuação da cultura de negação em uma nova roupagem.

Também pode-se questionar se o estágio final da vida, o da aceitação, é passível de uma comparação com a primeira infância, um estágio de bençãos narcisísticas, quando nada nos era pedido e tudo o que queríamos nos era dado. Talvez no fim dos nossos dias, após termos trabalhado e doado, nos divertido e sofrido, voltemos ao ponto onde tudo começou. Realmente dormimos muito, retornando a um estágio pós-fetal.

Durante os últimos dois anos de vida da minha mãe, seu interesse pelo mundo externo começou a diminuir. Ela foi se recolhendo cada vez mais para o seu mundo interno. Ela sentia o seu físico desgastar-se e percebia que seu tempo estava se esgotando. Mas, como costumava dizer para si mesma, sua mente estava definitivamente presente. Como um bebê, ela começou a passar mais e mais tempo em seu mundo interno. Sua vida onírica tomou conta da sua vida de vigília. Ela dormia muito e, quando acordava, me contava em detalhes sonhos vívidos que tivera enquanto dormia. Os sonhos estavam repletos de imagens de figuras importantes do seu passado: seus pais, velhos amigos mortos há muito tempo, memórias da guerra. Quanto mais ela sonhava, isso era um sinal para mim da iminência do seu fim. A zona do crespúsculo entre acordar, dormir, sonhar e morrer, na qual ela vivia, faziam de cada despertar uma surpresa – até que veio o momento final.

Chegar a tal estágio de aceitação faz com que o círculo da vida se complete. Ele vem acompanhado de um sentimento de resignação. Mas mesmo os pacientes mais realistas e com um maior nível de aceitação sempre deixam em aberto a possibilidade do surgimento de algum tipo de cura, da descoberta de uma nova droga milagrosa. Nossa negação da morte comunica uma força de vida extremamente poderosa. Citando Samuel Johnson: "As fugas naturais da mente humana não são do prazer para o prazer, mas da esperança para a esperança."

28 O Apagar das Luzes

O sonho atravessou o crepúsculo entre o nascimento e a morte.
T. S. Eliot

A morte de um homem é algo que afeta mais os sobreviventes do que ele mesmo.
Thomas Mann

Continuar vivo nos corações daqueles que deixamos para trás é não morrer.
Thomas Campbell

Para mim, a vida não é uma vela que queima de forma breve. Ela é uma espécie de esplendorosa tocha que consigui segurar por um momento, e cuja chama quero que arda com o máximo de brilho possível antes de entregá-la às futuras gerações.
George Bernard Shaw

A parábola budista da semente de mostarda conta a história de uma mulher que está sofrendo de uma maneira descontrolada pela morte do filho. Ela não entende a natureza terminal da morte e, na busca de uma cura para a "doença" do filho, ela pede a Buda que o cure. Buda lhe diz para encontrar alguns grãos de mostarda em qualquer casa da cidade. Os grãos de mostarda servirão de antídoto contra a "doença". Mas há uma condição; ela só pode aceitar o grão de mostarda de uma casa na qual ninguém jamais tenha morrido. Após exaustiva e infrutífera busca, ela finalmente percebe a verdade – a morte é o destino inevitável de todos. A tranquilidade que esse entendimento lhe proporciona permite que ela entregue o corpo do filho para ser cremado na pira funerária.

Como reiterado pela história, a morte chega para todos. Podemos adotar uma série de rotas de fuga – nos drogando, ficando bêbados, nos envolvendo em um ou outro tipo de aventuras que desafiem a morte – a fim de esquecermos nossa condição de mortalidade. Ou podemos entrar para um movimento religioso, colaborarmos regularmente com uma ideologia, construirmos instituições caritativas e gravarmos nosso nome nelas, construirmos um negócio, enchermos a casa de filhos ou produzirmos um trabalho de caráter duradouro – mas são vãos todos os nossos esforços no sentido de garantirmos a imortalidade. A morte não esquece de nós, nem tampouco nos permite ignorar a realidade por muito tempo.

Todos temos de aceitar os mistérios e a responsabilidade que acompanham uma vida estruturada pela morte. A fuga pela negação não é uma solução satisfatória. A morte não pode ser posta para fora da nossa percepção consciente; não é possível deixar de lidar com esse fato crucial da vida. Necessitamos mudar nossa atitude para com a morte, passando da negação para a aceitação, sem perdermos nossa vitalidade e nossa vontade de viver.

E você?

Em função de sermos humanos, sabemos que estamos vivos e temos ciência, em maior ou em menor grau, de sermos entidades e seres separados dos demais. Também sabemos que há de chegar um momento em que deixaremos de viver e de funcionar. Mas, fora tal tipo de pensamento consciente, não temos realmente certeza sobre o que a morte acarreta ou significa. Ela é o maior de todos os mistérios.

Viver também significa incorporar a morte. Mas, como aqui discutido, lidar com a realidade da própria morte é algo que ainda provoca grande desconforto. Evitamos falar sobre a morte. Mas precisamos ter coragem para encarar de frente o medo que temos da morte. Temos de aprender a nos prepararmos para ela e a viver corajosamente, apesar de termos ciência da sua existência.

Uma tarefa modesta e desconfortável

A seguinte tarefa pode nos ajudar a confrontar a maneira como lidamos com a inquietante verdade da morte e pode nos ajudar, enquanto a realizamos, a aprender mais sobre nós mesmos.

Você costuma pensar sobre a morte em muitas ou em raras ocasiões? Há determinadas circunstâncias que lhe fazem pensar sobre a morte? Você tem medo da morte? Você sabe por quê? Como você imagina que seja a morte? Você debate essas questões com os demais?

Você alguma vez perdeu alguém mais chegado a você? Em caso afirmativo, como você vivenciou esse fato? O que passou pela sua mente enquanto você assistia, esperava e antecipava a dor da ausência dessa pessoa no seu mundo físico? Como você se preparou para o desaparecimento dessa pessoa? O que você fez na ocasião para ajudar as pessoas que estavam morrendo? Você lhes disse algo antes de elas morrerem? Você acha que esse foi um processo difícil de atravessar?

Tome algum tempo para descrever aquilo que você faria se tivesse apenas cinco anos de vida pela frente; depois, repita o exercício como se tivesse apenas um ano, seis meses, um mês, e, por último, um dia. Tente ser o mais preciso possível. A realização dessa tarefa lhe ajudará a identificar algumas das principais questões em sua vida. Ela porá em movimento o processo de tomar consciência das coisas que você gostaria de fazer antes de morrer. Ela pode lhe ajudar a vir a encontrar paz e satisfação em sua vida.

Há amigos e familiares de quem você gostaria de se despedir antes de morrer? Há relacionamentos que você gostaria de resgatar antes que seja tarde demais? Imagine, por exemplo, que você vai morrer logo e que só lhe é possível falar com uma pessoa: com quem você falaria e o que você diria? Por que você não fala com essa pessoa agora? O que está lhe impedindo de fazer isso?

Reflita sobre as respostas dadas às perguntas acima. Pense sobre o quanto você deu valor à sua vida até o presente momento, às suas alegrias e aos seus prazeres. Você deixou de sentir o perfume das rosas e de ser gentil consigo mesmo? Você está sendo suficientemente "egoísta" – permitindo-se fazer as coisas de que gosta? Ou você é como Sísifo, que está sempre empurrando alguma rocha montanha acima? Do que você mais vai sentir falta na vida? E o que o impede de viver sua vida de maneira mais completa *agora*?

De que modo você gostaria de morrer? O que você consideraria uma morte "perfeita"? Você gostaria que ela fosse rápida e fácil? Ou você gostaria que ela ocorresse de outro modo? Você gostaria de morrer enquanto está dormindo? Dentro de um carro? Enquanto estivesse fazendo amor? Você quer morrer em um local específico? E quem você gostaria que estivesse com você nos últimos momentos que você passasse sobre a terra? Que tipo de roteiro você gostaria de escrever para a sua morte? O que você gostaria de fazer com os seus restos mortais? Há um local específico onde você gostaria que seus restos mortais fossem enterrados ou depositados?

Que tipo de sistema de imortalidade é importante para você? Você acredita que sua alma continua viva após a morte ou você acredita que, uma vez morto, não exista mais nada? Você perdeu tempo refletindo sobre essas questões? Você conversou com os outros a respeito?

O próximo passo é escrever seu próprio discurso fúnebre. O que você gostaria que as pessoas dissessem a seu respeito no seu funeral ou no serviço em memória da sua morte? Que palavras você gostaria que fossem gravadas no seu túmulo? De que maneira você gostaria que seus filhos lembrassem de você depois da sua morte? De que maneira os outros irão lembrar de você? Essas questões podem ajudá-lo a melhor articular a sua "missão" na vida. O que você precisa fazer para alcançar o máximo em termos de autorrealização, amor e iluminação? Quais são os potenciais que só você possui? De que modo você pode realizá-los? Existe alguém com quem você possa falar para encontrar as respostas para perguntas de caráter tão fundamental?

Por último, escreva o seu testamento. Isso é algo que todos tendemos a postergar até ser demasiado tarde. Mas escrever um testamento é um exercício valioso: você irá adquirir maior consciência sobre a inevitabilidade da morte, e também terá a oportunidade de avaliar as coisas que são importantes na sua vida e decidir como você gostaria que fosse feita a divisão dos seus bens, para quem você os daria.

A maioria das pessoas que realizam essa tarefa saem dela mais conscientes sobre as possibilidades da vida, preparados para repensar sobre como viver suas vidas de maneira mais completa. É possível que tais questões também espalhem luz sobre as mudanças que você precisa fazer no seu modo de vida a partir do presente momento. É importante que você viva a vida: como diz o velho ditado escocês, você já está morto faz tempo.

Se for aberto e honesto quanto às questões propostas, você será capaz de chegar a um profundo entendimento e à aceitação da morte. Além disso, quando você compartilha esse tipo de informação com sua família, seus amigos ou outras pessoas de quem você goste – não importa quão desconfortável isso seja de início – será possível desenvolver relacionamentos até mesmo de maior significado. A abertura permitirá que você abrace a morte, vivendo a vida de forma mais integral e aprendendo com aqueles que estão se aproximando do fim de suas vidas. Quando você compartilha com os outros coisas que realmente possuem significado para você, os outros se sentem encorajados a se abrirem, o que forja vínculos mais íntimos.

O fato de enfrentar a morte como afirmação da vida resulta em maior reverência pela vida humana. A negação da nossa mortalidade encontra-se, muitas vezes, na raiz da desvalorização da vida humana. Se nos identificamos com a nossa humanidade, enfrentamos também a nossa fisicalidade animal – o fato de estarmos hospedados em corpos que sofrem declínio e que irão perecer algum dia. Enquanto estivermos no corpo físico, há muito a ser reverenciado na jornada empreendida pelo homem. Precisamos aprender a dominar nossos medos, a apropriarmo-nos do dia e a fazer o máximo dos momentos que vivemos. Há muito a ser dito sobre o modo como melhor explorar a vida, a beleza e as realizações humanas, e é importante viver a vida sem guardar remorsos.

A PRÓXIMA GRANDE AVENTURA?

Mesmo que você leve a sério a tarefa proposta, ainda será duro para muitos de nós vencer a maior fraqueza humana: a relutância psicológica que demonstramos para aceitar a verdade inexorável de que sofreremos uma desintegração e um declínio pessoal. O *insight* de Sócrates continua a ser um enorme desafio: "Porque o medo da morte, senhores, não é nada mais do que pensar que se é sábio, quando não se é; pois é pensar que se sabe aquilo que não se sabe. Ninguém sabe se a morte pode provar ser uma das maiores bênçãos para o ser humano."

Seria interessante imaginar um mundo sem a presença da morte, não seria? Quão atrativo ele seria? Qual seria o seu aspecto negativo? Se pensarmos sobre isso mesmo que sem muita seriedade, perceberemos que a morte é condição essencial da vida, e não necessariamente um malefício. Mark Twain afirmou certa vez: "Quem quer que tenha vivido o suficiente a ponto de chegar a descobrir o que a vida é, sabe a dívida de gratidão que temos para com Adão, o primeiro grande benfeitor da nossa raça. Ele trouxe a morte para o mundo."

Existe uma velha lenda árabe intitulada *Encontro em Samarra**, na qual a Morte conta a história relatada a seguir. Havia um mercador em Bagdad que mandou seu servo comprar víveres no mercado. Não demorou muito e o servo voltou,

---

* N. de T. Samarra é uma cidade do Iraque situada a cento e poucos quilômetros a norte de Bagdad, às margens do Rio Tigre, declarada Patrimônio da Humanidade pela Unesco; possui importância histórico-cultural e conta com um importante sítio arqueológico.

pálido e trêmulo, e disse: "Mestre, agorinha mesmo no mercado fui empurrado por uma mulher na multidão e, quando me virei, vi que era a Morte quem me empurrara."

"Ela me olhou e fez um gesto ameaçador. Agora, Senhor, me empreste o seu cavalo e eu deixarei esta cidade para evitar o destino que me espera. Irei para Samarra, onde a Morte não poderá me encontrar."

O mercador emprestou-lhe o seu cavalo. O servo montou nele, cravou suas esporas nos flancos do animal e saiu galopando na velocidade que o cavalo conseguia alcançar. Então o mercador desceu até o mercado e me viu de pé na multidão. Ele veio até mim e disse: "Por que você fez um gesto ameaçador para o meu servo ao vê-lo esta manhã?"

"Não foi um gesto de ameaça", disse eu, "eu estava tomada de surpresa. Fiquei assombrada de vê-lo em Bagdad, pois tenho um encontro marcado com ele hoje à noite em Samarra."

Como essa história deixa claro, ninguém pode controlar o destino; só existe o agora, e só existe o aqui. Muitas vezes nos deparamos com nosso destino no caminho que tomamos para evitá-lo. Há um provérbio ídiche que diz: "Se um homem está destinado a se afogar, ele vai se afogar, mesmo que seja em uma colher cheia de água." Aquilo que está escrito, achará um jeito de acontecer. Os limites entre a vida e a morte são, na melhor das hipóteses, vagos e obscuros. Talvez o medo da morte prove, por fim, ser pior do que a própria morte. O romancista norte-americano do século XIX Nathaniel Hawthorne escreveu: "Algumas vezes nos damos por felizes de poder acordar de um sonho ruim – talvez seja assim o momento após a morte." A certeza da morte é, algumas vezes, amenizada pela incerteza. Considerando-se tudo o que sabemos, a morte será a próxima grande aventura.

Epílogo: A Busca Pela Autenticidade

A felicidade da sua vida depende da qualidade dos seus pensamentos.
Marco Aurélio

Terra dos desejos do coração,
Onde a beleza não fenece, o declínio não vira uma torrente,
E onde o deleite está na sabedoria, e o tempo é canção da infinitude.
William Yeats ("The Land of Heart's Desire")

A arte da sabedoria é a arte de saber o que ignorar.
William James

Quando você deixa de prestar a sua contribuição, você começa a morrer.
Eleanor Roosevelt

E isto acima de tudo: sê fiel a ti mesmo
Assim, tão naturalmente como à noite se segue o dia,
Não serás falso para com ninguém.
Shakespeare (Hamlet, ato 1, cena 3)

A redação dos presentes artigos foi resultado de um aprendizado feito com base na experiência – e da capacidade de imprimir um sentido às experiências vividas. Sem uma exposição prática – sem as contribuições prestadas por meus alunos e clientes – não teria sido possível escrever os artigos. "Práxis" é uma palavra de origem grega que significa ação embasada na reflexão, ou um aprendizado fundamentado naquilo que fazemos. Os educadores empregam a palavras práxis para descrever o processo cíclico de aprendizagem vivencial, segundo o qual elege-se uma teoria, lição ou habilidade para ser colocada em prática. A prática implica a aquisição de conhecimentos tácitos, aquele tipo de conhecimentos que se incorporam às experiências pessoais e que não pode ser transferido de modo eficaz sem que haja uma interação pessoal.

A prática é importante para mim, no sentido de que aprendo ao refletir sobre minhas próprias experiências. Em meus esforços para transformar os executivos em praticantes acostumados a parar para refletir, as perguntas importam mais que as respostas. Em minha interação com os executivos, aprendo ao ter de lidar com determinado problema, pergunta, dilema ou desafio. Mas, como professor, o que se espera, muitas vezes, é que eu faça asserções corajosas e afirmações confiantes, porque elas transmitem um sentimento de maestria e domínio (e certeza) sobre o mundo ao nosso redor. Infelizmente, por mais heroicas que soem essas palavras, não é um modo que favoreça a aquisição de conhecimentos para os meus alunos e nem para mim. Aprendo principalmente quando trato de perguntas intrincadas, questões para as quais não tenho respostas prontas. As perguntas forçam uma maior profundidade de pensamento e uma reflexão. Elas são um convite ao diálogo. As perguntas são uma via real para os *insights* e para o fomento do aprendizado. Em contrapartida, tratar apenas das respostas é um prelúdio para o bloqueio do processo de aprendizado.

SER AUTÊNTICO

Depois de ter escrito os presentes capítulos, percebi a importância da autenticidade na minha própria vida e na vida dos outros. Pude ver como é fácil para alguém seguir a rota que conduz à ilusão e à autodecepção. Enganar a si próprio – como muitos aprenderam de forma árdua – não é algo capaz de se sustentar a longo prazo. Mentimos mais alto quando mentimos para nós mesmos. Mas, se não falarmos a verdade a respeito de nós, como poderemos ser verdadeiros com outras pessoas? Como poderemos tratar das importantes questões existenciais discutidas nestes capítulos?

Citando Nathaniel Hawthorn mais uma vez: "Nenhum homem consegue, por um período considerável de tempo, mostrar uma face para si mesmo e outra para a massa, sem, por fim, ficar desnorteado e não saber qual é a sua verdadeira face." Adotar uma máscara, não ser verdadeiro para consigo mesmo, exige um alto preço. O problema de não ser autêntico é que, não importa o que digamos ou façamos, isso vai voltar e nos atormentar como se fosse uma assombração. A falta de autenticidade vai nos dar uma façada nas costas. Como disse o romancista norte-americano Mark Twain: "Se você disser a verdade, você não precisa lembrar de nada." Se não formos honestos conosco, como poderemos ser honestos com outras pessoas?

Para mim, ser autêntico implica ser honesto, verdadeiro comigo mesmo e com os demais, viver de forma integrada com meus próprios valores e princípios, e experimentar um senso de significado naquilo que estou fazendo. A autenticidade implica uma disposição de aceitar quem eu sou e de não tentar se fazer passar por outra coisa ou por outra pessoa. A autenticidade significa não só confiar nos meus pontos fortes como também encarar meus pontos fracos e ser paciente com as minhas falhas. Ela envolve ter a coragem de dizer como são as coisas, de dizer não, de encarar a verdade, e de fazer a coisa certa porque isso é o correto. Ser autêntico também significa ser capaz de estabelecer limites. Fazer tudo, seja para agradar aos outros, seja para impedir que os outros fiquem chateados comigo, não é ser autêntico. A autenticidade também acarreta ver os outros não como uma extensão de mim mesmo mas como indivíduos dotados dos seus próprios direitos e merecedores de respeito. A autenticidade também significa abandonar as coisas falsas da vida, as coisas desprovidas de qualquer significado. Trata-se de ser genuíno, de não ser um ator, de não vestir uma máscara.

É essa autenticidade que torna a história de Sophie Scholl e do movimento da Rosa Branca tão memorável. Muitas pessoas na Alemanha sabiam o que o movimento nazista realmente significava; sabiam que a guerra estava perdida e que Hitler estava se iludindo com a possibilidade de vencê-la; mas elas permaneceram caladas. Mas não Sophie e os seus colaboradores. Eles tiveram a coragem de agir, mesmo estando plenamente cientes do terrível preço que talvez tivessem de pagar por suas ações. Eles reconheciam que havia tempo para o silêncio e tempo para a ação. Sabiam que palavras sem atitudes não passam de meras alucinações.

Se a autenticidade está assentada no nosso íntimo, ela afeta todas as nossas interações, como um diamante que risca outras pedras preciosas. Quando somos autênticos, inspiramos confiança nos outros. Elevamos o espírito daqueles que nos cercam. Somos amigos capazes de demonstrar empatia e de escutar com atenção. Ao mostrarmos uma genuína preocupação com os outros, oferecemos "acolhimento" e criamos um "ambiente *holding**", aquele lugar seguro que ajuda as outras pessoas a lidarem com o conflito e com a ansiedade. Somos bons para com os outros, nutrindo um espírito de generosidade, ao mesmo tempo em que somos humildes quanto aos nossos esforços. Se não estivermos em paz, como poderemos encontrar ou compartilhar a paz em outro contexto? Se não tivermos confiança em nós mesmos, como seremos capazes de servir de inspiração para outras pessoas?

A sinceridade reside no âmago da autenticidade. Se somos autênticos, somos dignos de confiança, e abominamos a hipocrisia em nós mesmos e nos outros. A autenticidade possibilita a confiança: a confiança que depositamos em nós mesmos nos permite confiar nos outros e estabelecer relacionamentos repletos de significado. A confiança também nos dá coragem para sustentarmos nossas convicções em situações difíceis, e nos auxilia no sentido de nos mantermos fiéis aos nossos valores e às nossas crenças. Se somos autênticos, somos a personificação da resistência e da perseverança; não somos bandeiras soltas ao vento, que mudam conforme cada influência que se apresenta. Qualquer um é capaz de comandar um barco quando o mar está calmo. É no mar agitado que o verdadeiro timoneiro – o indivíduo autêntico – aparece. Como a adversidade é uma grande escola, o perigo é o sustentáculo sobre o qual se constrói a autoconfiança.

À medida que empreendemos a busca pela autenticidade no nosso íntimo, é importante percebermos que, se nos acharmos em uma trilha limpa, sem obstáculos, estaremos provavelmente em um beco sem saída. As maiores lições não são aprendidas por meio do sucesso, mas sim por meio do fracasso. Quando conseguimos vencer as dificuldades, nos fortalecemos para lutas futuras. A autenticidade aumenta a nossa coragem de sermos diferentes. E somos verdadeiramente testados em nossa coragem quando nos encontramos em minoria. Como somos animais sociais, frequentemente temos dificuldade de ser independentes nas nossas opiniões. Conforme afirmou o dramaturgo Henrik Ibsen: "O homem

---

* N. de R. T.: *Holding environment*, expressão usada por Donald Winnicott para definir o ambiente físico entre a mãe e o bebê que permite ou não que a criança desenvolva autonomia.

mais forte do mundo é aquele que se mantém sem a ajuda de ninguém." Embora talvez não sejamos capazes de nos erguermos com a mesma coragem de Sophie Scholl, todos passamos por situações em que somos chamados a fazer tudo sozinhos. Quando seguimos os ditames da nossa mente e do nosso coração e fazemos aquilo que acreditamos ser o correto, desagradamos algumas vezes àqueles a quem gostaríamos de contentar. E, quando aquilo em que acreditamos tão piamente prova ser um erro, precisamos reunir a coragem para admitir que estávamos errados.

A autenticidade implica fazer coisas que tenham sentido para nós e que façam com que nos sintamos úteis. Infelizmente, muitas pessoas passam pela vida sem identificar nela qualquer sentido e sem conseguir perceber nela um senso de utilidade. Eles são como os sonâmbulos, mesmo quando estão ocupados fazendo coisas que julgam ser importantes. Isso acontece quando buscamos algo desprovido de sentido. Só vivemos de verdade quando temos uma razão para viver. Conforme afirmou certa ocasião Carl Jung: "A mais ínfima coisa dotada de um significado tem mais valor na vida que a maior de todas as coisas sem sentido." Como aventado no debate sobre os sistemas de imortalidade, necessitamos de algo em que acreditar, algo com o que sejamos realmente capazes de nos entusiasmar. Precisamos sentir que somos necessários neste mundo, que contribuímos para algo.

À PROCURA DE UM SIGNIFICADO

Uma vida desprovida de significado é uma vida vazia. Precisamos transcender os sentimentos de tédio, desconexão e alienação – tão familiares nessa era de conveniências e abundância. Conseguimos chegar à transcendência quando formamos um elo de ligação com algo maior do que nós mesmos.

O romancista e ativista político Elie Wiesel declarou que "nossa obrigação é dar um significado à vida e, ao fazê-lo, superar uma vida de passividade e indiferença". O poeta espanhol Pedro Calderon de la Barca corrobora: "Mesmo em sonho, o bem que se faz não é inútil." A procura da bondade, a busca de um significado, deixa em nós uma sensação agradável ao acordar pela manhã, motivando-nos a prosseguir. Pela minha experiência, as pessoas mais felizes são aquelas que fazem um esforço consciente no sentido de viver vidas plenas de significado. Elas não são aquelas pessoas cuja vida é uma festa ambulante, que tentam afogar sua latente depressão em contínuas atividades e celebrações carentes de sentido. Tal tipo de comportamento apresenta uma pseudoqualidade. A verdadeira felicidade se baseia em um sentimento de paz interior que advém da crença de que nossas vidas têm significado porque estamos fazendo o bem para os outros. Seremos capazes de dar o melhor de nós e seremos mais felizes se nos engajarmos por completo em um trabalho que nos dê satisfação, trabalhando para atingir uma meta que tenhamos estipulado para nós mesmos.

O significado não é algo que nos ocorra de repente. É preciso construí-lo em nossa vida. Embasado na história da nossa formação, o significado é algo que deriva de experiências mais significativas que tenhamos feito durante a nossa existência; ele integra a rede de relacionamentos que construímos ao longo do tempo; ele depende dos nossos talentos e das nossas habilidades; ele se constrói com base nas coisas que nos fazem sentir vivos. Mas depende de nós criar, a partir de tais ingredientes, um coquetel criativo dotado de significado para nós. Afinal de contas, todos os significados dependem da interpretação que se faz dos mesmos.

Na procura de um significado para a existência, o que estamos realmente almejando é o sentimento de estarmos vivos. Queremos que nossas experiências, a realidade externa, entrem em ressonância com a nossa realidade interna. Só conseguiremos obter significado quando houver uma consistência entre nossos valores, nossos comprometimentos e outros elementos importantes que integram o conceito que temos de nós mesmos. Conforme escreveu Michel de Montaigne, o humanista e filósofo renascentista: "A maior e a mais gloriosa obra-prima da humanidade é saber viver com um propósito."

Thomas à Kempis, o monge católico romano da Renascença, contou a história de um discípulo que reclamou a seu mestre que "o senhor nos conta histórias, mas nunca revela o significado delas". O mestre respondeu: "Você iria gostar se alguém lhe oferecesse uma fruta e então a mastigasse antes de dá-la a você?" Como o discípulo, nosso desafio é extrair significado das experiências cotidianas. Nós é que temos de fazer isso. Não se começa pelo significado; conclui-se com um. O verdadeiro significado da vida talvez seja plantar árvores sob a sombra das quais temos consciência de que jamais sentaremos.

A autenticidade e a nossa procura por um significado são irmãs gêmeas. Como reza o ditado: "Diga aquilo que você quer dizer, queira dizer aquilo que você diz." Nada faz sentido, a não ser que você atribúa um significado às coisas. E só se pode encontrar a felicidade em presença de um significado. Nos capítulos que versam sobre a felicidade, foi feita menção à teoria grega sobre a autorrealização – o *eudemonismo*. Embora o substantivo seja geralmente traduzido como felicidade, talvez fosse mais adequado, se bem que menos eficiente, traduzi-lo como "os sentimentos que acompanham um comportamento compatível com o verdadeiro potencial de alguém". O *demon* contido em *eudemonismo* – "espírito" – significa aquele que luta para imprimir direção e dar significado às nossas vidas.

A educadora Helen Keller disse certa vez que "muitas pessoas têm uma ideia equivocada sobre aquilo que constitui a verdadeira felicidade. Ela não é alcançada por meio de uma autogratificação, mas por meio da fidelidade a um propósito considerado de valor." Ela sabia disso melhor que a maioria das pessoas, por ter crescido cega e surda em função de uma séria doença que tivera na infância. Por meio dos seus próprios esforços heroicos, e daqueles da sua professora, Anne Sullivan, que tinha conseguido se curar de uma cegueira parcial, Keller aprendeu a ler e a escrever em braille. Quando adulta, dedicou a vida a ajudar cegos e surdos. Os muitos livros de sua autoria serviram de base para a peça de William Gibson, *O Milagre de Anne Sullivan*, que foi agraciada com o prêmio Pulitzer e, mais tarde, transformada em um longa-metragem. Hellen Keller viajou pelo mundo promovendo a causa de pessoas afligidas por males parecidos. Seu grau de espiritualidade, abnegação, coragem e perseverança serviram de inspiração para muitos, bem como seu nível de civilidade, compaixão e cuidado. Tais traços também foram de serventia para ela mesma, contribuindo para sua autoestima e sua saúde emocional.

A maioria de nós gostaria de ser lembrada em função de ter dado o melhor de si para ajudar os outros. Em minha própria jornada pessoal, por intermédio do trabalho realizado junto a líderes de organizações, busco encontrar um significado ajudando os outros a desenvolverem seu pleno potencial, atuando como um guia na jornada íntima empreendida por eles e encorajando-os a atualizarem suas forças e a enfrentarem suas limitações. Gosto de orientá-los nas suas transições. Quero que as pessoas estejam conscientes de que a saúde mental é resultado de uma escolha própria. Não é algo que nos seja dado. Quero que as pessoas se apossem das suas próprias vidas, que não sejam manipuladas pelos outros. Quero ajudar as pessoas a encontrarem um considerável nível de equilíbrio em suas vidas. Minha esperança é que, quando pessoas em posições de liderança se comprometam com tais objetivos, elas passarão a influenciar de forma positiva as organizações que gerenciam. Modestamente, estou buscando prestar uma contribuição no sentido de se criar organizações nas quais as pessoas descubram um propósito, tenham o senso do todo, percebam a si mesmas como vivas e inteiras, tenham oportunidades de aprender e de crescer, e acreditem que elas são capazes de fazer uma diferença. Algumas vezes, ouso esperar que (quem sabe?), com certa modéstia, a criação de tais organizações – locais em que haja justiça para todos e onde a injustiça seja abominada – venha a contribuir para uma sociedade melhor.

Encorajo os executivos a criarem aquilo que chamo de organizações "autentizóticas", uma descrição que inventei pela junção de duas palavras gregas, *authenteekos* (autenticidade) e *zoteekos* (essencial para a vida). A autenticidade implica que uma organização ofereça aos seus integrantes uma qualidade conectiva de peso por meio da visão, missão, cultura e estrutura organizacionais. Em outras palavras, ela consegue gerar significado para as pessoas que ali trabalham. No contexto organizacional, *zoteekos* descreve de que maneira as pessoas são revigoradas pelo trabalho que desenvolvem. O termo se aplica a organizações que permitam a autoassertividade no local de trabalho e que criem sentimentos de eficácia e competência, autonomia, iniciativa, criatividade, espírito empreendedor e industriosidade – organizações nas quais as pessoas normalmente se sentem felizes. É natural que as empresas dotadas de um propósito mais elevado do que meramente ganhar dinheiro contem com maior credibilidade e com um suporte meritório. E, por mais irônico que pareça, as empresas capazes de gerar significado talvez sejam também mais rentáveis, em função do maior comprometimento dos seus empregados. É impossível levar uma grande vida, a não ser que seja uma vida dotada de significado. E é muito difícil que a vida seja dotada de significado se o trabalho não for também dotado de significado.

Uma das pessoas que explorou mais exaustivamente a busca que a humanidade empreende para encontrar significado foi o pai da logoterapia, Victor Frankl. Ele se valeu das experiências que passou em um campo de extermínio nazista para demonstrar que, quando o enfoque recai sobre as razões existentes por trás de determinada situação, e não no resultado, é mais provável que a pessoa consiga sobreviver, mesmo em meio a circunstâncias estarrecedoras. Na época em que Frankl esteve detido em alguns dos campos de extermínio, ele observou que os sobreviventes demonstravam ter a capacidade de transcender o sofrimento encontrando um significado na vida, apesar das miseráveis circunstâncias em que se encontravam. O nível de apatia e o índice de mortandade eram menores dentre os presos que conseguiam manter um propósito de vida e de morte. As observações de Frankl referentes ao comportamento das pessoas em circunstâncias extremas nos ajudam no sentido de melhor entender como o significado reforça nosso sentimento de autoestima e apoia a nossa autoafirmação. Frankl também alegou que todos os indivíduos têm uma propensão inata a buscarem um sentido para a sua existência.

O trabalho de vida de Frankl foi advogar que a primeira força motivacional da humanidade é a busca por um significado e um propósito. Ele propôs que as pessoas não saíam realmente em busca da felicidade; e sim que elas buscavam razões para serem felizes. Se tentassem extrair o melhor de uma determinada situação, achar um sentido mesmo diante das circunstâncias mais implacáveis, elas conseguiram alcançar a satisfação. Segundo Frankl, quando se impede que alguém se conecte ao desejo de achar um sentido, o resultado é uma tremenda frustração, capaz de, com o tempo, levar a um colapso mental.

Frankl também promoveu um sentimento de "otimismo trágico", a capacidade de transformar o sofrimento em uma realização, de lutar por melhorias, não importando quão ruim as coisas pareçam estar, de se motivar (apesar da natureza transitória da vida) no sentido de ter uma ação responsável. Expresso segundo suas próprias palavras: "O homem que se torna ciente da responsabilidade que possui para com um ser humano que espera por ele com carinho ou da responsabilidade para com um trabalho por terminar, nunca será capaz de jogar fora a sua vida. Ele sabe o 'porquê' da sua existência e será capaz de suportar quase que qualquer 'como'." Segundo Frankl, se não tivermos encontrado um sentido, acabamos entrando em um vazio existencial; sofremos de "experiências abissais" e simplesmente desistimos. Para nossa saúde mental, precisamos sentir que a vida tem um propósito e que o estamos realizando em conformidade com os nossos valores, comprometimentos e outros aspectos importantes relativos ao nosso senso de identidade própria. Assim, um determinado senso de diretividade e intencionalidade, não importa a forma que venha a assumir, ajuda a construir e manter nosso equilíbrio mental. É – como foi dito nos capítulos que versavam sobre a morte – um meio para se criar a imortalidade.

É possível encontrar significado em tudo aquilo que existe ao nosso redor. Pode-se descobrir um sentido nos relacionamentos, no trabalho, em uma boa causa, e até mesmo nas crenças religiosas. O que todas essas fontes de significado têm em comum é a motivação para transcender o interesse restrito a si próprio em favor do engajamento em algo de escala mais substancial. Enquanto as pessoas egoístas se preocupam em alcançarem o topo, as pessoas abnegadas tentam levar a felicidade para os outros – e investem a sua própria felicidade nisto. Como as pessoas engajadas em um comportamento mais altruísta demonstram ter um melhor sentimento a respeito de si e do mundo, é possível reenquadrar o comportamento altruísta – eis o paradoxo – para que ele atue em favor do próprio autointeresse de alguém.

A MOTIVAÇÃO ALTRUÍSTA

O que é o altruísmo? Ele se deriva da palavra latina *alter* (o outro), e o termo se traduz literalmente como "outrismo". De acordo com o filósofo francês Auguste Comte, que cunhou o termo há cerca de 150 anos, o altruísmo é uma devoção para o bem-estar dos outros, baseada em uma completa abnegação. Pode-se compreender o altruísmo como um estado emocional cujo objetivo é a melhoria no bem-estar de outra pessoa. Os altruístas ficam felizes quando os outros se desenvolvem, e tristes quando eles sofrem. O ato verdadeiramente altruísta deve ser isento de interesses próprios, como uma espécie de transcendência do sacrifício próprio.

Por que nos engajamos em comportamentos altruístas? Por que ajudamos os outros? Existe uma resposta de caráter muito utilitário para essa pergunta, que é a de que ajudamos os outros porque não temos escolha, porque é isso o que se espera de nós, porque é em nosso próprio interesse. Talvez façamos um favor a alguém porque queremos garantir que o relacionamento dure ou porque esperamos receber um outro favor em troca. O elo de reciprocidade é um padrão humano universal que desempenha um importante papel em todos os tipos de sociedade humana.

Surge uma interessante pergunta quando se procura saber se nossa ajuda é sempre e unicamente motivada pela perspectiva de obtermos algum tipo de benefício, não importa o quão sutil. Por exemplo, o parentesco é provavelmente o elo de ligação mais básico e mais amplamente disseminado entre os seres humanos. A maioria de nós demonstra bondade para com os pais, o cônjuge, os filhos e os amigos. Em geral, tendemos a ser extremamente bons, muito altruístas, em relação às pessoas mais próximas. A predisposição de proteger os interesses da própria família, e não os da comunidade em geral, é uma tendência que persiste no comportamento humano, em função de boas razões evolucionistas e biológicas.

Mas, seriam as pessoas capazes de transcender os limites do parentesco e do interesse próprio e dar uma mão em prol do bem-estar dos outros em função de uma genuína preocupação, sem maiores compromissos? É possível alguém se engajar na realização de atos altruístas esperando sinceramente que eles passem desapercebidos? Ou sempre fazemos o que quer que façamos em função de motivos egotistas?

O fato de existir ou não o verdadeiro altruísmo tem sido objeto de expressivos debates. A visão que prevalece entre os biólogos e psicólogos é que, no fundo, somos puramente egotistas; nos preocupamos com os outros só até o ponto em que o bem-estar deles afeta o nosso. Tudo aquilo que fazemos, não importa quão nobre e benéfico seja para os outros, está, na verdade, voltado para o objetivo de obter benefício próprio. Como só se pode afirmar que as ações de uma pessoa sejam altruístas quando elas estão completamente isentas de todo e qualquer motivo egoísta, tão logo as pessoas comecem a ponderar sobre seus próprios benefícios, elas deixam de agir de forma altruísta. E como sempre teremos – não importa o que façamos – motivos um tanto egotistas, o verdadeiro altruísmo não existe.

É claro que algumas formas de egotismo são muito óbvias, como quando recebemos dinheiro ou reconhecimento por algo que fizemos. Mesmo que as recompensas não sejam tão evidentes, podemos, ainda assim, observar alguns benefícios. Por exemplo, se vemos uma pessoa com problemas, isso pode nos causar aflição. Apesar de um ato parecer ser puramente altruísta, o fato de ajudar aquela pessoa pode ser visto como um instrumento para aliviar a infelicidade que sentimos. Além disso – como mais um motivador "egoísta" – é possível que tal ajuda nos dê um sentimento de sermos bons e virtuosos, à medida que nos comparamos com aqueles que nada fazem para ajudar. Com base em interpretação tão restrita daquilo que constitui um ato altruísta, talvez exista um componente de egoísmo emaranhado até mesmo no comportamento das Madres Teresas deste mundo.

É possível que toda essa meticulosidade a respeito do que seja egoísta e do que seja abnegado constitua um excelente exercício para os cientistas sociais, mas será que realmente nos importamos? Para a maioria, o que nos motiva é algo de definição não muito clara. Muito do que fazemos talvez possua um componente encoberto de interesse próprio, mas isso não significa que fazer algo visando o benefício de outra pessoa não seja parte do repertório do animal humano. A maioria de nós apresenta uma mistura de motivos egoístas e abnegados em nossas atitudes.

Recorrendo a mais um exemplo pessoal, durante a Segunda Guerra, meus avós e minha mãe cuidaram de muitos "*onderduikers*", (pessoas que fugiram por longos períodos a fim de evitar serem enviadas para os campos de extermínio). Quando eles aceitaram essas pessoas, será que estavam pensando: "Se eu ajudar essas pessoas agora, talvez elas façam algo por nós mais tarde, quando a guerra terminar?" Estariam eles demonstrando sua bravura para outras pessoas do vilarejo? Teria atravessado suas mentes o pensamento de que – em função dos atos que haviam praticado – havia uma possibilidade de virem depois a serem louvados pelo estado de Israel? Não há como lhes perguntar agora o que teria passado pelas suas mentes quando decidiram tomar uma posição – mas, tanto quanto sei, considerando-se as histórias que me contaram quando eu era pequeno, duvido que a motivação deles tivesse a ver com qualquer um desses pensamentos. Com base naquilo que me foi contado, eles salvaram essas pessoas porque sentiam que *era a coisa certa a se fazer*. Eles demonstraram ter compaixão suficiente para dar-lhes abrigo e comida, mesmo que isso significasse arriscar as suas próprias vidas. Eles fizeram aquilo porque ajudar os outros, naquelas circunstâncias, era importante para eles. De fato, os membros da minha família receberam, por fim, do estado de Israel, o título honorífico de "Gentios Moralmente Corretos", mas, naquela época, minha mãe era a única que ainda estava viva.

É óbvio que os seres humanos algumas vezes ajudam os outros visando ganhar algo em troca; seja uma autoestima positiva, o reconhecimento dos seus pares, o alívio do estresse de ver os outros sofrendo ou até mesmo conseguir evitar a culpa que sentiriam mais tarde caso não ajudassem. Mas a verdade é que os seres humanos ainda ajudam outras pessoas às custas do seu próprio bem-estar. Algumas vezes, eles ajudam mesmo quando não há uma recompensa aparentemente possível pára o seu comportamento. Algumas vezes, ajudam porque isso faz com que se sintam melhor. Algumas vezes, ajudam porque ficam felizes ao ver outras pessoas felizes. Algumas vezes eles, ajudam porque isso confere sentido às suas vidas.

O financista George Soros é exemplo de um indivíduo que trilhou um longo caminho para descobrir um significado em comportamentos altruístas. Soros nasceu em Budapeste, filho de uma próspera família judia, mas sua infância foi abalada pela invasão nazista da Hungria. A família foi para o interior, a fim de escapar dos campos de extermínio. A erradicação da sua família deixou uma marca em Soros pelo resto da vida. Eles se mudaram para Londres, onde Soros optou por estudar filosofia. Em função de motivos de ordem prática, ele abandonou seus planos de se tornar filósofo e entrou para um banco mercantil. Com o tempo, estabeleceu seu próprio fundo de investimentos, que obteve extremo êxito e assim permaneceu durante muitos anos. Em vez de reter todos os ganhos para si, Soros empregou uma quantia generosa dos lucros de investimento para formar uma rede de organizações filantrópicas. Muitos dos trabalhos desenvolvidos pelas várias fundações Soros estão voltados para a Europa ocidental – a começar pela Hungria – onde ele distribuiu bolsas de estudo, forneceu assistência técnica e ajudou na modernização de empresas e escolas. A forma como encontrou um sentido para a vida foi por meio da construção de democracias estáveis naqueles países.

Acredito piamente que nosso sentimento de bem-estar aumenta quando distribuímos felicidade com um altruísmo ativo. De todas as pessoas que entrevistei, as que estavam envolvidas em atividades de voluntariado relataram um sentimento de maior bem-estar ao empreender seu projeto particular de voluntariado; elas se sentiam mais vivas e energizadas. Segundo o relato, as atividades de voluntariado preenchiam uma sensação de vazio interno – o preço que muitos pagam por um individualismo desenfreado. Somos mais felizes quando estendemos a mão e ajudamos os outros, mudando de comportamento, passando do individualismo para o exercício da boa cidadania.

O filósofo estoico Epiteto afirmou que "todos os seres humanos aspiram ter uma vida feliz, porém muitos confundem os meios para se obtê-la – por exemplo, a riqueza e o *status* social – com a própria vida que tanto almejam. O equívoco de enfocar nos meios para se chegar a uma vida boa faz com que as pessoas acabem por se afastar de uma vida repleta de felicidade. De real mérito são as atividades virtuosas que engendram uma vida feliz, e não os meios externos que parecem ser capazes de produzi-la." O encontro de significado por meio de ações altruístas que superem o individualismo desenfreado reúne as pessoas, ajudando-as a se sentir parte integrante da comunidade humana e permitindo que elas se sintam bem a respeito de si próprias. Leo Tolstoy sustentou que "o único propósito da vida é servir à humanidade". As pessoas que trabalham para a Cruz Vermelha, para o Fórum Econômico Mundial ou para a *Médicos sem fronteiras* demonstram ter tamanho comprometimento com seu trabalho que é muito difícil encontrar algo que se equipare a isso. Elas irradiam um senso de responsabilidade, educação e civilidade, acreditando que a contribuição que prestam concorre para a criação de um mundo melhor. Seu trabalho lhes oferece profunda satisfação e felicidade. Não é aquilo que obtemos, e sim o tipo de pessoa que nos tornamos e o tipo de contribuição que prestamos que imprimem real significado às nossas vidas.

Não devemos nos esquecer de que o egotismo é um anestésico que ameniza a dor da estupidez. Talvez ele seja um tranquilizante eficaz, mas não diminui a tolice de se fixar em tal estratégia de vida. Os narcisas e os egotistas acabam solitários e infelizes. As pessoas centradas em si mesmas, com dificuldade de se aproximarem dos outros, encontram-se dentre as mais infelizes do mundo.

TER SABEDORIA

A autenticidade e a sabedoria são resultado de um aprendizado que é feito com base em muitas provações. Como diz o ditado: "Nenhum erro, nenhuma experiência; nenhuma experiência, nenhuma sabedoria." A sabedoria, em geral, só é encontrada em pessoas que passaram por experiências difíceis e que conseguiram superar os revezes da vida. Como observado pelo escritor francês Marcel Proust: "A sabedoria não nos é dada; precisamos encontrá-la por nossa própria iniciativa em uma jornada que ninguém pode empreender por nós nem nos poupar dela." O fracasso e a angústia abrem caminho para a obtenção de *insights*, e os erros são a ponte entre a inexperiência e a sabedoria. A derrota é, portanto, a pedra angular da sabedoria e um complemento da autenticidade. E as recordações que nos são legadas pela derrota são um grande catalisador da reflexão acerca de nós mesmos.

A história de um famoso mestre zen-budista conta que ele foi abordado por um jovem monge interessado em se tornar seu discípulo. O mestre convidou o jovem para tomar chá. Depois do preparo do chá, o mestre começou a servi-lo na xícara do noviço. Mas, quando a xícara encheu, o mestre não parou. Ele continuou a servir, deixando que o chá derramasse. O noviço lhe perguntou porque ele estava fazendo aquilo. O mestre respondeu: "Sua mente é como esta xícara. Ela está explodindo de tão cheia. Ela não comporta nada novo. Não tenho como ensinar-lhe nada. Vá embora e volte depois de ter esvaziado sua mente um pouco." O narcisismo e o autoconhecimento raramente andam juntos. Para adquirir autoconhecimento e sabedoria, necessitamos de uma mente aberta; precisamos estar preparados para vivenciar coisas novas. Como diz o livro de provérbios: "A experiência é a mãe da sabedoria."

Ser autêntico e ter sabedoria são dinâmicas humanas intimamente relacionadas, que se reforçam e constroem mutuamente. As duas dão enfoque à nossa jornada existencial. E, se quisermos compreender a que se resume a vida, temos de encarar os fatos a nosso respeito, não importa quão desagradáveis possam ser. Estar preparados para olhar para dentro de nós mesmos é uma condição necessária para a aquisição da sabedoria. Conforme colocou o dramaturgo grego Ésquilo: "A sabedoria vem por intermédio do sofrimento." Só depois de compreender aspectos desagradáveis em nós mesmos é que podemos modificar e superar nosso lado negro. A sabedoria não nos chega só por intermédio da experiência, mas também por meio da reflexão sobre as experiências realizadas. No portão de entrada do templo de Apolo em Delfos, foram inscritas as palavras "Conhece a ti mesmo" – palavras que encontram repercussão ainda hoje.

A sabedoria implica um alto grau de operacionalidade pessoal e interpessoal. O psicanalista Erik Erikson vinculou a sabedoria à integridade e à generatividade (o desejo de cuidar dos outros). Ele esclareceu os diferentes desafios com os quais nos defrontamos em cada um dos estágios inerentes ao ciclo de vida humana com o objetivo de, à medida que a vida passa, alcançarmos um nível operacional cada vez mais elevado, identificando um grande número de traços que são essenciais para obtermos sabedoria. No projeto desenvolvido por Erikson, sabedoria implica preocupação com o bem-estar dos outros, afirmação das diferenças, tolerância frente às ambiguidades e aceitação das incertezas que nosso mundo acarreta. Acredito que ela também implique determinada capacidade de empatia e regularidade no estado de ânimo, uma habilidade para ouvir e compreender, e uma capacidade de discernimento e aconselhamento. Por fim, a sabedoria envolve maestria nas estratégias relativas à conduta e ao significado da vida, o conhecimento das obrigações e dos objetivos existenciais e certo grau de entendimento sobre a condição humana. Mas, no fim, conforme nos faz recordar Epiteto, a sabedoria se revela por meio das ações, e não da fala.

Não é sempre fácil aceitar o eu e a vida pregressa de uma pessoa. Todos possuímos uma grande capacidade de iludir a nós mesmos, uma estrutura singular de defesa composta por muitas resistências que precisam ser superadas à medida que passamos pelo processo de descoberta pessoal. Até sermos capazes de derrubar tais resistências e de entender a nós mesmos, não seremos realmente livres e não estaremos realmente vivos. A compreensão do nosso mundo interior é a chave para a conquista do mundo exterior – e para o alcance de um determinado estágio de sabedoria. Para conseguirmos fazer um bom julgamento das pessoas, necessitamos saber do que somos feitos.

Então, de que maneira é possível adquirir o autoconhecimento? Em períodos de maior religiosidade, as pessoas passavam muito tempo na igreja. A oração lhes dava oportunidade de refletir a respeito da vida e de fazer um balanço de vida. Porém, hoje em dia, não se vê tantas atividades religiosas estruturadas, embora momentos de quietude a sós conosco sejam tão importantes agora quanto eram no passado. Todos precisamos de tempo para uma autorrenovação e uma autorreflexão. Em função dos acontecimentos pessoais, necessitamos de um tempo só nosso, a fim de examinar o que estamos fazendo e de pensar sobre aquilo que é correto e bom para nós. Necessitamos de tempo para contemplar nossos pontos fortes e nossos pontos fracos, para dar corda à nossa imaginação e sonhar.

Nem sempre é possível chegar à autorreflexão por conta própria. O mais paradoxal é que, ao empreender uma busca por momentos de maior significado para nossa autorreflexão, talvez necessitemos de ajuda profissional. Talvez precisemos consultar alguém que ouça nossas ideias e fantasias, nos ajude a compreender nossos sonhos e devaneios, nos liberte quando nos encontrarmos em um círculo vicioso, nos auxilie a ver os elos de ligação mais importantes entre o passado e o presente, e nos guie em direção a um futuro melhor. Conversas de tal teor não nos deixam, em geral, muito à vontade. Como exigem uma ampla exposição de nós mesmos para outra pessoa, de um modo ao qual não estamos habituados, elas também requerem um alto grau de confiança. Mas a descoberta de alguém que nos acompanhe em nossa jornada de autodescoberta é capaz de pagar muitos dividendos em termos de crescimento pessoal, conscientização de alternativas e prevenção de erros capazes de nos assombrar posteriormente na vida.

Muitas pessoas sem coragem de se comprometer com uma jornada pessoal desse tipo adotam, em vez disso, o que descrevi antes como "uma defesa maníaca". Eles fogem da autodescoberta – e não conseguem parar de correr. Eles se iludem pensando que atividade é o mesmo que felicidade. Têm medo de que, se pararem de correr, perceberão o vazio de suas vidas. Embora o tempo seja curto, essas pessoas desperdiçam os anos em atividades despropositadas. Por que elas correm? Em direção a que estão correndo? Como Mahatma Ghandi comentou, certa ocasião, "há mais na vida do que aumentar a velocidade com que se vive". Para as pessoas que confiam no mecanismo de defesa maníaca, a maior parte da vida passa antes que eles saibam o que é a vida e qual é o seu sentido.

A menos que desejemos abrir mão da felicidade, precisamos lutar para obter sabedoria e nos recusar a sermos acometidos pela doença da pressa. Não podemos querer nos transformar em um daqueles desafortunados que descobrem que, como expresso nas palavras de John Lennon, "a vida é aquilo que acontece enquanto você está ocupado fazendo outros planos". Precisamos refletir sobre aquilo que é importante para nós e fazer um esforço para estabelecer prioridades correspondentes. Se optarmos por fazer aquilo que realmente nos dá prazer e por viver a vida a plenamente, temos uma chance muito boa de sermos felizes.

SENTIR O PERFUME DAS FLORES

Encontrar a felicidade não é como chegar em uma estação de trem. Não chegamos em um determinado lugar em um dia e nos sentimos cobertos de felicidade. Nenhum milagre acontece em função de chegarmos a um destino final porque não *existe* um destino final. Sempre haverá uma próxima parada. A felicidade está na maneira como empreendemos a viagem.

Uma outra história zen trata de uma mulher que ficara sabendo da existência de um vale encantado em um lugar muito distante, repleto de flores das mais lindas espécies. Ela decidiu ir a esse lugar e ver por ela mesma. Embora ela tivesse começado a jornada avidamente, ficou assombrada com a sua duração. Os dias se transformaram em semanas, as semanas em meses e os meses em anos. Por fim, totalmente exaurida, ela chegou à beira de uma floresta, onde havia um homem velho encostado em uma árvore. Ela disse: "Meu velho, estou viajando há mais tempo do que sou capaz de lembrar. Tenho andado à procura de um vale encantado, cheio de lindas flores. Por favor, o senhor poderia me dizer quanto ainda tenho de caminhar?" O velho respondeu: "O vale ficava bem ali atrás de você. Você não reparou? Você passou passou por ele vindo para cá."

Como a parábola ilustra, é importante que coloquemos o foco na nossa rota, no cenário e nos nossos companheiros de viagem, mais do que no nosso destino. Precisamos apreciar mais a jornada do que ficar contando impacientemente os quilômetros que cronometramos. Muitas pessoas passam a vida subindo em escadas só para descobrir que as apoiaram contra a parede errada. Precisamos dar valor às pequenas coisas, pois elas se revelam como sendo as grandes coisas no final.

Sócrates disse certa ocasião que uma vida que não é avaliada não vale a pena ser vivida. De forma análoga, poderíamos dizer que uma vida não vivida não vale a pena ser examinada. Se houver seriedade em nossa busca pela felicidade, por um sentido, pela sabedoria e por levar uma vida autêntica, temos de fazer com que a jornada valha a pena, apreciando cada momento dela. Para citar Marco Aurélio, o imperador filósofo: "Não é a morte que o homem deve temer, mas sim jamais começar a viver." Já é mais tarde do que pensamos.

O poeta romano Horácio escreveu uma dedicatória em forma de poema (Odes 1 – XI):

> Não pergunte – não podemos saber – que fim os deuses estipularam para você, para mim... É muito melhor suportar o que quer que venha, quer Júpiter nos garanta outros invernos, quer seja este nosso último inverno, que agora exaure o Mar da Toscana contra a barreira de despenhadeiros! Seja esperto, filtre o vinho; e, como a vida é breve, retome esperanças distantes! Neste instante mesmo em que estamos falando, uma quantidade invejável de tempo passou: aproveite o dia, esperando o mínimo possível do amanhã!

Carpe diem – aproveite o dia – pode ser um clichê, mas ele não é menos verdade hoje do que quando Horácio primeiro o escreveu. E, ao mesmo tempo, tome a estrada na qual você quer viajar. Muitas vezes me lembro da história do empresário que sempre prometia que um dia levaria os filhos para pescar. Mas ele sempre estava ocupado demais para fazê-lo. Um dia, passou uma procissão carregando um cadáver em frente à casa deles. "Aonde vocês acham que ele está indo?", perguntou o executivo a seus filhos. "Pescar", eles responderam.

BIBLIOGRAFIA

Apesar de eu ter evitado usar referências neste livro, abaixo encontram-se alguns livros e artigos que influenciaram minha escrita.

Argyle, M. (1987). *The Psychology of Happiness*. London: Methuen.
Argyle, M. (1997). "Is Happiness a Cause of Health?" *Psychology and Health, 12*, 769–81.
Batson, C. D. (1991). *The Altruism Question: Toward a Social-psychological Answer*. Hillsdale, NJ: Erlbaum.
Becker, E. (1973). *The Denial of Death*. New York: The Free Press.
Boothby, R. (2005). *Sex on the Couch*. New York: Routledge.
Bowlby, J. (1969). *Attachment* [vol. 1 de *Attachment and Loss*]. New York: Basic Books.
Bowlby, J. (1973). *Separation: Anxiety & Anger* [vol. 2 de *Attachment and Loss*]. New York: Basic Books.
Bowlby, J. (1980). *Loss: Sadness & Depression* [vol. 3 de *Attachment and Loss*]. New York: Basic Books.
Buss, D. M. (1994). *The Evolution of Desire*. (Revised edition). New York: Basic Books.
Chen, P. W. (2007). *Final Exam: A Surgeon's Reflections on Mortality*. New York: Albert A. Knopf.
Cousins, N. (1991). *Anatomy of an Illness*. New York: W. W. Norton.
Csikszentmihalyi, M. (1990). *Flow: The Psychology of Optimal Experience*. New York: Harper & Row.
Dawkins, R. (1976). *The Selfish Gene*. New York: Oxford University Press.
Dalai Lama (1998). *The Art of Happiness*. New York: Penguin Putnam.
De Unamuno, M. (1954). *The Tragic Sense of Life*. New York: Dover.
De Waal, F. (2006). *Our Inner Ape: A Leading Primatologist Explains Why We Are Who We Are*. New York: Riverhead Books.
Diamond, D., Blatt, S. J., and Lichtenberg, J. D. (2007). *Attachment and Sexuality*. New York: Routledge.
Ellis, A. (1954). *The American Sexual Tragedy*. New York: Twayne.
Erikson, E. H. (1963). *Childhood and Society*. New York: W. W. Norton & Society.
Fenchel, G. H. (2006). *Psychoanalytic Reflections on Love and Sexuality*. New York: University Press of America.
Fisher, H. (1992). *Anatomy of Love*. New York: Random House.
Frankl, V. (1962). *Man's Search for Meaning: An Introduction to Logotherapy*. Boston: Beacon Press.
Freud, S. (1911). Formulations on the Two Principles of Mental Functioning. In J. Strachey (Ed.), *Standard Edition of the Complete Psychological Works of Sigmund Freud* (vol. 12). London: Hogarth Press and the Institute of Psychoanalysis.

Freud, S. (1915). Thoughts for the Times on War and Death. In J. Strachey (Ed.), *Standard Edition of the Complete Psychological Works of Sigmund Freud* (vol. 14). London: Hogarth Press and the Institute of Psychoanalysis.

Freud, S. (1929). Civilization and its Discontents. In J. Strachey (Ed.), *Standard Edition of the Complete Psychological Works of Sigmund Freud* (vol. 21). London: Hogarth Press and the Institute of Psychoanalysis.

Friedman, M., & Ulmer, D. (1984). *Treating Type A Behavior-and Your Heart*. New York: Knopf.

Fromm, E. (1956). *The Art of Loving*. New York: Harper & Row.

Kahneman, D., Diener, E., and Schwarz, N. (Eds.). (1999). *Well-Being: The Foundations of Hedonistic Psychology*. New York: Russell Sage Foundation.

Kaplan, H. S. (1979). *Disorders of Sexual Desire and other New Concepts and Techniques in Sex Therapy*. New York: Simon & Schuster.

Kapleau, P. (1971). *The Wheel of Death*. New York: Harper Colophon Books.

Kets de Vries, M. F. R. (1995). *Life and Death in the Executive Fast Lane: Essays on Irrational Organizations and their Leaders*. San Francisco: Jossey-Bass.

Kets de Vries, M. F. R. (2001a). *Struggling with the Demon: Perspectives in Individual and Organizational Irrationality*. Madison, Conn.: Psychosocial Press.

Kets de Vries, M. F. R. (2001b). *The Leadership Mystique*. London: Financial Times/Prentice Hall.

Kets de Vries, M. F. R. (2006). *The Leader on the Couch*. New York: Wiley.

Kets de Vries, Carlock, R, with Florent-Treacy, E. (2007). *The Family Business on the Couch*. London: Wiley.

Kets de Vries, Korotov, K., and Florent-Treacy, E. (2007). *Coach and Couch*. Basingstoke: Palgrave Macmillan.

Kinsey, A. C., Pomeroy, W. B., and Martin, C. E. (1948). *Sexual Behavior in the Human Male*. Philadelphia: W. B. Saunders.

Kinsey, A. C., Pomeroy, W. B., Martin, C. E., and Gebhard, P. H. (1953). *Sexual Behavior in the Human Female*. Philadelphia: W. B. Saunders.

Klein, M. (1948). *Contributions to Psychoanalysis*. London: The Hogarth press.

Kuebler-Ross, E. (1969). *On Death and Dying*. London, Macmillan.

Kubler-Ross, E. (1997). *Living with Death and Dying*. New York: Scribner.

Lichtenberg, J. (1989). *Psychoanalysis and Motivation*. Hillsdale, NJ: Analytic Press.

Lorenz, K (2002). *On Aggression*. London: Routledge Classics.

Masters, W. H. and Johnson, V. E. (1966). *Human Sexual Response*. Boston: Little Brown.

Masters, W. H., Johnson, V. E., and Kolodny, R. C. (1982). *Human Sexuality*. Boston: Little Brown and Co.

McDougall, J. (1995). *The Many Faces of Eros*. London: Free Associations Books.

Menzies, I. E. (1960). "A Case Study of the Functioning of Social Systems as a Defense against Anxiety: A Report on a Study of the Nursing System in a General Hospital." *Human Relations*, **13**: 95–121.

Michael, R. T., Gagnon, J. H., Laumann, E. O., and Kolata, G. (1995). *Sex in America: A Definite Survey*. New York: Warner Books.

Miller, W. R. and Rollnick, S. (2002). *Motivational Interviewing*. New York: The Guilford Press.

Nietzsche, F. (2000). *Basic Writings of Nietzsche*. New York: Modern Library.

Parson, T. (1967). *Essays in Sociological Theory*. New York: The Free Press.

Regan, C. P. (1999). *Lust*. Thousand Oaks: Sage.

Reik, T. (1945). *Psychology of Sex Relations*. New York: Grove Press.
Russell, B. (1930). *The Conquest of Happiness*. London: George Allen & Unwin.
Seligman, M. E. P. (1990). *Learned Optimism*. New York: Simon & Schuster.
Seligman, M. E. P. (2002). *Authentic Happiness*. New York: Free Press.
Seligman, M. E. P. and Csikszentmihalyi, M. (2000). "Positive Psychology: An Introduction." *American Psychologist*, **55** (1), 5–14.
Shorter, E. (2006). *Written in the Flesh*. Toronto, University of Toronto Press.
Sternberg, R. J. and Barnes, M. L. (1988). *The Psychology of Love*. New Haven: Yale University Press.
Tatelbaum, J. (1980). *The Courage to Grieve: Creative Living, Recovery and Growth through Grief.* New York: Harper Books.
White, R. (1966). *Lives in Progress*. New York: Holt, Rinehart and Winston.
Wolfelt, A. (1997). *The Journey through Grief.* Ft. Collins, CO: Companion Press.

ÍNDICE

Abramovich, Roman 76
   síndrome de fadiga da riqueza e 77
abstinência 56
Adão e Eva, legado de 5
agressividade sexual 51
Ainsworth, Mary 23
   ver também teoria do apego
Allen, Woody 25-27, 117
altruísta, definição de 222-223
   comportamento 222-226
   máscara 104
alucinando o seio, 56
amigos, como um banco de memória 133
amizade, dificuldades de manter a 134
amor, romântico, enquanto poder
 transformador 29
   enquanto substituído pelo dinheiro 90
   idealismo do 28
   peculiaridades do 27-28
   platônico 27-28
   proximidade e 26-27
   reflexões sobre o 3-69
   relacionamento de, primeiro 131
   romântico, enquanto religião 28
   romântico, natureza breve do 28
   romântico 27-29
ansiedade, existencial 194-195
ansiedade relativa à morte 166, 167, 178
   hospitais e 198
   tecnologia médica e 197
apego, diferenças adulto-criança 24-25
   comportamento de 21-25, 178
   estilos, três 23
   laço, amor segue a 26-27
   teoria de 21, 22
aprendizado, alegria do 161
   receptividade para o 161
aprendizado de distorções 129
aprendizado do desamparo 126, 127

aprendizado vivencial 215
Arndt, Bettina 42
arte, como barômetro social 57-58
   erótica 55
autenticidade 215-218
autoapreço positivo 130
autoassertividade, necessidade de 160
autocentramento, extremo 124
autoconfiança, importância da 53
autoconhecimento, aquisição de 226-227
autoengrandecimento, narcisístico 104
autoestima, como um constructo
 cultural 185
   alta *versus* baixa 130
   aumento da, por sentimentos de
    eficácia 159
   benefícios da 184, 185
autorreflexão, chegar a uma 227-228

Bacon, Francis 25-26
banco de memória, suplementar 133
Barca, Pedro Calderón de la 218
bem-estar, altruísmo e 224-225
   ciência do *ver* psicologia positiva
   influência das circunstâncias de vida
    no 120
Bergman, Ingmar 110, 186
Bernstein, Leonard 59-60
Bierce, Ambrose 98
bom estado mental, mudança da doença
 mental para um 116
bonobos 63-69
   sociedade dos 63
Botticelli 18
Bowlby, John 22, 205-206
   ver também teoria do apego
Brooks, Mel 20
Bruyère, Jean de la 117
Buda, história de 165-166

Buffett, Warren   104
Byron, Lord   59-61

Carnegie, Andrew   89
Casanova   9-10
castidade, estado preferencial de   9-10
celibato   56
cena primal, metáfora da   56
Certo, Sr., raridade do   38
Chesterton, G. K.   51
ciclo de respostas sexuais humanas   19
cobiça   73-78
comparação interpessoal   146
   intrapsíquica   146
    pessoal   147-149
    ver também inveja
competência, com base no sucesso   144
"complexo de edificação"   190-191
complexo de Monte Cristo   89-90
comportamento, determinante de
 evolução   13-14
comprovação da realidade, deficiente   97
compulsão repetitiva   35
compulsão sexual, razões para a   49, 50
comunidade, e felicidade   136
conduta, observância dos padrões de   187
confiança *ver* autenticidade
consumação, fugacidade da   50
controle, lócus de   126-128
convivência entre o casal   67-68
coup de foudre   31
criatividade, como combinação do espírito
 de brincadeira e da responsabilidade   158,
 159
   brincadeira e   156
   relação com o sexo   54, 55
crise dos quatro anos   16
Cristandade, pecado e   6-7
curiosidade, como cura do tédio   75

Dante   10-11
Dawkins, Richard   14
descontentamento sexual, causas do   65-66
desejo, barreiras para expressão do   12-13
   amor romântico, distinções entre   27-28
    contradições   15-29
    definição   4
    definições operacionais   19
    falta de   45-46

    fantasiando sobre o   4
   influência da igreja nas atitudes diante
    do   11-12
   influências culturais sobre o   17
   mais do que sexo   17
   mecanismos determinantes do   5
   origens evolucionistas   16
   questão de   3
   sexual   4, 5
desejo sexual, como uma necessidade
 motivacional   20
   amor e   24-29
   declínio do   44-45
   explícito na literatura   59-60
   importância da novidade   20
   luxúria e   25-26
   para a mulher   42
   para o homem   42
   sinais conflitivos   18
   variado nas mulheres   43-44
desespero, integridade e   179-182
Deutsch, Helen   35
díade mãe-filho   37
dinheiro   85-93
   abrindo mão do   103-106
   causa de inveja   88
   corrompido pelo   91
   custo do   78
   definindo "suficiente"   100
   em demasia   90-93
   escassez do   16
   incapacidade de comprar amor   94
   incapacidade de comprar juventude   95
   na sua cara   86-88
   natureza paradoxal   94
   necessidade de ganhar   92
   o que ele representa   86
   papel simbólico do   80-81
   percepções variadas sobre o   81
   por dentro do mundo do   79-84
   prisioneiros do   101
   reflexões sobre o   73-106
   sonhos sobre   82
   vivendo à procura de   102
   zen-budismo do   102-106
disfunções sexuais   46-47
distorções cognitivas   129
diversão, o papel da   155-156
diversão   154-162

Efeito Coolidge 20-21, 41
eficácia pessoal, falta de senso de 126
ego 150
    regressão a serviço do 156-159
egotistas, entendimento de que somos 222-223
Einstein, Albert, sobre a natureza 193-194
    sucesso, fórmula para o 144
empatia, importância da 135
enlutamento 169-176
    restauração psicológica via 170-171
Enron 98-100
Epiteto, e o altruísmo 224-225
equilíbrio, alcançando o perfeito 141-145
    vida-trabalho 142
"equilíbrio emocional" 122
"equilíbrio hedônico" 122
equilíbrio mental, intencionalidade e 221-222
Erikson, Erik 179
    sabedoria e integridade 226-227
escolha do parceiro 30-34
    contos de fadas 37
    crenças ilusórias 35
    critérios de seleção 32-33
    fatores na 32-33
    influências 30-38
    narcisística 37
escravidão, causada pela riqueza 95
Esopo 15
esperança, independente de lógica 182
esteira hedonística 100
estresse, estados de espírito negativos e 152
    atividade sexual em contraposição ao 152
    estado de ânimo otimista como proteção contra o 153
    exercício físico regular e o 153
    lidando com o 150-153
    saúde e 151
    suporte social como proteção contra 152
eudemonismo, traduzido 219
exclusividade sexual, necessidade de 64
extroversão, e introversão 129
extrovertidos 129

falso eu, mulheres exibindo um 36
felicidade, um estado de espírito 114
    busca da 113
    causalidade e 123
    conceito elusivo da 112-116
    constante, monotonia da 114
    correlatos da 119, 120
    declarada pela própria pessoa, não confiável 118
    descoberta da 227-228
    desconstruindo a 131-140
    desejo, características universais do 112
    elementos que compõem a 114
    elo com a disposição personalística 128
    equação da 117-123
    importância da comparação na 146
    incapacidade do dinheiro de trazer 120
    natureza intangível da 111
    necessidade de ser compartilhada 132
    pesquisas sobre a 118
    previsão do estado físico sobre a 150
    questão recorrente da 111
    reflexões sobre a 109-112
    termos dos psicólogos para a 113
    três componentes da 131
    verdadeira, a partir de um equilíbrio 144
ferida narcisística 88
Frankl, Victor 220-222
Freud, Sigmund 10-12, 38
    morte, imagens da 168-169
    psique feminina 51
    saúde mental, dois pilares da 131
    sexo e criatividade 55
Fromm, Erik 11-12
Frost, Robert 25-26
frustração, sexual 41

Gauguin, Paul 58-59
gene egoísta 14, 54
    sobrevivência do 12-14
genitália, uso da 9-10
Goethe, Johann Wolfgang von 60-61
Gossen, Hermann e a "primeira lei" 121

Hawthorne, Nathaniel 213-214
Hemingway, Ernest 60-61
hipersexualismo 47-50
    comportamentos específicos do 48
hipossexualismo 47-50
Hite, Shere 39
"HSDD" *ver* transtorno de desejo sexual hipoativo

Hugo, Victor   18, 60-61
humanidade, desejo como essencial à   5

identificação projetiva   34-35
ideologias, identificação com   189-190
igualdade, maior entre os sexos   64-66
independência, necessidade de   66
indivíduo criativo   56-57
   sucesso, importância da libido para o   61-62
   tipos, sexo e   56-57
infância, mesma duração que matrimônio   16
infância, triângulo clássico da   24-25
infelicidade, da busca do sucesso   145
inferno, localização da luxúria no   10-11
inibição sexual   28
inocência, perda da   6-7
insignificância, medo da   190-191
integridade, perdendo a   98-101
interação social, necessidade de   118
intimidade, perdendo a   96-97
introvertidos   129
inveja, todos afetados pela   148
   destrutividade da   149
   gêmeo simbiótico e rivalidade   87

James, William   166
Johnson, Samuel   117
Johnson, Virginia   19
Jung, Carl, e a felicidade   115

Kaplan, Helen Singer   19
Keirkegaard, Søren   125
Keller, Helen   219-220
Kempis, Thomas à   219
Khayyam, Omar   27-28
Kinsey, Alfred   11-12
Klimt, Gustav   59-60
Konrad, Lorenz efeito   31
Kübler-Ross, Elizabeth   206, 207

Lay, Kenneth   98-100, *ver também* integridade, perdendo a
lazer, perda da diversidade no   159
   gerenciando o   161
Lewis, C. S.   67-68
liberdade, a verdadeira   103
liberdade sexual, era de   6-7
libido, nascimento e   44-46
   fatores que afetam a   44-45

Lindbergh, Charles   194-195
Liszt, Franz   59-60
Longfellow, Henry Wadsworth   176
luto, expectativa de passar sozinho pelo   173
   como um processo formal   173
   modelo dos cinco estágios do processo de   207
   necessidade de lidar com o   175-176, *ver também* enlutamento
   processo de   184
   quatro estágios do   175-176
   trabalho do, definido   170-171
luxúria   10-12

Manet, Edouard   57-58
Martin, Steve   21
Masters, William   50
Maugham, Somerset   26-27
May, Rollo   54
Mead, Margaret   16
medos básicos, despertados pela morte   168-169
Mencken, Henry Louis   25-26
Mendelssohn, Felix   59-60
mentalidade sexual   41-44
Michel de Montaigne   193-194
Midas, rei   91-93
Midler, Bette   39
mistério, morte e   211
Modigliani, Amadeo   58-59
mortalidade, reconhecimento da   167
morte, percepção dos adultos sobre a   177
   administração da   198-200
   aversão profissional médica à   199
   ciclos de vida e a   177-182
   como sinal de incompetência   199
   como transição   184
   como um longo adeus   183
   dignidade em, casas de repouso e   206-209
   enfrentando com coragem a   201-204
   era pós-industrial e a   196-200
   estágios de transição na   205-207
   independente   66-67
   inevitabilidade, ansiedade sobre a   187
   medo da   178
   negação, cultura da   197
   negação dos profissionais da saúde   199
   negação por parte de muitas culturas   184
   negação   168-176
   o mundo sem a   212-213

onipresença da 168-169
reflexões sobre a 165-214
rituais de 183-184
triunfo da irracionalidade e 168-170
últimas palavras e a 204-205
vida e 211
motivação, impacto do dinheiro sobre a 91
indefinida 223-224
"motivação pela competência" 159
movimento da Rosa Branca 201-204
Munch, Edvard 172

narcisismo, autoconhecimento incompatível
com o 225-226
natureza sexual, negação da 52
necessidade, de fusão sexual e de
vinculação 28-29
neutralidade emocional 122
Nietzsche, Friedrich 55
casamento e amizade 132
Nin, Anaïs 60-61
ninfomania *ver* hipersexualismo
Nobel, Alfred 104

O'Keefe, Georgia 59-60
O'Rourke, Patrick 33-34
organizações "autentizóticas" 220
orgasmo 6-7
simulação do 26-27
otimismo e pessimismo 128-129
otimistas 128
Ovídio 25-26

padrões de relacionamento, modelo de 24-25
pais, representantes dos, nós como 125
Papa Gregório 10-11
"paraíso perdido," em busca do 114
Parton, Dolly 32-33
Pascal, Blaise 25-26
"páthos das coisas" 177
Patinhas, Tio 88-89
pecados, mortais 3-14
capitais, capitais 10-11
desejo sexual e 6-7
pênis, pintar com o 58-59
perda, lidando com a 158
personalidade "como-se" 35, 36
perspectiva 146-149
pessimistas 128
Picasso, Pablo 58-59

pobreza, dilema da 75
polimorfo, sexualmente 40
Powell, Anthony 124
práxis 215
pressão, infligida a si mesmo 141
primitivismo 58-59
"Princípio da Poliana," o 119
prioridades, necessidade de avaliar as 98
processo de transição, rituais e 194-195
propósito, senso de 137
psicanálise 11-13
psicologia evolucionista 30-34
psicologia positiva 115-116
perspectiva específica de uma cultura 116
psiconeuroimunologia, descobertas da 151
psicoterapia 53
Puccini, Giacomo 59-60
purgatório 11-12

reação de desapego 206
realidade, depois do sexo 28
desejo e 4
reconhecimento, o desejo enquanto
motivador do 104
redenção, todos podem ter 181
Reed, Frank 122
Reeve, Christopher 122-123
Reik, Theodor 11-12
relacionamento, do tipo imperfeito 37
bem-sucedido, fidelidade como fator
do 33-34
estável, principal fator do 67
importância da empatia no 135
significativo, importância do 181
religião, função consoladora da 191-192
Renoir, Pierre-Auguste 58-59
retenção 51
riqueza, impotência da 101
busca por, e segurança 88
medida no tempo 97
procura da, perigos na 74-75
riso, importância do 68
rivalidade, gêmeo simbiótico com inveja 87
Rochefoucauld, François de la 26-27
importância do temperamento 119
Rodin, Auguste 59-60
roteiro de vida *ver* teatro interno
roteiros, do teatro interno, efeito do dinheiro
nos 80
sexo 13-14

Russell, Bertrand   109, 124
　paixões   124

sabedoria   225-228
　preocupação com os outros e   226-227
sabida forma de jogo sexual   56-57
Santo Agostinho   8-11
satiríase *ver* hipersexualismo
saúde, perdendo a   101
saúde mental, amigos e   132
　riso e   153
Schadenfreude   149
separação, de mãe e filho *ver* mecanismo de resposta do desapego
sexo, como linguagem corporal   25-27
　como uma forma de diálogo   22
　curiosidade sobre o   56
　diferentes percepções do   41
　estudo do   11-13
　frequência do   46-47
　impulso sexual em grau exacerbado   46-47
　mecânico   52
　nas relações estáveis   68
　suficiente   45-46
sexualidade no contexto social   9-10
　brincadeira da   54-62
　como troca de presente entre seres   66-67
Sidarta *ver* Buda
significado, busca de   218-223
　senso de, importância do   188
　sistemas, necessidade de   186
sinceridade *ver* autenticidade
síndrome de fadiga da riqueza   75;
sistema de cuidados paliativos   207-209
sistemas de imortalidade   188-95
　alcançando   54
　atacando diferentes   189-190
　busca por, empresa familiar e
　desejo de, últimas palavras e   204-205
　natureza e   192-193
　procriação e   190-191
　trabalho e   190-192
sistemas motivacionais de necessidade   80
sobrevivência, felicidade pela   118
sonhos, lado negro dos   139
　dando sentido à vida   138
　efeito da falta de   139
　simbolismo   83-84
Soros, George, altruísmo e   224-225

Stael, Madame de   16
Stieglitz, Alfred   59-60
Stone, Sharon   26-27
Swift, Jonathan   55

teatro interno   80
　esperança como ponto-chave do   137
　"fantasmas" dentro do   157
　influência da parentalização   125
　temas do   85
temperamento, como correlato da felicidade   119
tempo, como um item não-monetário   97
　sexo e a passagem do   44-46
terapia, psicossexual   52-53
Thoreau, Henry   117
Tolstoy, Leo   179-182
Toulouse-Lautrec, Henri de   59-60
"trabalho de luto", como um processo necessário
traços personalísticos, influência genética dos   130
transferência idealizada   97
transtorno de desejo sexual hipoativo ("HSDD")   46-50
transtornos de aversão sexual   47

Unamuno, Miguel de   168-169

vagina, como simbólica   7-8
vagina dentata   7-9, 49
valores, perpetuados por meio dos filhos   190-191
vícios sexuais   49
vida, equilíbrio entre trabalho e   142
　boêmia   57-58
　grande, dotada de sentido e   220
　influências mais importantes na   143
　satisfatória   143
vida moderna, aflições da   196
vingança, como motivador principal   89-90
visão de mundo cultural específica   187

Weltanschauung   124-130
West, Mae   32-33
Wiesel, Elie   218
Williams, Robin   16

zen-budistas, histórias ilustrativas   3, 102, 161-162, 178-179, 200, 227-229